从作业设计开始的30个创意教学法

运用互动反馈循环实现深度学习

[英] 罗斯·莫里森·麦吉尔 著
Ross Morrison McGill

MARK.PLAN.
TEACH.2.0

Save time.
Reduce workload.
Impact learning.

中国青年出版社
CHINA YOUTH PRESS

图书在版编目（CIP）数据

从作业设计开始的30个创意教学法：运用互动反馈循环实现深度学习 /（英）罗斯·莫里森·麦吉尔著；于涵译.
—北京：中国青年出版社，2022.7
书名原文：Mark. Plan. Teach. 2.0: Save time. Reduce workload. Impact learning.
ISBN 978-7-5153-6636-4

Ⅰ.①从… Ⅱ.①罗… ②于… Ⅲ.①学生作业—教学设计—中小学 Ⅳ.①G632.46

中国版本图书馆CIP数据核字（2022）第079512号

从作业设计开始的30个创意教学法：运用互动反馈循环实现深度学习

作　　者：[英]罗斯·莫里森·麦吉尔
译　　者：于　涵
责任编辑：肖　佳
文字编辑：高　凡
美术编辑：杜雨萃
出　　版：中国青年出版社
发　　行：北京中青文文化传媒有限公司
电　　话：010-65511272 / 65516873
公司网址：www.cyb.com.cn
购书网址：zqwts.tmall.com
印　　刷：大厂回族自治县益利印刷有限公司
版　　次：2022年7月第1版
印　　次：2023年8月第3次印刷
开　　本：787mm × 1092mm　1/16
字　　数：263千字
印　　张：19
京权图字：01-2021-1176
书　　号：ISBN 978-7-5153-6636-4
定　　价：59.00元

MARK. PLAN. TEACH. 2.0
多方赞誉

对于孩子来说，教师的工作不仅仅限于课堂的教学工作。通过阅读本书，可以让教师在更短的时间内做更多的事情，并且可以帮助教师在课堂教学和学生学习中发挥更大的影响和作用。对于那些既想采用有理论依据又有实践基础并且方便操作的课堂教学策略来调整工作量的教师来说，这是一本必读书目。

——苏费尔·费尔南德斯

费勒姆市议员，米迦勒社区学校主席

作业批注在教师日常工作量中占有巨大的比重。然而这个工作环节对于学生学习所产生的影响却是微乎其微。罗斯这本书所做的一个非常重要的贡献在于：它提醒我们做批注并不仅仅局限于一种形式的反馈。给予学生反馈的形式有很多种，比如：语言上的评价、课堂教学中的及时反馈等等。他强调：只有有质量的而不是看重数量的反馈对于学生才是真正重要的。以关爱学生和教师为出发点，这些方法可以帮助学校更好地服务于学生和教师。

——罗素·霍比 Teach First CEO

罗斯之所以在社交媒体上深受英国教师的追捧，其中一个重要原因就是：他既不是侃侃而谈的说教派，也不是高高在上的理论派。他不带有任何的政治色彩。他只是想结合自己的个人经验和专业知识帮助教师在教育领域变得更加出色。

——娜塔莎·德文 大英帝国员佐勋章获得者

作家，精神健康领域活动家、教育家

《从作业设计开始的30个创意教学法：运用互动反馈循环实现深度学习》不仅是一本面向教师的实用书，同样也是学校领导者和教师培训者的必读书目。书中提出的策略根植于教学实践，以教育理论为支撑。简单明了的语言和清晰的思维导图使内容易于理解，适合作为教师培训的素材或用于海报展示。我希望每一位学校领导者可以阅读本书并制定相应的策略，在提升教学质量的同时减轻教师的工作量。

——Min Du博士

教师，研究员，国际教育顾问

这本书吸引我的最大亮点是它的实用价值和适用性……书中不仅包含了适用于任何时间段、任何学科、基于教育研究的理念指导方法，更重要的是这些理念以利弊分析为框架，帮助教师做出判断应该在何时使用以及为什么使用。

——道格·莱莫夫　Uncommon Schools常务董事

《像冠军一样教学》《重新思考阅读》作者

罗斯再一次做到了!《从作业设计开始的30个创意教学法：运用互动反馈循环实现深度学习》列举的富有实用性、创新性，易于借鉴的案例讲述教师如何在不增加工作量的前提下让课堂变得更高效。我会将它作为必读书目推荐给我的同事。

——本·索利　阿宾汉姆社区学校校长

罗斯一直活跃在支持年轻教师走上专业化道路工作的最前沿。在最新出版的这本书中，他继续阐述了什么才是作为优秀职业教师的基础和核心。无论是对于经验丰富的教师还是年轻教师，这都是一本理论、实证以及实践建议相融合的优秀参考书。

——本尼·卡拉　副校长

没有工具的帮助，教师将承受巨大的压力才能成为出色的教育家。罗斯·莫里森·麦吉尔分享了大量实用的方法，例如：庆祝错误；更智慧地工作而非更辛苦地工作；为未涉及的领域提供清晰的洞察和计划。这是一本对非教育工作者而言同样有价值的书。

——祖贝达·林巴达 ConnectFutures总监

罗斯·麦吉尔在《从作业设计开始的30个创意教学法：运用互动反馈循环实现深度学习》中直面了这一难题，即如何在成为一个优秀教师的同时把工作量控制在一个可持续发展的层面上。一直以来，他都在持续不断地进行教学实践并且提供给教师可行的解决方案。有效的反馈以及良好的课程计划是优质教学的核心。本书中的方法及技巧可以给那些在教学中存在困惑、纠结的教师提供实用的帮助。

——吉姆·奈特勋爵

《泰晤士报教育增刊》首席教育顾问

在提供适用性强、易操作且实用、有依据的教学指导方面，没有人比罗斯·麦吉尔做得更好，《从作业设计开始的30个创意教学法：运用互动反馈循环实现深度学习》是最佳的教师工具。

——李·艾略特

大英帝国官佐勋章获得者、社会流动学教授

《从作业设计开始的30个创意教学法：运用互动反馈循环实现深度学习》整合了以实证为基础的实践性课堂教学方法，用来减少而不是增加教师的工作量。提姆·奥博朗教授在罗斯·麦吉尔的很多实践方法中加入了理论支撑，并且也提出了富有挑战性和探索性的心理剖析，这些观点和理论发人深省。

——丹尼斯·吉尼博士

儿童及青少年心理学家

对于我们关心并精心呵护的青少年来说，我们应该不断地认真审视我们对其所产生的影响，即我们应该采取怎样的行动可以让我们所从事的工作更加有意义、可管理并且有动力继续朝着良好的方向发展。这本书很好地指出了作业设计、批注、反馈的重要性。

——蕾哈娜·尚科斯

English Schools Foundation校长

《从作业设计开始的30个创意教学法：运用互动反馈循环实现深度学习》是一本贴合实际、以研究为基础的书。它以对话的口吻提供了大量高效、易行的宝贵方法。在充分考虑教师工作压力和工作量的前提下，罗斯提供的优秀实践案例充分说明反馈是促进学生和教师共同成长进步的基石。无论对于身处哪个职业阶段的教师来说，这本书都是非常有参考价值的。

——阿鲁希·普拉巴卡尔

化学教师

About the author
关于作者

罗斯·莫里森·麦吉尔一直与全世界的学生、教师及学校领导紧密工作在一起。他致力于提升教学质量、减轻教师工作量，同时关注师生的心理健康。作为前任副校长，罗斯·莫里森·麦吉尔有着三十余年的一线教学经验，凭借在教育领域的非凡影响力，他在2015年被《星期日泰晤士报》选入“英国最具影响力的500人”。至今，他仍是一位颇具教学特色的任课教师。

罗斯·莫里森·麦吉尔在担任学校管理者期间，主要负责提升整体教学质量，他为教师专业发展等研究做出了重要贡献，为世界范围内的教学改革与发展建立了参考标准。作为英国大众媒体最为关注的教育学家，他在提出自己独特观点的同时，给予学校及教育组织多样化的支持，并经常受邀到世界各地教育论坛进行演讲。

《从作业设计开始的30个创意教学法：运用互动反馈循环实现深度学习》是罗斯与布鲁姆斯伯里出版社合作的第五本书。课堂教学之外的时间，罗斯会在剑桥大学完成自己的博士研究，他的研究重点之一是评估学校的考核打分制度是否可以作为评估教学质量和学习结果的可靠指标。

我写作的初衷是为了解救那些被学校的各种检查、监督束缚，身心俱疲的教师。时至今日，我的目标从未改变，我们现在仍在探索一种更加可靠、智能的监察机制推动学校的发展。在最近的三年中，我一直致力于研究证明学校监察有助于提升教师素质的依据，但遗憾的是，很难找到确切的证据。

我希望这本书可以让更多的教育工作者在教师这个职业上走得更长远些，使学校领导者和管理者们在阅读了这本书之后能够为任课教师创造更好的条件，让所有教育工作者都有机会在自己期盼的环境中工作，为社区发展做出贡献，使社会中的每一位成员受益。

Contents

目录

附录
261

Acknowledgements
致谢

首先，我要对所有阅读过《从作业设计开始的30个创意教学法：运用互动反馈循环实现深度学习》的教师表示感谢，并且还要对三万名与我有过真实的沟通，并将本书的内容应用到小学、中学、大学的教师表示由衷的感谢。

本书写作的初衷萌生于一个学校社区，教师在一个极具挑战性的环境中工作，他们承受着与日俱增的外部压力。在这种教学环境下，教师仍努力寻求教学的清晰性和一致性。起初，我们从同事间的讨论、开会、培训开始，并阅读了大量的书籍、期刊、研究论文，撰写调整初稿内容，并在我的网站上发布内容节选，获得读者的阅读反馈。

在过去的三年里，我看到了《从作业设计开始的30个创意教学法：运用互动反馈循环实现深度学习》的理论和实践方法被广泛应用于教育的各个层面。我感到欣慰的是，教师现在需要的是一个讨论的空间，可以定期讨论复杂的教学理念并可以为打破传统承担一定的风险。那些创造了这一条件的学校领导者，可以说是为教师们营造了一个积极开放的讨论空间。迄今为止我的工作证实了《从作业设计开始的30个创意教学法：运用互动反馈循环实现深度学习》的基本原则，消除了许多外部的问责制强加给教师的工作压力，缓解了教师的焦虑并帮助教师关注自己核心的工作：给予学生高质量的作业与反馈，聚焦学习结果的多维度备课设计，实践促进深度学习的教学策略。

我向往着在这样的学校工作：教师可以带着他们毫无标记的课本进行讨论，得出最好的教学评估方式，而不是带着“满是闪亮贴纸和批注”的书进入教室，并遵循要求的批注方式；我们可以通过课堂观察学习其它教师课堂管理的方法。我们可以通过观看教学失误的录像，从中吸取教训，而不是专注于美化教学计划和课堂传递。我想，这也正是其他教师向往的。这是他们需要的：基于信任的真实课堂教学分享。教师并不需要天天被教学政策鞭策，他们需要的是实践有效教学策略的时间。这是学校领导应该努力的方向。

最后，我想感谢汉娜·马斯顿。她见证了《从作业设计开始的30个创意教学法：运用互动反馈循环实现深度学习》创作的不易。感谢提姆·奥博朗为本书提供的心理学视角分析；感谢波莉·诺尔和马库斯·达克的图文设计。最后，谢谢我的家人给予我的支持让我可以心无旁骛地专心创作，最终完成此书。

Foreword
序言

所有教师都有这个体会：不管教授的学生是七岁、十七岁，甚至三十七岁，在每个周末结束前我们都会有一些想要逃避去做的事情，那就是给学生的作业进行批注。如果事情进展顺利，一周辛勤的教学工作会在周五晚上暂告一段落。对于很多教师来说，周六把手头的工作做完之后，可以逛逛街、踢场球赛或是参加一些业余活动，享受难得的亲子时光，度过一个休闲惬意的夜晚。周日的早上再睡个懒觉，之后和孩子、伴侣散散步、遛遛狗，享受做自己感兴趣的事情带来的快乐，之后夜晚悄然而至，在书桌的一个角落，等待着我们的是那些堆积如山的，周一需要带回学校的，待批注的作业和课本。

突然，时间仿佛凝固一般。你找到自己的笔，整理一下那些待批注的作业，冲上一杯咖啡，查查自己的邮件，看看下周的星座运势，然后再来一杯咖啡。此时的你和课堂上那些不想完成作业的小孩子表现得一样，只要不让你去完成那些堆积如山的批注工作，你可以去做任何事。

理论上来说，批注通常应该是教师在教学环节中最后需要思考的事情。真正的教学应该是：教师沉浸在课堂授课中，学生全神贯注，教师有能力处理那些突发状况，并看到学生在教学中得到启发。设计课堂计划同样也不失为一个好的方法。试想一下高质量课堂该有的样子：可以针对不同成长背景和理解程度的孩子进行适度调整，可以和同事们进行头脑风暴，探讨更加行之有效的教学策略。但是批注，在整个教学过程中一直存在，它是一个不可回避的事情。你可以更换批注笔的颜色，制定完美的评估准则，布置小组作业和个人作业，你可以利用电脑打字而不是手写完成这项工作。但是最终，你还是逃不过要进行批注。就像生死和纳税一样，作业在教学过程中不会消失。

因此，当你看到一本以批注为开始，而不是作为结束的书时，是一件多么令人振奋的事情呀！有谁可以写一本关于批注的畅销书呢？如果有的话，那一定是罗斯·莫里森·麦吉尔。罗斯是一名非常杰出的教师及领导者，他为教师提供了具有实操价值的教学策略和资源，是一名在世界教育界活跃着的教育家。他曾经身处最具挑战性的教学环境中，而他不仅幸存下来，更带领师生做出改变，使学校得到蓬勃的发展。

罗斯是一个不走寻常路的人。他以站在英国当下严苛的教育监察体系的对立面而自豪。相比政府冷漠的态度和昙花一现的教育改革，罗斯大胆地站出来保护教师的权益和利益。他从不自怨自艾，相反，就像《卫报》记者利兹·来特福特2019年在完成对罗斯的采访后的描述，他尽可能利用自己的一切去帮助那些受压迫的教师走出困境。

罗斯的文字简明、直接，提供了被证实行之有效的教学方法。他是教师的导师，是社会的中坚力量。来特福特在与罗斯的采访中表示，他给自己的印象是低调朴素、易于交流的。“所见即所得”是他对罗斯的评价。在见过罗斯本人后，我完全可以证明这一观点。尽管罗斯本人非常重视在实践中获取教学证据和教学资源，但他并不站在理论、研究的对立面。他的著作，正如这本书，都完美地把教学方法和研究理论相结合，以提高策略的科学性、实操性，让教师和学生都受益。

罗斯同样鼓励教师间的互动。书中最后列举的三个教学方法正是对教师专业发展和教师协作的具体阐述。如果你不是一个持续学习的人，那又怎么能期待你的学生可以做一个终身学习者呢？如果你正在饱受压力的困扰，对具有惩罚性的外部监察过度警觉或精神负荷过重，那又怎能让我们的学生在学校感受健康、轻松、快乐的教学氛围呢？正因如此，罗斯以其独特的视角，将作业批注这个教师最易忽视、最不想面对、最不易感受到乐趣和动力的环节，作为这本优秀教学书籍的开始。

像所有杰出的领导者一样，罗斯知道如何利用反直觉的制胜策略。杰出的领导者都具有把劣势转换为优势的能力。这也就是罗斯以作业批注作为本书的开始，而非结尾的原因。重视批注的重要性、让它具有实用性，提高教师作业批注的积极性，也是这本书一直畅销的原因。让我给大家举几个例子具体说明本书给予我，一个研究学者和大学教师的启发。

首先是20年前，我和我的同事罗娜·厄尔在教学中开创了评估的概念。我们致力于加拿大安大略省的教学改革，其中包括努力开展替代性评估、标准化测验以形成自我评估、同伴互评，以及以课堂表现为基础的评估方案。我们同时强调，有很多学生和教师并不知道如何使用这些方法，他们需要学习。自我评估和同伴互评的操作流程是最先需要学习的，它们存在于完整的互动反馈闭环中。罗斯在书中介绍的评估方法都是基于这一原则，用实用术语阐明，并把它们与研究相结合，同时辨别一些所谓流行或具有政治导向的错误概念。在我花了几个早晨的时间帮助八岁的孙子解决数学上遇到的问题时，我都会想到罗斯讲述的这些方法。

其次，是关于教学计划，另一个在提升教学质量中帮倒忙的环节。罗斯告诉我们，教学计划并不需要做得整齐划一，统一成一个模板。当然，教学计划是十分重要的，但它不需要具体到每个细节、书写得工工整整，以适应监察者或观察者的检查。这种以检查为目的制定的教学计划会消耗教师教育生命的活力。他同时也指出，记录你的计划和为什么这样做计划的原因是至关重要的。你可以记下在课堂发生的任何事情，并将其转化到你下一次的课堂计划中。你可以用电脑、一张纸甚至是几张便利贴进行记录。这些记录对别人来说可能很普通、并不完美，但这也是计划。你甚至可以在进入教室的一刻即兴创作，但如果你认为这只是为无序教学准备的许可证，那么罗斯提醒所有读者：当他们采用这种流动性教学计划时，必须以结合整个课程设置、教学目标、学校具体情况以及对学生最合适的教学方式为前提。

几年前，我的学生成功地推荐我获得了“波士顿大学优秀教学科技奖”候选人的提名，我在2015年获此殊荣。然而，就在获此提名的同时，我也经历了教学生涯中最为困难的时刻。在那段时间，我定期会收到为书籍撰写序言或是评论的邀请。我在想，这些一手资料是否也可以为我的学生所用呢？

在书籍发行前，先行看到这些手稿，然后把反馈传递给作者是一件多么令人兴奋的事情！但出乎意料的是，我的学生并没有对此表现出同样的兴奋与期待。我的学生的观点非常空洞，他们几乎没有发出一丁点批判的声音。在读过他们的评论后，第二天我提早来到教室，我用低沉的声音作为开场，我跟他们说，这次的作业他们几乎全军覆没。之后，我特意做了较长的停顿，继续道，如果你们当中一份或者两份作业失败了，那应该从你们自身找出存在的问题。但如果你们当中大多数人的作业都不合格，那真正的问题可能出在我的身上！

我从这次经历中学到了什么？首先就是，在一次又一次成功地将教学革新带入课堂后，我希望获得更多的突破，由于被兴奋冲昏头脑，课堂变成了我表达激情的场所，过度的计划使我忽略了学生的真正需求。其次，我被自己的狂妄自大所蒙蔽。我荣获了“年度最佳教师”这一荣誉，并不意味着我是每位学生心中的“最佳教师”。就像罗斯告诫我们的，卓越的教师会在教学中考虑每位学生的具体情况及整体课堂教学环境。

无论你是一名幼儿教师、从事基础教育、高等教育的教师、研究者，或是辅导孩子完成作业的家长，这本书总会给予你一些有价值的信息。书中的方法不仅清晰明确，具有可操作性，内容更是富有哲理、鼓舞人心，我自己也从中受益良多。

安迪·哈格里夫斯

加拿大渥太华大学教育革新部总监

2020年10月

Introduction
前言

在大数据加速发展而资金支持却无法与之匹配的环境下，教师的工作一直处于高压的状态。无论你是否相信，在过去的几年中，英国的教师工作量已有所减少，而且我也看到，政府和学校管理者非常希望可以进一步减轻教师的工作压力和教学负担，但现实与愿景仍存在较大的差距。事实证明，在教育行业中，教师招聘、离职率、经费预算仍然是最受关注的三个问题。在教育经费紧张的情况下，教师和学校管理者一直渴望寻找到一些应用于课堂并以事实为依据的教学方法。

我始终坚信，教师需要把三件事情做好：作业设计、备课、课堂教学。这是我撰写《从作业设计开始的30个创意教学法：运用互动反馈循环实现深度学习》的初衷，鼓励教师将教学过程视为一个互动反馈循环：

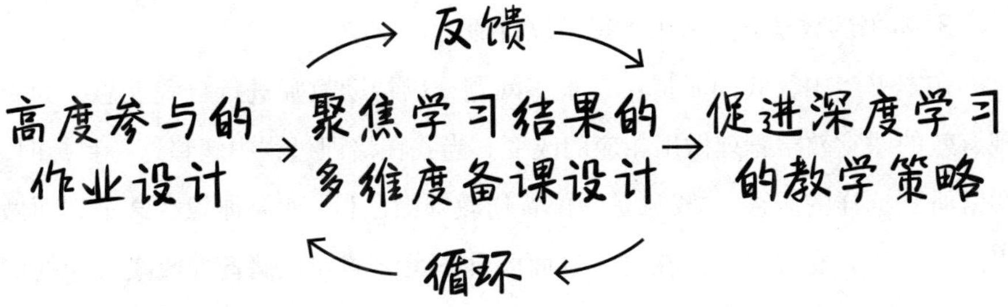

互动反馈循环示意教师，这三个部分应该是流动的，环环相扣且影响下一阶段的教学。更重要的是，本书希望向大家揭示在课堂中出现的无意义的教学行为，设计互动反馈循环的目的是希望教师不要因外部管理分心，应专注于日常工作中的核心部分，让教师可以重新掌控教学，并且拥有以学校为整体的教学视野。

本书的附录部分，你会看到由奥利弗·卡维缪利设计绘制的视觉导图，他把这些方法转换成了小结性的文字和图片。附录中的思维导图可以帮助你对本书的内容进行快速浏览和总结。如果你还没有从头开始阅读本书，那你可以先通过附录中的思维导图激发自己的想象，然后再阅读正文部分，深入地对本书提供的理论和实用技巧进行了解。同样，当你忙于制定课堂教学计划或是教学工作时，思维导图可以帮你快速回顾那些关键的教学方法。

书中依托大量的教育学研究和心理学理论，可以帮助教师理解这些教学策略优于其他策略的原因。这些教学方法可以帮助教师随着时间的累积，开发出适合其班级情况的教学模式，使他们在减少自身工作量的同时坚信自己在做着让学生受益的事情。当然，学校领导者们也要努力创造有益于教师减轻工作压力、保持身心健康的教学环境。

在《从作业设计开始的30个创意教学法：运用互动反馈循环实现深度学习》中，我承诺提供：

1. 以大量的专业研究及方法为支撑，实用、有效的课堂教学方法。

2. 教学策略基于认知过程，关于认知过程的观点来自著名心理学教授提姆·奥朗博。

3. 本书的教学方法适用于每一位教师。

在本书当中，我同时提出了很多问题，以帮助教师进行自我反思，为实现有效的课堂教学管理做出相应的改变。当我在培训过程中解释这一目标时，我常听到这样的表述："我只是一位普通教师而已！"如果你想在某个方面做出改变，那么要确定自己在这一方面已具备足够的知识储备并收集大量的信息，用知识和信息去挑战那些拥有权力的人并影响他们制定决策的过程。

我们需要这样的教学环境：所有的教师对自己的教学有着绝对的掌控权，政府和外部监管机构应支持教师的发展，而不是远程操控教育。在学校中的每一个人，不管身处何种位置，都能够向他人学习，对学校发展做出贡献。不论现在的学校排名、成果进展如何，我们需要做的是最大程度地激发学生潜能。与此同时，我也希望所有教师可以在教育研究以及认知科学，特别是在记忆学领域进行深度学习，这将为你的课堂实践带来显著的改变。

在我们开始之前，还有最后一点我需要强调：这些方法并不完全出自我个人，它们来源于我的同事、我曾拜访的众多学校管理者，以及我在线上接触的数百万的教师。《从作业设计开始的30个创意教学法：运用互动反馈循环实现深度学习》的很多案例都来自我曾任职的学校、同事以及广泛的调查研究。教学从来都不是孤军奋战，而是一项团队合作，包括我自己，同样需要依靠大家共同的力量来解决课堂中所遇到的复杂问题。高质量的教师培训必须融入到每天的学校生活中，学校管理者应该为教师创造一个可以随时探讨教学的环境，这样每个学校都可以根据自身的特点，开发出适合自己学校的教学方法。

什么可以成就一名卓越教师

当今教育界仍有很多未解决的问题，最为重要且永远不会有确切答案的恐怕就是，什么可以成就一名卓越的教师。我坚信教师的个性可以让整个教学与众不同，同时这也由我们所处的学校环境，需要解决的问题，应对不同情况的方式以及我们所获得的支持决定。你会发现书中关于高质量的教学的大量研究传递的信息基本相同，但环境至关重要，一位在资金充足、学校稳步发展的环境中工作的卓越教师与一位在颇具挑战性的学校环境里工作的卓越教师工作方式截然不同，他们获得的回报和支持也存在着较大的差异。在我的职业生涯中，不论是在稳步发展的学校环境中，还是具有挑战性的学校环境中，我都会使用本书中呈现的教学方法。我不能夸大地说这些方法都会在你的学校奏效，但如果你能结合自身的情况应用这些方法，我相信它们一定会为你带来改变。

在过去长达一个世纪的时间里，学校外部的形态和内部的各个职能部门并没有发生太多的改变。在中学，下课铃通常每小时会敲响一次，然后每个教师和每个学生都会合上书转往另一间教室。然而，学生和教师，利用什么方法进行学习却在近几十年中悄然发生着改变。我们现在可以跨越学校教室的高墙获取知识，对于教师而言，我们可以通过新闻、大众传媒还有对我们同事的教学观察获得各个方面的信息。相较于以前，孩子的知识面变得更加广泛，与此同时我们的教师要做的工作也变得更多。教师更加理解认知负荷理论、记忆容量以及学习方法这些概念，这些对学校未来的发展有两方面的意义：对于学校来说，开发具有普适性的方法帮助教师持续开展与时俱进的研究非常关键；对于教师来说，持续参与并探讨他们在实践中所发现的问题至关重要。

教师可以推动改变，但没人能说清楚什么真正塑造了一位卓越教师。我们开始意识到有针对性的教学策略是行之有效的，例如回顾学习内容、分阶段练习等。但我们当中的很多人还是靠着自己的假设或是从前辈那里学到的经验进行教学。我们应该承认，对于一个优秀的课堂实践者来说，评价标准不是唯一的。有很多种方法可以提升课堂教学的质量。我们也应该意识到，不论你的教学风格、专长或是方法如何，“奏效的方法”在哪儿都是管用的！

所以，做你一直坚持在做的事情，坚信自己有能力为每位学生带来积极的改变。同时，确保你的课堂实践方法和教学策略有大量的实证支持。

在教育领域中，我认为所有教师在教学生涯中都应该拥有的一项先决能力恐怕就是自我反思了。反思是我们每个人都拥有的一项能力，真实而客观的反思至关重要。不管什么原因我们弄丢了它，不仅会对我们的职业造成损失，同样也会影响我们在意的孩子们。我自己深有体会。我曾帮助那些迷茫过的教师走出困境，我知道每位教师都想变得更好，在遇到难以跨越的障碍和巨大挑战时，我们需要依靠自己的意志和智慧坚持下去。

例如，英国本土的很多教师不得不占用很多时间听取那些政客和专家对从国外获取的教学经验进行的宣讲。在比较了不同文化和环境背景下的学生后，这些人声称，英国在英语、数学以及科学等学科的测验内容和评分标准也要向这些国家的教师靠拢。如果我们一直用这种方法对我们的教育进行评价，那我们就算不上教育的智者。当然，分享国外优秀的教育实践本身并没有错。露西·克里恩在她探究教育的秘密这一史诗般的旅程中留下了这样一段话：

> 把这些国家伟大的成就归结于文化，因而否定它们作为榜样的价值，这是一项非常严重的错误。文化是可以改变的，学校和教育系统拥有改变文化的力量。

但是，我们必须也要反观我们自己的学校以帮助其提升。我坚信我们已经拥有了很多卓越的教师，但我们仍需要创造一个让所有教师都称赞的环境，特别是为那些选择在充满挑战性的学校环境中工作的教师创造条件。我们需要教师，我们的教师数量还远远不够。我们希望他们不是从事两三年教学工作后便辞职离开，但对于那些在这个岗位坚守了二十年甚至是更长时间的教师来说，他们的待遇并没有优厚到可以做到坚守这份工作并带领年轻新一代教师成长。

要想摆脱那些在近几十年来出现的大量毫无意义的宣讲和效仿，就要从我们有限的时间和经费中，继续推进在课堂中最行之有效的实践方法。让我们的教师关注其教学中最重要的事情，即作业设计、备课、课堂教学，用充足的时间和空间更有规律地就课堂实践和身边的同事一起进行反思。没有这些，我们的教学工作将会持续在不利的境地中举步维艰。

《从作业设计开始的30个创业教学法：运用互动反馈循环实现深度教学》的目标读者为那些希望提升自身专业素养，将以实证为依据的方法融入教学的教师和学校管理者。这本书侧重把课堂实践作为教师的工作核心，关注有效的课堂实用策略。这本书写给我们现在的教师，同时也写给下一代在教室工作的英雄。不论所处的环境如何，在哪个国家担任教师，我们都应不愧对"教师"二字的使命。无论外界发生怎样的变化，你阅读这本书是因为你想成为一位卓越的教师。我们的学校需要你，更重要的是，我们的孩子需要你。

教育研究

你可能会这样想：在这么多年的教学工作中，我们肯定发现了很多让教师教得更好、学生学得更好的方法。我们确实在这方面着手非常早，但是我们仍在认知科学这一复杂学科中不断地摸索可以让学生更好掌握学习的方法。这并不是说我们现在使用的课堂教学方法在其研究过程中有任何不足，而是我们还将继续扩充教育研究的涵盖面并努力创造所有教师在课堂内外都可以使用的技巧，同时我们也确保这项工作得到了学校管理者和外部监管机构的高度赞扬。在英国，我们目前有一个研究学校网络，由英国教育捐助基金会运营，其使命是成为以实证为基础的教学实践的中心，交流、示范与创新改进的方法。

然而，我们必须承认由于大量不同的外界因素以及不同程度的不可避免的偏见，确保教育研究的可靠性是非常困难的。选择和建立这些实验的过程中有可能产生主观性数据和信息交流误差。定量化的科学研究可以客观地处理数据并且在相同的情况下对可靠性进行不断重复，而定性化教育研究可以处理那些主观的发现及观点。为了使结论尽可能客观科学，教育研究通常采用技术与理论相结合的模式，即取样、加权、调查、规模化评分，由此获得的大量数据可用于进行统计分析、效应量化评估，让我们在主观世界中把问题用科学的研究方式呈现出来。然而，这些从研究中推导出的“科学化”数据通常被当作特定的教育产品被卖到学校，比如，一些调查结果会被扭曲。同时令人沮丧的是，英国现今的一些政府部门对他们政策制定的影响根本不做评估。基于研究数据的教育改革应当对教育政策的制定产生影响，但实际上常常正好相反。研究是为了证明某个方法合理。

上百年来，几乎所有具有指导性、可信度的教育研究都给出了教育存在的内在问题，但是对于“我们应该教什么、如何教学”却始终没有给出一致的答案。我们不仅需要教师的力量推动整体教育的发展，我们也迫切地需要政府部门的参与和支持。为了避免走弯路，我们必须要结合教育研究去检验、讨论现有的实践方法，以质疑的态度有根据地发问，寻找可能的解决办法。这些具体案例、证据的出现可以指引我们开拓新的课堂实践、理论研究并在具体实践中使学生受益。

当教师可以自主决定并且以深入且有意义的课堂教学为目的时，他们对这份职业会充满激情和向往。一个勇敢的学校领导者，可以在其教职员工面对外界压力时站出来保护他们、减轻他们的工作量并在这个事事都要问责的环境下忽略那些冗杂的政策条例。检验我们使用的教学方法是否真正有效的方法就是把方法带入其他教师的课堂中进行实践，我们需要教师定期进行教学讨论，分享那些对学生产生积极影响的教学方法。那些推动变革发生的教育理念和方法有着非同寻常的意义，关注高效能的教师和学校共有的品质及特征背后的研究以及他们使用的以实证为依据的教学策略至关重要。

本书的第一版源自我的“一页纸”的教学政策，帮助我所在的学校建立了稳定、一致的教学模式。三年过去了，在我与走访的近两百所学校的教师分享我的教学框架后，我想提出的建议是：教学不应过分强调一致性，而应寻求连贯性。教师应根据每位学生的具体学习情况和实际教学情况制定属于自己的教学框架，并每周与同事讨论、分析，对框架进行调整。这样我们才能为教师专业发展创造条件，让“一页纸”的教学指南成为你的教学佳音。

本书是我与全球近三万名教师交流的成果，同时包含了超过两万节课堂教学的经验，以及数以万计的课堂观察的研究分享。我相信它的出版可以激励、挑战、启发阅读本书的每位教师。

How to use this book
如何使用这本书

在写《从作业设计开始的30个创意教学法：运用互动反馈循环实现深度学习》这本书时，它从头到尾读下来就像一面镜子，反映了我们教学的每个过程。三个章节对应互动反馈循环的三个环节，每一章都与下一章关联紧密、环环相扣。

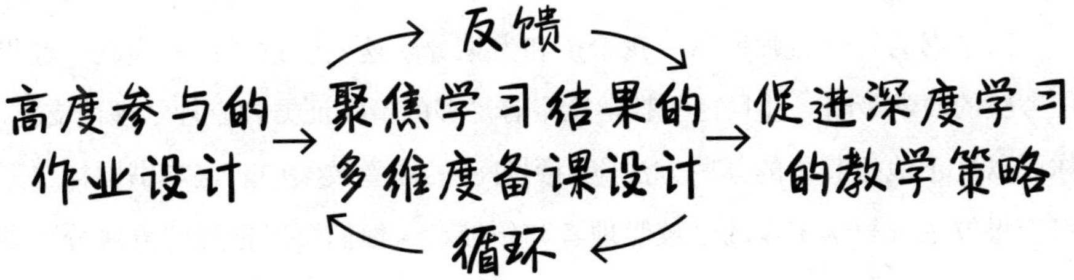

当然，本书中的每个章节都可以单独阅读和进行实践操作，每个教学方法也是如此。同样，每个章节和每个教学方法可以被重新设计，应用到教师的职业发展培训中。

我在每一章可以读到些什么

每章都涵盖了10个可以在课堂中应用的切实有效的课堂教学方法。每个教学方法都以“方法快照”的形式开始，给大家提供该教学方法的概念简述。当你快速阅读这本书时，可以轻松地透过照相机镜头捕捉到这些方法快照。同时，本书每章的结尾都有对本章教学策略的提炼总结。

书中我所介绍的每个教学方法都有专业教育研究和心理学理论的支持，这些研究和理论解释了教学方法如何奏效以及为什么奏效。在每个教学方法后面，有事实证据或心理学研究。

事实证据

这个部分是基于相关教学方法采用的大量教学研究总结，用来阐述如何使用方法以及方法奏效的原因。抛开这些证据不论，请记住教学环境是多种多样的。我不能保证所有的教学方法在不同的学校制度和环境中都可以完美奏效。

心理学研究

在这个部分，英国伦敦大学学院教育学院心理学及人类发展学荣誉教授提姆·奥博朗结合我的教学理念从心理学的角度提供自己的观点。

这本书为谁而写

这本书为每位教师所写。我希望和大家分享这些经过我反复实践、经得住考验的教学策略，并且这些教学策略有足够的事实证据和心理学理论支撑。你可以真正地把其中的某些方法应用到自己的课堂教学中。这本书同样也适用于每位主管教学工作的学校管理者和领导者，你们可以把这些方法分享到更广泛的教师群体中。这本书还可以作为教师职业发展的培训手册，教师可以将在培训中学习的教学策略应用到第二天的课堂教学中。在过去的十年中，我在一所非常具有挑战性的学校中任教，教学的理念以及方法很难在整个学校推行实施。任何方法只有在教师能使用它们时才会发挥效用，千篇一律、生搬硬套的教学模式早已过时。教师和学校需要挑选和结合那些适用于他们自己的教学策略，继而将这些理念、方法作为同事间讨论的平台，启发更多的思考。

不论你是谁，我需要你铭记在心的是，环境是你读这本书所要考虑的关键。我提供的这些教学方法在任何学科、任何环境的教学中都能经得住时间的考验。我希望把我所掌握的每点知识都分享给你，希望你享受阅读这本书，让它成为你书桌上时常会拿起来翻阅的一本。

不管你有多努力地寻找：

你不会在这本书中找到“英国教育标准办公室”这个词。在本书中，我会用我喜欢的“收割者”一词来暗指教育监督部门。

第一章 高度参与的作业设计

很多年前，在我从事教学之初，我认为作业批注这件事情真的是一项工作负担。我完全没有理解提供批注、书面或是口头反馈的价值所在。在过去的十年中，对教师职业发展和大众传媒发展的研究揭示了那些具有误导性的实践理论，让学校和教师有机会走出他们固有的圈子进行更为广泛的合作交流。在数字化时代，新的教育研究理论与事实证据能够帮助教师更好地理解作业评估和反馈如何对我们的学生产生影响。

作业批注，或者说是评估，是本章的主旨内容。以把握全局的角度思考作业设计与反馈可以帮助教师制定有效课堂计划。我们必须把作业批注视为学生评估体系中最重要的一个部分，但请注意，言语上的反馈和课堂内部数据的收集或许不像学生成绩表或者作业本上所写的评语那样直接、正式，但在评估过程中同样至关重要。

无论教师的经验、任教科目或者所教授学生的能力与年龄范围有何不同，评估、反馈和做批注都是教师日常工作的重要组成部分。高质量反馈的重要性在很多学术研究中都被证实，尤其是，可追溯的反馈，作为检测学生的一种机制可长期保留。如今，我会利用更多的时间检测学生，或者设计检测他们的内容，而不是花费过多的时间做标记。

使用高质量的作业批注与反馈的方式评价学生的学习状况可以帮助教师了解自己对学生产生的影响，感受到学生自己的引领下，不断取得更高的成就。约翰·哈蒂教授在2012年出版的《可见的学习（教师版）》中说：

> 作为一个专业教师，你要深知自身影响力所能起到的作用。这听起来可能有些小题大做，但越多的教师寻求自身影响带给学生的改变和反馈，那么对学生而言获益就会越多。

在教师这条职业道路上，所有教师在做批注这个问题上或多或少都会产生困惑。在我进行全球范围内的走访时，很多学校的教师都会强调，做批注占据了工作中的很多时间。学校领导者必须努力减少教师的工作负担，同样也要重塑作业批注、评估和反馈的方法。

我们知道，在帮助减轻教师工作压力方面我们还需要做更多高质量的研究。但这并不是说要减少作为教师这个角色所要承担的使命或是忽略教师应该做的重要工作环节，我们需要认真地思考怎样可以提高工作效率、如何实现市场化、提高经费预算。至少在英国本土，教学这件事本身附加了许多本不属于教师应该背负的责任。

在本章中我更新了一些关于作业评估、反馈和批注这三点重要且颇具挑战性的观点，提炼了那些经过验证的教学方法。我相信你可以把这些技巧、策略应用到自己的课堂批注和评估中去，在减少工作量的同时增加课堂影响力。

作业评估、反馈和批注的意义何在

评估、反馈和批注有三个主要目的：

1. 学生根据反馈做出改变。

2. 评估是今后制定教学计划和完成教学任务的指引。

3. 学生学会评估作业的价值以及自己完成作业的质量。

作业评估、反馈和批注可以有效地提高学习者的学习状况。我们会在本书的第一章提到其更多的意义及实例证明以上三点。

取得进步

作业批注是教师与学生建立联系的有效方法。批注可以是师生间的一次对话，书面或者口头上的反馈，或是能让学生明白自己应如何进步的途径。评价的根本目的是可以有效地让学生通过任何形式的反馈，帮助他们在学习上取得进步。最终，当学生收到这些多样的反馈后，他们可以按照评估和反馈的内容进行改进。因此，我们可以称这是一个完整的反馈链，可以推动学生每一次的进步，这对学生的成功起到了非常关键的作用。

评估和反馈一直在强调批注的重要性，其原因是，它们的确对学习产生深远的影响。

• 分享批注重点（成功标准）。学生在清楚自己的目标是什么以及如何实现目标后，则更有可能走向成功。这是约翰·哈蒂在基于800个关于成功的样本分析研究后提出的“教学透明”概念。我称之为“教学明确”、“教学黏性”。换句话说，即学生清楚地知道自己在本节课及下一节课应当理解并掌握的知识和技能（参见第二章，方法14）。

• 提供给学生清晰、明确的作业反馈。例如，只使用批注作为评价或者是口头反馈。重要的是，要确保这些反馈在指导学生修改作业和鼓励他们向更高的目标努力。局部反馈（参见第一章，方法3）是一个非常有效的教学策略，可以在减轻教师工作量的同时增强反馈效力。

如果我们在教学中可以事先想到这些方面，那么批注和评估就会变得更加具有针对性，更有效地帮助学生取得进步。

助力教学

不仅学生可以从作业批注中受益，教师也可以通过做批注这件事使自己变得更加优秀。大量的研究表明高效能教师可以为孩子的成长和发展带来巨大的变化，但研究并没有提示，我们应该做多少批注，怎么做批注才可以让变化发生。

报告显示，在每个学期，教师每周的工作时间高达50小时。这也是教师流失率居高不下的首要原因。教学人员承受着巨大的心理压力。教育合作机构发布的2019年教师幸福指数提供了很多重要的研究数据：

1. 72%的教师，以及84%的学校领导者认为自己承受着很大的压力。

2. 33%的教师平均一周工作时间超过51个小时。

3. 74%的教师无法平衡工作与生活，无法从繁重的工作中抽离，得到身心的放松。

4. 令人担忧的是，49%的教师认为学校的组织文化对自己的身心健康有着负面影响。

我为什么要提到以上的调查研究呢？我发现自己到访的所有学校所面临的教学工作中的第一要务就是作业批注。

诸多的研究表明，我们应该将关注点放在教学的质量而不是作业批注的数量上。既然如此，我们为什么要创造一个不可控的猛兽去驱使老师离开岗位，消耗教师的工作热情，使他们感到沮丧呢？

评估、批注和反馈可以完成有效的教学，并且通过有针对性的教学评估框架了解学生掌握已教授的知识点的情况及他们的能力是否有所提高。与此同时，教学评估框架还可以展示出学生在一段时间所取得的进步。这些可以直观地告诉你，是否需要在课程的某个部分进行回顾（参见第一章，方法6），是否需要调整接下来教授的内容以及使用的教学材料。评估可以帮助我们理解教学内容、方法和意义（参见第一章，方法2），高质量教学应确保以最佳的方式回应你的学生。

努力工作的价值

学校的专职教师每天大约有90%的时间都用在教学工作上，有很多教师会利用课外时间进行作业反馈、批注。我个人认为努力工作应该是在课堂内，而不要带到课堂之外。现场批注是其中的一个解决方法（参见第一章，方法

3），但我们同时也要铭记，努力批注作业是为了收到反馈的学生，而不是为了完成教学质量检查的“收割者”。

学生不仅要参与反馈，更有责任把这些反馈落实在自己的作业当中。在你进行批注之前，他们有能力意识到作业中的错误和不足并主动修正它们（参见第一章，方法7），在教育领域中有大量关于元认知的研究。我希望大家可以阅读一下卡萝尔·岳对此的观点（参见第一章，方法5）。在课堂上鼓励学生进行自我评估及小组间的互评（参见第一章，方法9），但请注意，任何形式的批注都要建立在学生清楚作业评价标准的基础上展开（参见第一章，方法10）。这不仅可以节省你的时间，同时可以帮助学生自主评估学习质量，掌握学习进度。

口头反馈

国家教育信托基金的创会理事罗伊·布拉奇福德在他的一篇博客中提到，在课堂上面对犯错误的学生，一位观察敏锐的教师就像是一个在外科手术中移除良性黑素瘤的外科医生一样：

> 主刀的外科医生对肿瘤精确的切割，然后把手术刀递给他的副手。仅仅不到三十秒钟，他又把手术刀从副手手中夺了回来，显然他不满意副手对于切口方向的把控……我全程没有注意到一丝的交流。

教师的评价也是如此吗？如果我们看到一个学生正沿着错误的轨道前进，我们不应该适时地干预吗？我建议在这个时候，所有的教师都应该采取行动。我认为口头反馈应该作为一种传统批注形式的预设机制，及时帮助学生回到课堂的正确方向上，这要比等到一周以后教师再抽出时间给予学生书面的的反馈有效得多。

在拉丁语中，“评价”一词的本源可以解释为“伴随的”或者是“坐在身后的”，而我们的现状是：教师没有在教室里与学生进行作业的交流，没有给学生提供有意义的反馈。教师一个人坐在电脑前，或是在堆着一大摞书的厨房餐桌旁输入着无尽的线上评分数据，这与我们所说的有效评估、及时反馈相差甚远。

作为预设机制，我认为口头反馈有着重要的作用。口头反馈不仅可以帮助降低教师的工作量，同时有益于教师的身心健康。确保反馈的精确性、可管理性对学生有着切实的意义和驱动力（参见第一章，方法4）。使用口头反馈这一教学策略可以减少在信息交换的过程中产生的意义的流失、减少批注框架中普遍存在的错误，帮助教师在评价环节做得更好。在近六年的工作中，我非常热衷于分享口头反馈的益处，而且我也非常荣幸地得到英国伦敦大学学院的委托，在英国相对落后的地区进行相关研究（参见第一章，方法10）。

以学校为整体看待问题

在试图提高评价、反馈和批注的质量和效率时，学校的管理者通常面临两方面的问题。考试委员会和学校监察部门都会对为减少繁重的批注工作而设计的教学政策的执行产生影响。

首先，无论学校多么努力试图设计出一个方便易行的教学政策，还是会有一些教师——特别是那些任职于升学班级的教师，仍会被外部考评提出的批注、再批注、无穷无尽的批注要求打败。

第二个问题对于学校来说更为棘手。在我写这本书的时候，教学政策，更具体地说是作业批注政策——并不是必须执行的法律政策，学校并不被强制要求教师执行这一教学政策，也不需要向家长公布作业批注与反馈的结果。当然，每所学校都希望和家长交流学生的评估情况，没有一所学校想把学生和家长排除在外。然而，如果外部监察者对照非法定政策的内容检测学校现如今的教学状况，然后把问题都归咎于学校的话，那么学校极有可能在不知情的情况下让自己身陷麻烦之中。

事情会这样发生：

1. 学校制定、商议并向教职工、学生和家长发布了一项教学政策。

2. 教师经过培训，随后根据一系列制定的政策框架进行批注和教学。

3. 学校领导发现那些可以很好适应教学系统的教师以及无法适应系统的教师，继而对政策进行调整，然后重复系统运行。这些管理者或许会赋能整个程序，也有可能会走向另一个极端，引入毫无框架的指导策略。

4. 家长或是在学校短暂停留的监察者，抱怨说教师未严格地执行教学政策。

5. 学生无视教学政策标准依旧我行我素。

6. 学校里最优秀的学生以及最需要帮助的学生，都无法仅仅依靠一项政策理解学校教育对他们未来发展的重要意义。

7. 随着时间的推移，即将面对教学质量检查的学校的领导者开始担心“收割者”会给出怎样的评价，精神高度紧张。

8. 教师感到压力倍增，他们必须要打起精神在紧张的气氛中完成高强度的工作。

9. 正如学校领导者预测的，监察者根据二元的研究或评估方法衡量教育质量。

10. 最后的结果是，一群重压之下的教师、毫无头绪的学校领导者以及学校监察者一起评估教学政策是如何执行的。

这种未经思考的循环模式会使我们的教育经受更多的质疑。当然，不是所有地方都是如此，我们也在逐步改变这种无益的学校文化。

如何解决这个问题

学校可以建立一项简明的批注政策，作为指导性文件提供给教师，并允许教师在进行培训时自由讨论这一政策。最终的指导性文件必须是大家一致通过的公开性的一页纸文件。我的建议是：

- 教师要在学生开始学习之前，对教学内容有一个整体的把控，包括课程的走向以及学生应如何学习需要掌握的知识和技能（参见第一章，方法1）。

• 教师普遍认可的评价策略应成为评估学生学习成效，判断学生进步的工具（参见第一章，方法2）。

• 定期反馈应在课程时间安排中占据一定的比重（参见第一章，方法4）。

方法1 把握全局

方法快照

在制定评估体系，坐下来进行批注前，首先要考虑你目前处于教学的哪个环节，结合每位学生的出发点、学习进程和具体情况，思考批注这份作业的意义和目标是什么。“把握全局”的方法可以帮助你有效地进行作业批注，进而提高教学和评估的质量。

约翰·哈蒂教授的研究证实，制定目标对于学生取得成就有着重要的影响，可以帮助学生在学习过程中拥有更广阔的视野。约翰·哈蒂教授的研究同时指出，“有意识的目标可以有效地管理人们的行为，并且在一定程度上影响人们的表现”。试想一下，有一幅提供给你无数选择并最终指引你到达目的地的地图摆在你的眼前。作为课程教学计划和评估的一部分，拥有一幅具有广阔视野的地图是非常重要的。学生不仅可以通过这张地图了解到他们去往何处，教师亦可以对所教授知识和学生的掌握情况有更全面的把握。

《让人敬畏的教师》的作者多米尼克·萨勒斯认为，“在课程的每个章节设立目标是一项需要投入大量时间和精力的工作”。尽管当我写到此处时有些沮丧，但我同意萨勒斯的说法。

教师的时间确实非常有限。他们在自己想教授什么、不得不教授什么以及如何证明自己的教学成果间纠结。尽管如此，如果我们时刻记得以终为始，那么作为教师，我们是不是至少会变得强大一些呢？这将会引领我们更加智慧地评估，减少工作量，同时让我们的学生受益。

评估的难点在于你并不知道你和同事对同一学生是否有相同的反馈。也就是说，每位学生在学校感受到的学习氛围和教学文化应该是一致的，比如学校期望、行为标准、教学一致性等。

每位教师的期望和日常工作的变化会让学生对不同教师传递的不同要求产生困惑。在任何一所学校，学生都会发现不同教师对于课堂不当行为和不按时完成作业的处理方式的差异。我的同事经常会听到学生的抱怨：“但是老师，麦吉尔先生就从来不让我们记录课程目标，为什么在你的课程上却让我们写下来呢？”也许许多读者看到此处的时候都会不住地点头，表示赞同。

那么，对于那些既想保持教师自主性，又想保持整体教学一致性的学校而言，该怎么做呢？这确实是一个比较难回答的问题，它取决于每个学校不同的教学环境。学校低年级的操作方式和高年级的操作方式也会存在着较大的差异。如何解决？用一种你和学生都接受的方式教学。如果它在一个完美的框架下运行良好，那我们还需要担心学生的听、说、读、写或是学习目标的完成情况吗？

无论是书面或是口头目标都需要和学生进行有效地交流。这样可以确保在“广阔视角”中了解他们的学习目标。但请记住，学校不应为了应对教学质量检查要求教师记录下教学目标。让我们只关注教学本身！

批注与反馈

对于教师及整个学校而言，批注和反馈的方法都需要经过仔细思考继而制定出适合学校的策略。当批注和反馈在课堂中变成一项常规性的日常工作时，教师的工作质量会得到明显的提升，同时学生会更加重视自己的作业。高质量的作业设计使学生有机会交流他们的所学所得并获得更多进步的机会。例如，学生的日常表现、规则遵守、课程参与、课堂表现以及对作业的积极态度。尽管这些方面只被视为评估长时记忆的替代项，但它们仍为教师提供了有价值的数据。

当我在学校担任副校长时，我与110名教师在两年的时间里一同创造了高度参与的作业设计、聚焦学习结果的多维度备课设计、促进深度学习的教学策略的教学闭环。在和15个国家的超过200所学校进行分享后，我可以很骄傲地说，这个清晰、实用且经过检验的教学方法适用于任何的课堂教学。具有挑战性的是，教师要如何结合学生自身的实际情况将这些方法进行转化，以适应自己的教学风格。

我们研究出来的这些方法并不是昙花一现（这本书的教学方法不能归功于我一个人，我一直强调教育是一项团队合作）。在稳定的状态和发展趋势下，教师可以开拓自己的教学法、勇于冒险并且拓宽专业知识。但很不幸的是，那些坚持教学一致性、数据至上，而忽略教师培训、工作量、教学透明度的“收割者”并没有意识到。

建立全局意识能够帮助你明确作业中哪些地方是需要被标记和批注的，并强调学生应掌握的学习内容。如果学生并没有掌握，你也清楚明确地知道应该如何引领他们达成课程目标。这意味着，你所有的批注都会对学生的学习成效有着重要的影响，这将帮你省去时间关注那些与课程不相关的工作，最大化你的教学影响力。

为什么不试试我的五分钟批注法呢？五分钟批注法强调：分享关键批注点，明确学习目标和目标达成的步骤。同时，学生通过修改作业对教师的批注做出正确的反馈，或重新提交作业以达到更高的标准。

了解你的学生

作为一个教师，你了解自己的学生吗？教师的一个突出特质就是与学生建立密切的联系，全方面地了解学生，包括他们之前的学习起点以及现在的学习状态。

我们要如何了解学生作为一个独立个体的性格，以及他们在学校的表现呢？在过去的十年中，学校的管理方式和教师的教学方式变得越来越专业。我们用掌握的更多数据和学生对话。因为对学生的表现有了更为充分的了解，教师的工作变得更高效。这意味着，教师和学生之间的关系变得更加紧密且具有实际意义，强有力的连接使教师可以提供有效数据进一步帮助学生进步。

数据并不是数字的罗列，它们可以让教师在起点、过程中以及内容上建立全局观点，这对我们进行作业批注有着很大的帮助。

数据应该涵盖以下方面：

1. 那些从之前的学校和课堂中提取的信息应该被充分理解，并且可以在制定教学计划时进行参考。这包括：

- 从小学获得的学习成绩数据。
- 阅读年龄。
- 学生在你所教授的学科和其他学科中的表现。
- 在教授他们之前，学生在该学科的成绩如何。
- 其他重要信息。比如：英语是否是该学生的第二语言。

2. 教师应当了解学生优势及劣势。在考试前的复习课上，一份个人定制化的教学检测清单或是便于学生进行知识点总结的列表通常可以帮助学生对课程内容进行总体把控，并了解课程评估的侧重点。优秀课堂教学的一个明显信号就是：教师可以系统地进行课堂计划，并且让课内的每个学生都可以对课程有全局的把握。

3. 教师应该了解每堂课的背景：

- 教师与学生的关系，结合课堂行为和教学政策。
- 记录公告中的学生福利。

如果我们使用下面的表格逐步深入，便有机会对课堂上的每位学生都有一个全面的了解：

第一步	第二步	第三步
之前的成绩和测验结果	**学生在你课程中的位置**	**了解你的课堂和学生**
包括什么？ · 测验成绩 · 读写能力 · 特殊教育需求/英语作为第二语言 · 智力超常/天赋异禀 · 学生教育补助	**包括什么？** · 学生的强项和弱项 · 知识的组织程度 · 课堂跟踪 · 目标小组	**包括什么？** · 行为 · 出勤率 · 喜欢和感兴趣的事 · 安全界限
我们可以从什么地方获取这些信息： · 学校的数据库 · 早年辅导者提供的成绩数据表或入学调查表 · 同事们统计的成绩数据	**我们可以从什么地方获取这些信息：** · 你的批注和反馈 · 你课堂建立的数据分析 · 课堂观察 · 课程地图	**我们可以从什么地方获取这些信息：** · 你和学生以及家长的关系 · 学校的教育理念、宣传告示、每日小结报告 · 同事及教师专业发展培训

请记住：了解了学生的整体情况并不意味着你需要调整自己对学生可以达到的学习高度的预期。高期望对课堂教学来说是很重要的，但有些时候一些不可规避的事情会出现在学生的生活中，这可能会让他们的学习变得非常艰难，此时便需要教师去把握、平衡。这些学生是个例，但我们不应放弃他们。我对任何一个孩子的期望和要求都是一致的，除非是极为特殊的情况，现在，你对班上所有学生的情况有了全面的了解，请你在评估他们作业时把这些具体情况时刻铭记在心，这会帮助你对学生做出有针对性的评价。只有这样，才可以真正帮助学生提高学习成效，引领他们实现更高的成就。

你的批注与反馈带来的影响

为了提高教学质量而看到批注和反馈的价值所在，这并不是所谓的功利。将你对高质量教学、批注和反馈的理解融入到你每天的课堂实践中才是作为一位教师的核心工作，这一点不会改变。教师总是需要对学生的作业进行批注。如果你不能泰然处之，那它势必会成为你专业发展中的绊脚石。

不论你是一位在寻找更好教学实践的任课老师，还是负责传达批注和反馈政策及致力于教师专业发展的学校领导者，李·艾略特·梅杰与史蒂夫·希金斯所著《什么可以奏效》是非常好的参考资料。在和作者李·艾略特·梅杰的一次播客采访中，他阐述了与同事的研究。对我来说，他们看到了无数的“学校在消耗教师的课余时间批注作业，这其实传递了一个错误信条”。评估学生的知识掌握程度，取决于批注和反馈的质量而绝非数量，而反馈也绝非只有批注一种形式。梅杰和希金斯说：“当学习者们通过批注可以知道下一步应该如何去做时，这种批注才是真正有意义的反馈。”有效反馈的重要之处在于，当学生拿到批注之后，他们可以按照教师的指导意见对学科的知识进行拓展，提升自己的学习能力和自信心，与此同时，减少对知识的错误理解。引用一句经得住时间考验的话就是：“教师应该关注学生错误认识的本源，而不是浪费时间在那些因为马虎而出现的错误上。”

在《什么可以奏效》一书中，梅杰和希金斯讨论了三个关键原则。将这三个原则融入到你的批注和反馈中能够帮助你判断自己的工作是处于良好运行状态还是有待改进。

香蕉女皇乐队原则

这个原则以“香蕉女皇”这一流行乐队和他们的主打歌《不是你做什么，而是你怎样做至关重要》命名。教师工作是

接下页

一项团队合作和集体责任，确保你可以分享自己的学识，在大家共同熟识的环境中与同事探讨更好的教学实践的方法。

金发姑娘原则

这个原则告诉我们要把事情做到刚刚好，“既不太多，也不太少”，就像童话故事中的金发姑娘一样。在教学过程中，我想到了一个由米哈里·契克森米哈赖提出的流动模型：平衡激情和乏味之间的关系（参见第三章，方法23）。当进行反馈时，马霍尔和希金斯认为：“给学生制造太多的挑战会让他们觉得无法逾越；而如果挑战太少，那么学生会失去探索新知识的机会。”对学生学习进程的把握对于教学工作来说是很复杂的。但及时、具体的反馈和对学生客观而全面的了解可以助我们一臂之力。

马太效应

对于所有教育工作者来说，缩小学生间的成绩差距也是一项巨大的挑战。新冠肺炎疫情对相对落后的社区产生的巨大影响是每位教师所特别关注和担忧的。我们担心那些人身安全都无法保障的孩子、那些无法进行远程学习的孩子以及400万个生活在低于英国贫困线家庭中的孩子。我们教师的责任是尽我们所能重新去平衡、弥合这个巨大差距。马霍尔和希金斯曾说：“对于一位伟大的教师来说，最好的奖励就是看到自己没有特权背景的学生取得进步。”一位高效能教师的成功需要班级里每一位学生的参与，而一切都要从教师对学生全面而客观的了解开始。

有关把握全局的心理学研究

在这个部分，提姆·奥博朗，英国伦敦大学学院教育学院心理学及人类发展学荣誉教授，为罗斯提出的教学方法提供了心理学研究支持。

罗斯提出的把握全局这个教学方法可以让教师在教学当中奠定一个稳固的基础。在学生学习过程中掌握他们的进度并引领他们前进的方向，这是至关重要的。现代教学环境中过分依赖数据是有不妥之处的。在目的明确的前提下收集相关的数据确实是有价值的，但我们的学生并不是数据，他们是有软肋和需求的。一些学生的需求显而易见，而也有一些学生会隐藏其真正的需求。我认为把握全局也应该涵盖学生心理上的诉求。当教师重视心理需求时，会更有可能为学生的学习提供一个更加稳固的根基。

在此我需要指出的一个心理层面的需求就是，尽管每个人个性迥异，但大家都需要归属感。归属感可以带来心理上的安全和自信。那么，我们应该如何让学生感到自己属于这个课堂呢？进入课堂的方式至关重要。思考一下如何调整你的角度，尽可能地消除教学上的障碍。如果一位学生相信他可以在你的课堂上学到知识，并且知道他们的学习成果会得到认可，那么他们会更确信自己属于这里。教学是一个有着情感参与的认知活动。意识到教学当中的情感因素，比如坚韧、好奇心等，同样可以创造学生对课堂的归属感。当学生处于小组活动中时，也有很多策略可以帮助提升归属感。例如，当对全班进行讲话时，教师可以开诚布公地告诉学生自己对每个人都有很高的期望。

当学生与教师有着积极正向的师生关系时，学生的归属感是可以培养、加强，发挥强大的心理效能的。教育之所以富有生命力，是因为它是人与人关系的体现。因此，当你与学

接下页

生交流时，请有意识地注意谈话的目的和质量。研究表明，正向的师生关系不仅对学生有益，对教师的身心健康也有着积极的影响。

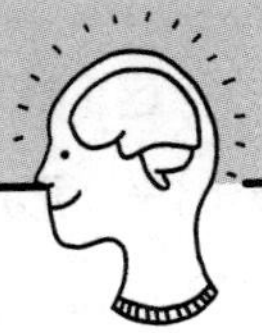

方法2 开放式评语

方法快照

在你的批注中使用“仍须努力”这个颇具力量的词语可以帮助你从复杂的评分系统中抽离出来，形成简单易行的学习成效评估框架，激励学生深度学习。

总结性批注的意思是：一方面，按照一个成功的标准对一项作业进行评估并且给予相应的分数；另一方面，表格式批注与分数并不挂钩，它是为学生进一步提高作业完成质量做出的评价。尽管两者有所不同，但总结性批注和表格式批注是每位教师必须要做的工作，它们二者在多样化的评估框架中都发挥着重要的作用。了解多样化评估框架的意义是很关键的，向学生介绍评分系统可以帮助他们了解作业情况，更重要的是，让学生清楚为什么自己要完成这项作业。

当对学生作业进行总结性批注或者表格式批注时，你必须思考将会得到什么样的反馈，你要告诉学生评分的标准是如何制定的。2015年政府颁布政策宣布“生命不分等级”：为了尽可能避免教师在教学目标中花费大量时间记录和跟踪教学进展，去掉了层级划分，增加了学生参与感和能动性，并且在课堂中更加提倡表格式批注。然而，很多学校在采用了他们提倡的这些方法后，却带来了更大的差距。那么，作为教师的我们应该创造出一个什么样的系统实现高质量的教学，提升学生的学习成效呢？

为学生提供统一的评估系统。同时，也要考虑到学生对这个系统的理解程度。毕竟，他们才是需要了解所有评价体系标准的主体，也只有这样，他们才有可能进步，不是吗？

所以，让我们这样试想一下：如果你开设一门新课并采用新的教学方案，但并没有与之匹配的评价体系和框架，那么你该怎么做，你的目标产出又体现在何处呢？你应该会同意这样的说法：如果先有课程设计，但没有与之匹配的评估体系，教师判定学生表现和进步都是非常困难的。

因此我建议，在一开始，总结性批注或表格式批注都应该根据学生学习情况进行诊断。我们需要让学生清楚地知道他们要如何改进自己的作业以及整体的学习，而不是仅仅为他们提供一个分数。这样做可以改变学生只看重分数的高低而忽略真正需要进步的地方的现状，同时教师的工作状态也会相应地得到改善。让课程本身推动评估，而不是其他动因。

让我们试试使用“仍须努力”这个词

开放式批注其中一个关键策略就是使用“仍须努力”这一评语。这是由卡罗尔·德韦克教授认为，不及格对于一个学生意味着“我什么也不是”“我简直一无是处”，但如果学生收到的评语是“仍须努力”，那么他们会知道自己的学习在未来仍有进步的空间。德韦克问道：“我们如何培养孩子？我们是仅看重孩子的当下还是关注未来？难道我们就要培养孩子们紧盯着高分不放吗？”

按照德韦克的说法，如果我们可以睿智地给予反馈，对学生的努力而不是现在的产出结果提出表扬，那么我们就可以培养学生成长型的视野。“在收获肯定和知道仍需付出之后，年轻人会展现出自己的努力、专注、坚持、进步……这会带给孩子极大的信心并培养他们的坚毅品质。”

“仍须努力”是我从德韦克的研究中学到的最有价值的教学策略。它不仅可以用于书面反馈，在口头反馈中作用也非常明显。试着在学生完成第一节课程的作业中简单地批注“在……方面仍须努力”，然后观察它产生的立竿见影的效果。不要在一个晴朗的午后把这个批注策略带回你的后花园中进行尝试。为什么不根据德韦克的研究，即刻与学生一同实践有价值的方法呢？可能只有教学团队中的资深成员、考试委员会和“收割者”才会想看到那些长篇大论的反馈。因为这些冗长的批注可能代表了你努力工作，但如果不做强求，何需浪费时间？从现在开始，给予学生他们值得拥有的反馈，就是现在！这真的是一个可以每日使用的有效教学策略。

最适合进行作业批注的地方

首先，尽量把所有的批注工作都在学校完成，这可以是在你的课堂、教职工休息室或者一间无人打扰的办公室，不要把这些工作带回家。但也许你会觉得，家里一个更安静的地方可以让你不被打扰，专心进行批注，而这是在学校做不到的。我们都有自己偏爱的工作场所和工作时间。你必须选择可以使你高效地完成批注任务的环境和时间，你使用的评估方法、类型也至关重要。

使用“仍须努力”提升你的教学质量

在教学生涯中，我发现在新学期伊始使用“仍须努力”这一批注方法十分有效。我回顾了学生在上一学期的学习目标，并且对他们是否完成了设立的课程目标进行细分，分析是否还有“仍须努力”的地方。这些都可以指出学生需要进步的方向并成为下一学期制定教学计划的关键。需要综合考虑的是：学生的年龄、学习的科目和所在的年级。在本学期的第一节课，首先回顾那些学生可能已经忘记的上一学期的知识，然后再引导他们过渡到新学期的内容。

当评价教学质量时，应该考虑到以下三个因素：

1. 教什么，即教授的内容和教授的时间。这取决于课程本身。

2. 如何学，顾名思义就是传授知识并且尽可能地让学生学到知识。我们如何把教学内容转化为学生能够理解、掌握知识。

3. 为什么这样教，顾名思义就是我们为什么要教授这个内容，以及我们为什么要采用这样的学习方式。

“为什么这样教”是教学计划的认知过程，但对于时间紧迫、工作忙碌的教师来说，往往是最后考虑的问题。它被放置于很多需要解决的问题之后。我从来没有听到过一位教师对我说：“我有充裕的时间进行计划和评估。”

但事实并不该如此！如果我们考虑到“为什么这样教”，那么不仅是教师，学生亦可以在课堂上对课程的内容做到了如指掌。使用“仍须努力”的批注方法是一个绝佳的开始。当你把它作为了解学生是否已达成学习目标或是“仍须努力”的方式时，你便可据此制定下一学期的教学内容、教授方法，并且向学生说明这样规划的原因（参见第二章，方法12）。

事实证据

在卡罗尔·德韦克教授的研究论文《即使天才也要努力》中，德韦克教授论证了教师在较高难度的作业中给予学生高质量的反馈能够使学生“热爱挑战、享受努力的过程、培养坚毅品质，珍惜取得的进步”。德韦克教授指出，“仍须努力”一词应该在课堂中经常使用。不论何时，当学生说他们做不到或者不善于做某件事情时，教师应该加入“仍须努力”这一评语给予支持与帮助。

在驱动力层面，我们希望学生可以培养自律的习惯。大量证据显示：人们可以通过学习来提高自控能力。在我参与研究的针对七年级学生的研究中，更强大脑这个项目向我们展示了，帮助学生更好地了解自控能力，同时应用系统的学习策略，提升自驱力。

在教师专业发展培训中，我会跟大家说每个学校都有很大的潜力，所以我们都“仍须努力”。柯比和麦克劳克林在2016年的研究中指出：“为了迎合外部监察需要而强加给教师的教学任务及特定的成果考评考核会削弱教师自身的专业能力。”例如，教师表现、数据收集、学生考试结果、行为管理和学校监察等。学校问责制有时会阻碍教学的革新。

培训是教师能动性培养的重要驱动力之一。认知心理学证据表明，专业发展培训可以提升教师和学生的成就感。我了解到大部分的学校还没有开展相关培训，但在有着快乐学习气氛、教学质量卓越的学校，领导团队正在不断推进每位教师专业发展的进程。

方法3 现场批注

方法快照

在最近几年里，我一直使用现场批注的方法，面对学生在课堂上进行批注，这既可以让我的批注深入人心，又可以减轻课后的工作负担。为什么不尝试一下呢？

请让我解释一下现场批注的方法是如何发挥效用的。教师每天都会因批注这项工作身心疲惫，其中一个原因是作业批注是教师职责的核心内容之一。一些教师和学校甚至会批注学生的每一份作业。这些传统的批注方法蒙蔽了那些短暂停留的检查者的眼睛。他们不会挖掘教师做出如此批注以及学生收到反馈的背景，他们只是在课堂和书本上匆匆一瞥继而离开。而作为家长，似乎也更期待看到孩子作业上有大量的书面反馈。

学校应制定一个学生与家长认同的、明确的作业反馈政策，这样教师才有可能对批注与反馈进行管理并且增加其价值。我们知道反馈是提高学习成效最有效的方法之一，但是我们同时也应清楚，不是所有作业都需要书面反馈（参见第一章，方法10）。

在我的职业生涯中，一直在使用现场批注这个方法。你可能也在无意识的情况下使用着这个方法。这是一个很难教授或掌握的方法，但它确实有很多好处。它的出现并不总是以书面或言语的形式，它的好处在于可以在教室中及时地、面对面地与学生沟通，而不是两三周后，甚至是在因学生产生理解偏差而不得不调整课程走向后才提出反馈。

牛津大学和英国教育捐助基金会在2016年4月发布的一项研究报告中公布了其对1012个学校的1382名在职教师的调查采样结果，他们发现书面批注的质量令人担忧。学校领导和教师应制定一项行之有效且可持续的、节省时间的批注政策。这项报告指出了作业批注应关注的7个方面：

1. 评分
2. 更正
3. 完整性
4. 学生反馈
5. 建立对话
6. 目标
7. 频率和速度

当你在思考“更正”“建立对话”“频率和速度”三个方面时，可以在脑海中回想一下由梅杰和希金斯在《什么可以奏效》一书中提及的三个重点：简单易行，直奔主题，学生参与。为了减少工作量，作者建议教师问自己下面几个问题：这些活动是否对教学有直接的贡献，是否有足够的证据表明你的努力推动了学生的进步，是否可以用更少的时间达到同样的效果？

更正

英国教育捐助基金会的报告指出：“当对作业进行批注时，应该有步骤地引领学生找到问题真正的答案。”因此，报告集中讨论了更正的价值，并对批注过程中是否可以使用其他纠正错误的方法进行思考。

现场批注可以帮助那些对学生的每份作业都直接提供答案，或者因纠正学生的每个错误而感到沮丧的教师。在过去的六年中，我看到在我们的学校中的教师，用黄色对话框圈出作业中的某一区域进行部分批注或区域反馈。这样做既能减轻教师的工作量，又能提升学生的学习成效。区域反馈是一个更有针对性的方法，它可以帮助教师和学生关注作业的某个特定部分（而不是作业整体），这样既可以使教师的反馈变得更加有针对性，提供学生具体改进的方法（而不是提供最终的结果），同时也可以减少教师的工作量。在下一页的局部反馈部分我们将阐述具体操作步骤。

建立对话

英国教育捐助基金会的报告还讨论了批注的三倍影响（教师对一份作业进行书面反馈，学生对反馈做出回应，教师再次根据学生的回应进行反馈并做出书面批注。我不希望任何教师去做重复批注这件事情，为什么要让教师对同样的作业批注两次呢？试想一位初中教师每周要教300—500位学生，而小学教师要负责教授30位学生近10门不同的课程。我们不可能这样要求教师，我们必须要现实地考虑教师的工作量，思考再次批注作业对学生学习成效的影响究竟有多大。

英国教育捐助基金会报告的结论是："有一些声音支持建立对话的说法，但更多的研究呼吁检验它的有效性。"对我来说，提倡使用现场批注的方法着重强调在一定范围内目标明确地帮助学生提高作业完成质量。这样做的意义在于，学生可以立即根据教师的批注进行行动反馈，同时极大减少教师在书写批注上所花费的时间。我会使用问题—建议—行动的方法，例如，教师可以首先提出一个问题，在得到学生回答后随即写下一段文字反馈并建议学生在课堂上进行尝试。只有当学生证明他们对反馈采取行动后，教师才可以带领学生进行课堂教学的下一环节。请记住，反馈应当以提高学习者的能力为目的，而不是仅针对某项作业的完成质量。

局部反馈

选择学生作业的某个方面进行评估，可以是在某个段落画出黄色评价边框。对该部分进行认真且详细的批注，提供反馈（口头或书面的）。这些反馈应是经过仔细斟酌、具体且有针对性的（参见第一章，方法2）。避免对其打分，这样可以帮助学生意识到自己的作业是有可进步空间的，让他们将专注力集中到这一部分进行提高。局部反馈可以帮助学生有的放矢地在清晰且具体的框架下做出改变。

应用局部反馈的批注方式会有怎样的效果呢？你的工作量会减少，学生收获了具体且有效的反馈，清楚地知道了自己应从何处入手，作业提高的方向及需要达成的目标是什么，及时修正错误理解，弥补学科知识漏洞。

然而，局部反馈只有在以下情况下才会发挥其效力：

• 你要为学生的进步留出时间。这可以是课前活动（参见第二章，方法16），或是在一定时间内高质量地完成一项作业任务。

• 有些时候，考虑采用什么方法对重新提交的作业再次评估是很重要的。它可以是一个点头，或是："不错哦，你这次有考虑到其他因素吗？"根据作业的类型和学生的年龄来调整你的反馈方式。然而，我们同时也要对学生需要经过多少次不断的尝试才可以做好这个问题进行谨慎的思考。如果学生没有掌握必备的知识，那么你就需要重新教授一次（参见第一章，方法6）。

最后我要说的是，在进行局部反馈时不一定必须使用黄色标注，不要纠结于颜色的选择！

频率和速度

英国教育捐助基金会报告指出：学生作业得到批注的频率和学生收到反馈的频率，都是影响教师工作量和学生对进步的期待程度的重要因素。既要结合教学改革对工作提出的要求，又要通过可以让学生获得考试成功的方式教授他们知识，这两者间的平衡融于教师每日的教学工作中。我是否应该让学生重新再做一遍作业？我应该继续下面的课程内容吗？这是教师每天都要面对的两个问题，永远都是。

我的建议是，不要急于回答这两个问题。首先要经过一段时间的批注，并将重新修改作业作为课程计划的一部分，这样才可以帮助学生建立起有规律地重新修改作业的课堂活动。分步教学或是分段实践是一种在较短的学期中，把完整的教学内容分解为单元，进行阶段性学习和复习练习。在此期间，学生完成简单的、没有关联性的作业和课堂活动（参见第二章，方法14）。英国教育捐助基金会与贝尔法斯特女王大学科学论证与社会创新中心对分步教学的一份独立报告中指出："教师和学生对这种阶段性学习给予了大量的积极反馈。"这项研究提出了一个非常实际的问题：快速提出那些相对笼统的反馈是否比花费大量时间提供更加全面的反馈更有益处。根据具体的情况进行分析是回答这一问题的关键。对于教师来说，教学是一件非常有意思的事情，教一个4岁的小孩子和教一个16岁的少年的感受截然不同。然而，我坚信少即是多。研究表明，在课堂上对学生提出有意义的反馈可以让学生更容易取得进步。现场批注可以给予学生简明且有规律的反馈，支持学生尽快付诸行动。

经过5年的反复实践，受伦敦大学学院的委托，口头反馈项目在2019年9月发布（参见第一章，方法10）。研究结论证实："口头反馈如果应用得当，对所有学生都有积极的影响，能够帮助学生取得进步并收获成就感，同时不会产生任何负面影响。"

现场批注的优点与不足

综上所述，我们可以看到在课堂中进行现场批注有很多优点：

• 减少教师在课程以外的工作量。

• 鼓励教师在特定的方面给出有针对性的反馈。

• 鼓励教师和学生建立对话，教师可以及时提供反馈和指导建议，学生依此加以改进后进行下一章节的学习。

• 提供给学生简明且有规律的反馈，这让他们更容易取得进步。

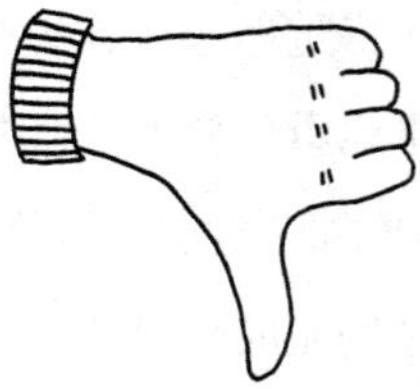

同时，我们也应注意到现场批注的一些局限性：

• 教师只能一次与一位或者一个小组的学生进行现场批注。

• 教师需要控制对话的深度，注意控制信息量，避免在一组现场批注中花费过多的时间。

• 学生收到反馈后的实践会影响课程的进度，特别是相较于掌握知识和技能，学生认为重新提交作业更为重要的时候。

对于我来说，在使用现场批注时，可以与学生互动，真实地看到他们的进步，所以我认为其优点远大于缺点。

事实证据

教育政策研究机构的皮特·塞伦在对教师工作量的研究中指出：

• 相较其他经济合作与发展组织成员国的教师，英国教师的工作时间是最长的，但其收入却是最少的。

• 工作时间过长阻碍了教师参与专业发展培训。

• 工作时间长、待遇差、有限的专业发展培训过度消耗着教师的专业积累和精力，特别是刚加入教育团队的年轻教师。

• 工作在卓越且资源丰富的学校的教师与一般学校的教师工作时长几乎一致。

我曾收看过TED的一个演讲，它改变了我的工作态度。这次演讲的演讲人是奈杰尔·马什，他是一位行为学导师，也是畅销书《肥胖、四十、失业》的作者。他此次演讲的题目是《如何拥有工作与生活平衡的工作》。他在演讲中讲述了我们需要重新界定成功的意义，不能以牺牲健康来获得工作上的成功。我们需要转变态度。如果你也感到面临危机，那么这个视频绝对值得一看。

作为一个教育者，我一直保有这个信念，要合理地掌握批注时间，更迅速地完成作业批注。我需要明确哪些作业内容需要批注，批注的方式是什么。我决心使用现场批注的方法并确保学生根据反馈及时行动，有针对性地将工作重点放在学生可以取得进步的部分。

我们需要重新定义成功。除非教师的合同条款中可以把90%的工作分配进行调整，让他们有时间在工作日把所有的批注工作完成，否则教师的超负荷工作量将不会减少。如今，

接下页

在邮件普及、课堂教学电子化、智能化的背景下，教师的工作变得更加繁重。然而，教育经费却从2010年开始有所缩减，但批注工作以及教师的整体工作量并没有实质性的改善。原因很简单，教师并没有充足的时间达成教学目标，或者教师没有获得足够的薪资。

英国伦敦大学学院教育科学中心总监，贝姬·艾伦教授表示，科技改变了信息传递的方式，也改变了当今教学的方式，是时候停下来，评估我们投入在衡量学生学习成效与教师教学质量方面的时间是否有效提升了教育质量。是否与其获得的教育效益成正比。

现场批注，与其他减轻教师工作量的方法一样，是为了适应目前不完备的教育体系而提出的实践方法，但它是一个能够对学生学习产生积极影响的可行的教学策略。

方法4 创造性批注符号

方法快照

为了确保学生可以理解评估重点，教师需要使用简明易懂的批注符号（结合你的学校政策），帮助学生更好地理解批注的内容并根据你的反馈及时改进，提升学习成效。

向学生分享评估的关键点是非常重要的。而做到这一点的第一步，就是要使用学生易于理解的批注符号，它们不仅可以节省你的时间，同时可以让学生根据不同的符号进行反馈。

约翰·哈蒂教授提出了一个非常重要的观点："教师与学生交流课程的学习目标，同时让学生掌握达成这些目标所使用的有效手段。"在开始你的课堂教学前，先让学生了解这一点可以切实地提升其作业质量并且有利于他们对课程整体的学习。如果作业是课堂教学的一部分，那意味着学生需要得到定期的反馈，让他们了解自己在关键评估点上对知识的掌握情况，并在完成家庭作业时铭记这些关键点。

这里有一些方法可以帮助学生更好地理解评估的关键点。它们同时也可以用于期末测验前，让学生对自己知识的掌握情况有一个大致的了解：

1. 一个非常可行的方法就是：让学生根据一定的标准对几份不同的作业进行评估和排序。当排序完成，学生应给出关键的评分点，用于说明为什么这份作业优于另外一份。当这份评估完成时，可以将评估标准聚焦在知识理解层面。同时，事先隐藏评估标准，观察是否会产生不同的排序结果也是值得尝试的。

2. 自我评估和同伴互评也是不错的方法。学生给同伴的作业打分并给出打分的理由，可以帮助他们加深对关键评分点的理解。但请注意，这个方法必须要在合适的环境中使用。对于一个教学安全是优先考虑因素的课堂来说，这个方法就不是十分可行了。对于还在开发认知能力的低年龄段学生来说，应用这个方法也是一项挑战（参见第一章，方法9）。

3. 模拟评估或者模拟考试也可以帮助学生检测他们在学习重点上的掌握情况。

一旦学生知道评估的关键点，你就可以使用简明的批注符号高效地批注学生作业了。

教师必须注意，批注是要有影响力的，不要过多地在意批注数量。单纯关注作业反馈数量可能是很多批注政策失败的原因所在。批注的频率必须作为课堂教学的一部分，不论是口头或是书面反馈，都应该是定期的。在初中，要确保反馈的质量在不同的部门是成比例的；在小学，不同年龄层对于反馈的比例要求也是不同的，这要取决于教师所教授的学科。一些初中教师可能每周只见到学生一次，但有些教师一周却可以见到学生3—4次。在小学，教师几乎每天都可以看见他们的学生。所以，最重要的是建立定期的反馈并鼓励学生参与其中，简明的批注符号可以帮助你：

- 给予学生有规律且及时的反馈。
- 让学生在最短的时间内对你的反馈做出回应，使学生清晰地了解自己对于知识点的掌握程度和评估标准之间的差距，明确自己需要进一步提高的方向。

设计批注符号

在过去的十五年中，我设计了很多批注符号。其中一些理解难度较大，只有简明的符号才经得住时间的考验，适用于教师和学生。

有一点需要注意：尽管批注符号是十分有效的批注工具，但你应当确定它们与学校整体的评估政策相符。如果教师自行创造了属于自己的批注符号，而没有把学校政策考虑其中，那么批注符号可能会在不同学科间产生不同的意义。这会导致学生的困惑，同时增加不同学科教师的工作量。

下面我们对一些适用于所有学校的简明批注符号进行举例。对我来说，首先提到的四个符号是我在对学生作业进行书面反馈时最常用到的四个符号。除此之外，我们还为阅读拓展及写作类作业提供了特殊的语法标注符号。

符号	意义
√	正确/好的论点/描写到位（在更加注重实践的科目，例如体育课，可以用点赞的手势代表）
×	不正确/错误的观点（在更加注重实践的科目，例如体育课，可以用向下的大拇指手势代表）
Sp	纠正书写错误（这个缩写可以在重新修改作业时作为关键词进行记忆检索）
?	表示此处不通/需要添加进一步的解释说明
Λ	需要增加一个词
//	需要另起一段
e.g.	需要举例说明

请注意：以上提供的批注符号需要结合所教授学科的实际情况，并同时考虑所教学生的年龄段。

我并不认为在每天的课堂评估中教师需要应用过多的批注符号。任何复杂符号的出现都可能导致学生的困惑，增加学生的认知负担，家长也很难直观地掌握孩子作业的完成质量。

上述批注符号是否与你的学生的进步产生关联呢？请在下面的表格中总结你认为有助于提升学生学习成效的批注符号。

符号	意义

事实证据

在2016年英国教育部发布的一项研究报告中总结了有效批注、反馈和评估的三个关键词：

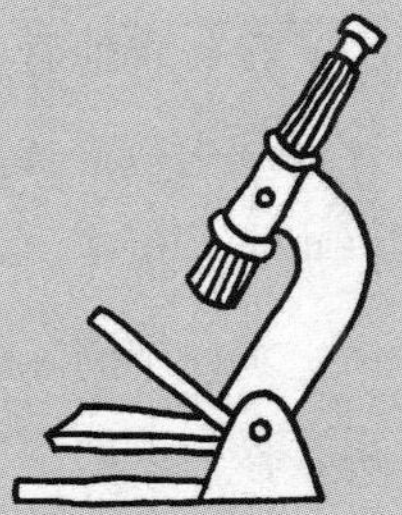

- 有意义的
- 可管理的
- 激励进步

许多主张“降低教师在非必要事务的工作量”的教育学家参与了这项研究，让我们一起看一下英国教育部对这三个关键词的具体解释。

有意义的评估

英国教育部的研究报告指出，有意义的评估取决于你所教授的学生年龄、教授科目以及评估的特定作业。报告建议，要根据学生的需求、课堂计划、教学目标调整教学方法。

对我而言，有意义的评估主要意义在于：它可以为你和学生带来直接的成果产出。反馈可以让学习者在获得进步的同时把一份作业完成得更好。当学生了解学习重点后，简单易懂的批注符号就可以派上用场了。试着在使用批注符号的同时结合局部批注方法（参见第一章，方法3），这样不仅可以减少教师的工作量，还可以放大评价区域的问题，进而更加有针对性地提升学生的学习成效。但请记住，有意义的反馈同样可以是口头上的，不需要为应对上级检查保存书面证据。

可管理的批注数量

英国教育部提出，教师所做的作业批注的数量应与学生的学习成效相关，学校在制定相应的评估政策时应考虑教师的

接下页

整体工作量和工作效率。

我欣喜地看到越来越多的学校在衡量他们的评估政策时，把教师所需测评的学生数量考虑在内。我认为这一点应写进评估政策中，而且我坚信这样做是具有指导意义的。

2018年国际教学调查的报告指出，英国教师拥有的课程自主权是48个经济合作与发展组织成员国中比例最低的。我们需要建立一个充分信任教师的教学环境。批注政策不是法律所强制执行的，它是学校领导者为了保持整个学校的一致性而创造出来的产物。然而，现在它却成为在教师头上不断敲打的警示棒，导致教师工作量变得不可控制，这和英国教育部所给出的建议是截然相反的。

那么，我们要如何衡量工作成本呢?

一个简单的乘法就可以告诉你，教师每天行程满满的工作量是如何形成的。一位初中教师每天需要面对15个班级，每个班级30位学生，这么算下来他们每天要批注的学生作业量就是450份。一个25课时的课程每学年的成本是2000英镑，教师花费10%的时间进行备课和评估，每周2个小时，在38周的学年中则一共花费76个小时。

我们需要改变，尽可能简化相关政策，让学生清楚地理解评估关键点，并以行动回应教师给予的反馈。

激励进步

英国教育部支持评估可以帮助激发学生进步的观点，但也承认有时简短且具有挑战性的评语或是口头反馈比深层次、宏观的评语更加有效。同时，教师比学生做得更多会降低学生接受挑战的意愿和责任感。参见第三章，方法23，米哈里·契克森米哈

接下页

赖的研究。

提供什么样的反馈可以激励学生，这一点完全取决于你。你比我更加了解你的学生。学生的状态和情绪经常是捉摸不定的，课堂的常规性固然非常重要，但我们也要清楚地了解学生的喜好总会变来变去，今天他们所喜爱的也许明天就不再感兴趣。

尽管如此，有意义、可管理、激励进步的评估仍是实现学生参与作业设计、反馈、评估的关键所在。给予学习者明晰且具有挑战性的反馈，应用简明的批注符号，使收到反馈的学生比提出反馈的教师做出更多的行动改进，这样做对教师和学生来说，都会是一种激励。倘若不采取这样的方式，我们的进步速度会呈螺旋式下降，课后惩罚性作业将远远多于课堂上的正面反馈。

有关反馈的心理学研究

反馈是一个持续不断的过程，它绝不是一次性的活动。从心理学角度来说，无论你是否有意为之，当你提供反馈时，就会带给学生一种把他当作一个具有身份认同的独立学习者的感觉。反馈与个体成长与发展息息相关，因此，我建议反馈环节应该具有推动力和启发性。反馈可以激励学生，让学生相信自己能够做得更好，通过不断提醒他们已取得的进步和成就，使反馈内容需要清晰明确，为下一步的行动提出启发性建议。同时，反馈必须和行动挂钩，检测学生对你提出的反馈所做出的反应是非常重要的一件事情：学生已经完全理解了吗？更确切地说，下一步应该怎么做？如何可以取得成功？

反馈同时要依靠语言和情感的传递。在给出反馈时，教师使用的语言十分关键，你要仔细斟酌自己提供给学生反馈时的口吻，在不同情况下，采用不同方式进行反馈对每个学生产生的效果截然不同。我建议，避免使用这样的语句："我喜欢，但是……"不用这种表达方式的原因就是，当学生听到"但是"这个词时，他们往往不会关注你在"但是"之前所说的内容，尽管这可能是无意识的，但他们会更加关注"但是"之后的评价。这可能会导致学生认为你并不是真的认同和喜欢他们的作业。所以，你可以这样说："我喜欢，同时……"首先，这样的强调了你认同并且欣赏他们的作业。"同时"这个词并不具有任何判断性，它意味着教师对学生完成作业这个过程的重视，它还会在心理层面给学生提供一个空间，让他们参与讨论，思考怎样在作业中添加新的内容和思考角度。在心理学层面，"我喜欢，但是……"和"我喜欢，同时……"两者暗含的情感有着巨大的差别。

师生关系对教师提供反馈和学生接受反馈的质量有着决定性影响。它直接导致最后产生的结果是积极的还是消极的。

接下页

当你感受到给予你反馈的人对你足够尊重，并且是从你的需求出发，为你提供最好的建议时，你会更容易接受。我坚信在为他人提供反馈时我们应该坚持这一原则：反馈应该为接收者带来益处，而非为给予者带来益处。

提姆 · 奥博朗教授

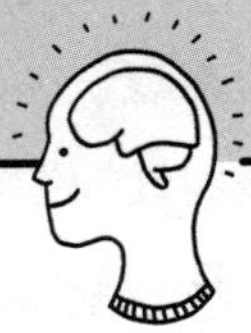

方法5 如果错了，恭喜你

方法快照

我们都能从错误中收获有益的经验。错误可以帮助我们学习新的事物，建立自信心，培养我们的冒险精神。同时，也教会我们什么时候应表达谦逊及歉意。在课堂中，教师应给予学生机会，鼓励他们敢于接受挑战，同时让学生学会应如何回应他人提出的反馈，这对培养学生自信心、适应力及提升他们的作业质量至关重要。

如果我没有犯过错或是走过弯路，那么今天我可能也不会成为教师。更为重要的是，如果我作为教师、学校管理者，自己的冒险精神没有得到学校的认可，我想我也不会有现在的成就。当同事路过我的教室时，从来不会对我课堂进行评判，他们也从不会盛气凌人地对我拍桌子或投来不屑的目光。我对此非常有信心，这不是我工作的学校环境，同样我也希望你不是在这样的环境中工作。

教师也会犯错，学生和学校领导也是一样。你可以犯很多各种各样的错误，但不要一遍又一遍地重复这些错误。

鼓励学生从错误中学习

如何让学生在错误中培养学习能力，建立自信心，成为一个具备较强的自我认同、敢于冒险的学习者呢?

问题的答案要回到有针对性的反馈。我们再来看一下本章方法2中提到的“仍须努力”的开放式评语，它可以帮助学生理解犯错的益处，但同时我们也要考虑应用更多的批注策略，帮助学生克服害怕失败的心理。

延迟批注

在使用这个技巧时，开始不要给作业进行打分，教师根据作业质量提供书面评语并且给出评价标准及指导意见。在课堂中，给学生提供时间阅读评语。间隔一段时间后（比如一周之后），教师单独和学生讨论他们的作业，反馈需要提高的部分，最终对他们的作业进行打分。

延迟批注可以帮助学生重点关注反馈内容并且根据反馈进行改进，不会因教师给出的一个分数感到沮丧或失去动力。当和每位学生单独讨论作业时，你可以确定学生是否真正理解需要改进的部分，让学生感受到这些改进是自己可以掌控并实现的。

再次批注

这个方法重点关注的是如何提升学生已完成作业的质量。如果学生理解你的反馈并可以根据反馈内容加以改进，最终取得更高的分数，那么重做作业这一方法是可以被采纳的，虽然在对作业或测验进行明确评分之前，很难清晰地体现出实质的改进，但我们可以快速查看学生作业改进的方向是否和原始反馈有明显的关联。

与延迟批注相似，你对学生第二次作业的评语可以向他们证明从错误中学习是可能的，这可以鼓励学生思考反馈的价值并根据反馈采取行动。

学生对于批注的反应

这个方法和再次批注类似。针对学生作业进行书面评价然后让他们根据评价重新进行修改。学生基于反馈给出恰当的回复，找到需要修改的地方，直到教师收到学生回复之后，重新修改的作业才会被再次批注。

再次批注在教师提供反馈和学生回应反馈这两个环节存在的问题在于，它们都在不同程度上增加了教师和学生的工作量。当要求学生重新修改作业时，我们需要特别谨慎，应当谨慎选择作业内容，并且教师相信学生会通过再次批注得到相应的提高，而不是为了应付外部检查而做。为了减少再次批注的工作量，可以使用局部反馈的方法，重点关注指定部分的修改（参见第一章，方法3）。

同伴互评

同伴互评是如何帮助学生对自己作业进行深度思考并对他人作业提出真实反馈的呢？伊瓦拉·赛兹等人在2020年发表的一篇非常有意思的文章中阐释了同伴互评是如何激发学生竞争意识的。这项研究强调了评估过程必须是“严格、可信、客观、学生高度参与的”，学生必须在这一评估过程中给予同伴高质量的反馈，这可以大大增强他们的能动性和参与感，避免学生的评论被视为“不公正或没有说服力的”。

这项研究还提供了一个同伴互评的模板，帮助所有学生建立一个鼓励冒险、接受错误和提高适应力的学习氛围。

1. 学生参与任务评估标准的设计。

2. 学生需要通过培训做出“有价值的判断”，也就是说对于自己和同伴的作业进行分析，最终对作业质量进行判定。

3. 同学间分享互评作业的评估与判定的标准，确保给予彼此高质量的反馈。

4. 在同伴互评的过程中可以培养学生的自律，并帮助学生拓展知识和技能。

5. 同伴互评可以引导学生发展其他多元的能力。

通过学生回复形成教师反馈

谈及教师反馈，莎伦·霍根认为，高度参与的有效反馈有助于教师和学生、学生和学生之间建立基于信任、鼓励的人际关系，这对课堂教学来说是非常重要的。霍根的部分研究聚焦学生在戏剧课堂热身游戏的参与表现中，合作的机会可以加强学生对教师反馈的回应。研究描述了戏剧教师在戏剧的动作上提供相应的反馈，融入角色示范给学生。学生会根据和教师的关系来决定是否对教师的反馈进行回应，并思考回应反馈的影响。总之，研究着重强调，想让学生参与到教师反馈当中，必须营造一个安全、平等，相互尊重、信任的课堂氛围。

总而言之，如果我们想让学生接受反馈并且从中有所收获，那么就要建立一个大家不怕犯错（这当然也包括我们自己）的学习氛围。但遗憾的是，在我走访过的几千个课堂中，我并没有感受到这种教学环境，这也许是很多原因造成的，有些可能是因为学生，但有些时候问题也可能出在我们教育者身上。

元认知教学

最近出现了一种元认知教学，帮助学生掌握更多技巧以便在学习和复习中提高效率，并对尚不了解的事物产生有意识的感知。卡萝尔·岳在2017年发布了她关于提高学习者元认知和自律性的研究文章，阐述教师可以如何帮助学生更加有效地学习。卡萝尔·岳阐述了3个学习上的错觉：

1.“如果处理起来很容易，那么学习起来也很容易。”这点可以解释为什么那些并不奏效的学习习惯还是一直被沿用。例如：重新阅读（在长时记忆中并不是有效率的）很容易做，但学生不会真正参与到促进长期学习的认知过程中。

2.“如果进行自测，我只会测验那些学到的知识。”研究建议学生，经常进行自我检测并在学习过程中越早开始自我检测越好。

3.“如果我现在知道，那么未来我也会知道。”设计测试是为了得到真实的答案，但是这个方法会导致“元记忆的幻觉”。每个人都知道自己会遗忘，但通常情况下人们对自己的新信息获取量和遗忘速度没有全面的了解。

卡萝尔·岳的结论是：“尽管学生需要为他们的学习负责，但教师却可以帮助学生意识到可能出现的常规性错误。”首先，教师应该向自己发问：我是如何教学的？然后再让学生意识到自己是如何进行学习的。学生应该知道格式化评估的重要性并且结合自我检测去打破上述的三个错觉。要想实现这样的期望，需要给学生营造一个敢于冒险且鼓励犯错的学习环境。

终极批注

终极批注这个方法只用于针对某个特定作业。例如，让学生持续修改和重新提交他们的作业，直到作业达到“优秀”水平。

在事先给予“优秀”分数的许诺下，这个策略不仅可以让学生独立地从他们犯的错误中学习，同时可以给学生灌输一种信念：我可以尽我所能做到最好。

等号、加号和减号的应用（=、+、-）

批注学生作业时与其之前的作业相关联，但这次只使用一些简单的批注符号（参见第一章，方法4），只用加号、减号或等号这些标识代表学生作业质量的情况。例如：

- 如果最近的作业质量与之前的作业质量差别较小，那么则用“=”表示。
- 如果最近的作业质量好于之前的作业，那么则用“+”表示。
- 如果最近的作业质量不如之前的作业，那么则用“-”表示。

我希望看到重新提交的作业都标注“+”，因为这证明了学生通过修正错误取得了进步。不管怎样，用简单的符号可以促使学生再次回顾作业当中应该做出改变的地方，知道哪些方面是影响作业质量的关键，为未来的学习培养从错误中学习的技能。

这些教学策略可以让学生理解，犯错误和重做作业是学习过程中的一部分，丝毫无需为此而担忧，并鼓励他们敢于开拓、冒险，提升自尊心和自信心，实现更高层次的成就。

有关失误的心理学研究

学习的过程包含遗忘，但同样包含回忆起的那些曾遗忘的知识，学习的过程会出现犯错与偏差，但我们也从错误中学习新的知识。让我们回到1978年，唐纳德·诺曼提出了一个关于复杂学习的模型，它包含4个认知阶段：

1. 积聚：不同的感官获取新的信息，值得注意的是，在信息处理的初始阶段，人们就会经历认知、情绪和感官的超载。

2. 重塑：我们开始思考，理解意义并根据信息处理的结果展开行动。积聚的过程在此时并不占据突出的地位。

3. 到达：我们“知道了”。新的知识点源源不断地输入至我们的元认知中，学习开始发生。

4. 自动化：学习者掌握学习的流程，进入自动化的学习模式，学习者变得更加独立。

保持自主和独立可以让我们徜徉在知识的海洋里。当然，经过一段时间后，学习同样有可能变得不再那么熟悉和得心应手，我们不再清楚地记得学习过的知识。我想强调这个模型是因为，当把遗忘考虑其中，你才可以完整地看到这些阶段，以及不同阶段间的相互转换和内部关联。在这之间产生错误是不可避免的，学习本身就是一种挑战，而犯错也是学习过程中最根本的一部分。我再次提及这一点，是希望大家可以意识到这个模型，了解这个模型，这样你就可以将自己代入到模型描述的过程中，完成自己的学习。

认知和情绪总是在学习过程这段“复杂的舞蹈”中扮演着不同的角色。当我们学习时，特别是学习一些新东西时，我们对情绪发出了派对邀请。自信代表一个学生来参加，焦虑代表另一个学生也来参加。焦虑在未解决的情况下积聚并毫无察觉地蔓延，

接下页

如果给予机会，它会以极快的速度传播并占据学习过程的一席之地。这可能会让学生质疑自己取得成功的能力，误导他们去做和学习毫无关联的事。这时，教师的任务就是要帮助学生了解错误的产生是很正常的，从错误学习，有所收获才是学习的关键。

2009年约翰·哈蒂教授强调，在学校要建立这样一种学习环境：犯错应视为学习过程中的重要的组成部分。教师同样会受益于这样的教学氛围，学会接纳自己的错误。

提姆·奥博朗教授

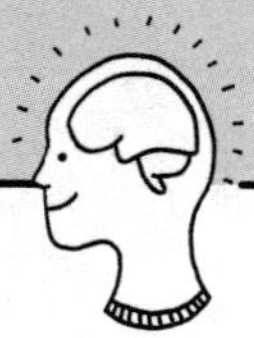

方法6 识别知识漏洞

方法快照

重温知识重点，对所学知识进行回顾是课程计划中必不可少的部分，它包含了学生尚未掌握的模型、主题或课程内容。不必担心，每位教师在教学过程中都会遇到这些问题，重点是通过作业批注和学生学习成效的评估，准确捕捉并弥补知识漏洞。

心理学家赫尔曼·艾宾浩斯因他对记忆的研究而闻名于世。他认为随着时间推移，遗忘是有“遗忘曲线”的。这条曲线表明，如果没有进行刻意记忆，那么信息就会随着时间的流逝而被遗忘。关于记忆的研究也有许多不同的争论，这些研究指出，影响信息遗忘速度的因素还有很多，比如信息的属性及信息对我们的重要程度。艾宾浩斯指出，如果我们没有在学习后的几天之内复习和巩固所学知识，那么这些信息就会随着时间的流逝而被遗忘。作为教师，尽管不希望这样的事情发生，但我们却天天面对这样的情况。在认知科学领域，提倡采用分段学习和交错学习的方法解决这一问题。

因此，再次教学就变得非常重要。我们必须要了解在什么时候、采用什么方法、教授什么内容、为什么这样做，以及评估策略，例如针对性反馈，这样才可以使再次教学在紧张的课程安排中发挥最大效用。

重点反馈

重点反馈是根据一到两个具体标准对学生作业进行评估的方法，这些标准可以反映教师在教学中需要学生掌握的关键点。在实际操作中可能有很多维度的标准都是需要考虑的，但这个教学策略需要教师在特定时间对教学重点提供更有针对性的反馈。通常情况下，把批注用这种方式进行分解，教师可以更容易发现学生或整个班级在学习中存在的漏洞。尽管现在很多评估都是线上系统自动生成的，但这种方法对传统意义的纸质试卷测评是很有用处的，特别是在对模拟考试试卷进行批注时，这种策略发挥的作用尤为突出。

弥补漏洞

当我回想自己所观察到的最好课堂教学时，我可以提炼出它们具有的一个明确的共性。无论评估标准有多高、学生掌握一个概念需要多长时间，都需要教师提供一个清晰、明确的范例，这一步是不可或缺的。有时在课堂上首先要提供一个明确的说明和范例；有时则需要学生通过实验和调查研究的方式找到最好的解决办法。不管怎样，学生要对他们努力达成的目标有清晰的认知。

在使用范例帮助学生弥补知识漏洞方面，我有10个技巧和大家分享：

1. 向学生展示一份优秀作业的样子，告知如何达到这样的效果。向学生展示作业的整个创作过程，并和学生讨论这篇文章是否具有通篇风格统一、结构清晰、论点和论据鲜明等特征。

2. 清楚的表达。包括你决定要做的事情，同时还包括你决定不要做的事情。

3. 大声读出范例，大声说出你的想法。有一种想法是：我们的学生听不到或看不到他们最需要理解的地方，当你根据知识点进行提问时，他们看起来十分不确定。哪种方法才是最好的，以何种方式记录下来才是最适合的，学生对此并没有清晰的认识。他们还没有理解不同想法之间构建的意义，未曾感受到茅塞顿开的兴奋和快乐。

4. 犯错！世界上最难的技能莫过于修改，特别是当你还不够睿智时。作业需要有模板进行参考。学生需要知道犯错误，以及改正错误都是学习过程中必不可缺的一部分（参见第一章，方法5）。

5. 当你不知道如何表达应该做什么的时候，向学生示范如何去做；当你不知道在此处的批注应该用什么词语更为恰当，同时又不想为此耽误10分钟来思考时，画一条横线代替；当你不知道从哪里开始时，尝试从一个问题开始，和学生探讨你的疑惑，有时你也可以等一等，看看稍后会发生什么。

6. 不要在课堂一开始把所有范例技巧都用掉。实践第一个之后加以停顿，对于课堂来说同等重要，甚至在有的时候会体现出更大的价值。这样做不仅可以发现一些学生误解的概念，而且可以在课堂结束的时候和学生一起制定成绩判定的标准，激发学生在课后的思考。

7. 在课堂中建立师生相互信任的学习环境，让学生坚信通过科学的练习，自己的学习会变得更好。同时，学生把身边观察的老师当作朋友，相信通过努力，自己的作业可以成为下一个优秀范例。

8. 绝不要做学生已经理解某个知识或掌握某种技能的假设。绝对不要！最基础的事情同样需要验证，从字母拼写、计数到掌握倾听的技巧。

9. 用多种方式提供教学范例，越有想象力越好。你的范例要起到催化剂而不是抑制剂的作用，这一点很重要，特别是针对那些课堂上表现突出的学生。他们需要的是看到可能性，而不是具体的解决办法。

10. 任何学科的教师都要具备独立应对的能力，并对每位同学的目标有准确的把握。有些学生可能只需要提供一个小小的启发，就做好准备出发并完全独立掌握学习进程；有些学生可能需要作业指导；有些可能需要激发其自信心，有些可能在不同情况下需要反复、多次地提供相同的技巧模板。只有你最清楚每个学生最需要和最适合的方法。把控全局才是根本（参见第一章，方法1）。

使用你的批注方法去辨别学生在学习中存在的漏洞，并且在课堂实践中使用这些范例技巧去弥补这些漏洞，提供给学生高质量的教学（参见第二章，方法17）。

有关自信心的心理学研究

在此，我想提及的是关于学生需要激发自信来弥补漏洞、弥合差距的心理学研究。这是一个令人着迷又复杂的心理空间，它可以将被动教授转化为学生自主学习。在这个空间中学习的漏洞和差距会出现在很多地方。

如果一个学生在弥补学习漏洞或缩小与其他同学的差距上花费过多的时间，那么他们的自信心会迅速崩塌。为了激励学生的自信心，你需要了解如何进行正向推动。自信首先来自于你的头脑。当它发挥作用时，它通常是无形的并且不会总以某种形式停留。我们通常能够通过人们的行为来推断他是信心满满还是缺乏自信。为了感受到自信，变得自信，你首先需要相信自己、信任自己。你需要相信自己可以做到，相信自己可以跨越舒适区，带着信念逾越困难并尝试去实现目标。创造一个鼓励尝试的环境，铭记从错误中学习的价值是推动学习的根本。必须强调的是：变得自信并不是说在你的脑海中充满着积极的想法而否定任何消极想法的存在。这是对获得自信的一种错觉。为了变得更加自信，首先要接受消极的想法和情绪的存在，这样你才能懂得如何克服它们进而取得进步。

有些时候，建立自信的障碍取决于自己，但同时它们也会存在于你的脑海之外。同样的道理也适用于那些有自信的人。如果一位学生需要自信心的推动帮助他克服学习上的困难，那么教师就要和他一起找出漏洞出现的地方、原因，这样可以帮助他学会如何学习。例如：如果自信和情绪因素相关，你可以鼓励学生识别那些可能会阻碍自信心建立的情绪并给它们命名。作为教师，在你的脑海中，聚焦学习的漏洞，并由此深入，通过细致的搜寻和分析，你就会准确地识别出哪些障碍阻挡了学生学习的进程。你不仅需要注意到学生学习的漏洞和差距，你还需

接下页

要找到漏洞和差距存在的真正原因。从教学生态的角度来看，应避免因为学生在某些方面的弱势而假设学习存在漏洞是必然现象的想法。学习的障碍不仅存在于个人意识之中，它同时也会受到外在环境的影响。

提姆·奥博朗教授

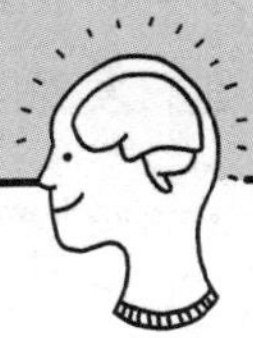

方法7 查漏补缺

方法快照

尽管对于教师来说，识别学生在学习过程中的知识漏洞非常重要，但更关键的是在课堂为学生留出查缺补漏的时间，鼓励学生独立在作业中找出问题，发现自己需要进步的地方。

在我着重强调的五分钟批注法中（参见第一章，方法1），当教师在对学生作业花费时间进行批改后，学生需要根据批注修改这些错误并重新完成需要进一步提高的部分。当然，这也取决于作业的类型和学生的年龄。不是说每一次作业都要如此，但这需要成为一项常态化的练习，这样才可以帮助学生学会从错误中学习。

在之前的方法中，我们介绍了帮助教师甄别出学生所需要提高的地方并鼓励学生更正或重新提交作业的方法。给予学生机会独立思考自己的作业在哪一方面达到了评估标准，以及在哪些方面需要进一步改进是至关重要的。

查漏补缺是学习过程中非常关键的一部分（尽管对一年级的小学生来说非常困难）。它可以帮助学生甄别自己知识上的漏洞。请思考这个问题：让每位学生开发出适合自己的行动计划。他们在你的指导下将完全掌控自己的学习。每位教师都需要做的就是判断出学生在什么时候最需要做什么。

因此，教师应该如何开发出一个可靠的方式用于帮助学生认真思考他们的作业，制定可行的学习计划呢？这是一个非常有趣的话题，对应不同科目、教学主题以及教学风格有着数不清的排列组合方法，但请允许我介绍5个适用于绝大多数课堂的策略。

查漏补缺

帮助学生回顾作业的最好的教学策略就是：在课堂中给他们留出更正和重新修改作业的时间。这包括学生通过快速修补漏洞及细致的调整来证明自己的作业达到了评估标准。进一步说，教师不要用正确与否进行批注，只需要告诉学生在作业中有几处错误，然后，让学生自己或者以小组为单位去发现并修正错误。

学生批注（自我评价和互相评价）

让学生按照清晰而明确的评分方案给自己和同伴的作业进行评价（参见第一章，方法9）。

着色

提供给学生不同颜色的水笔，让他们根据评价方案的要求应用不同的评价技巧。这不仅可以让学生对自己的作业进行回顾，同时也可以让你看到学生是否理解评价方案的要求，或根据着色的情况对某位学生甚至整个班级未掌握的知识点进行再次教学。

交通信号灯

让学生在作业中使用红色、黄色和绿色的圆点进行批注。这样可以让他们分别批注存疑的地方、需要思考的地方。这些颜色可以这样使用：

- **红色**代表学生存在困惑、没有理解和需要进一步得到帮助的地方。
- **黄色**代表需要提供更加强有力的论证、进一步思考的地方。
- **绿色**代表作业达到了评估标准。

使用这种方法的好处在于学生向教师着重强调了他们不懂的地方。教师通过仔细阅读学生做出的批注，对标注红色的地方给予学生进一步的辅导和帮助，让学生针对批注黄色的地方重新思考，重新完成以达到绿色批注。最终的评估可以根据评估标准，把所有绿色批注点加起来进行打分。成功使用这个方法可以提升学生自信心，培养学生自驱力。

瞄准下一层次

学生拿自己的作业和范例进行比较可以鼓励他们取得下一阶段的成就。为了达到和范例一样的水平，学生会自主发现作业可以进一步提高的地方。他们意识到需要给自己制定更高的标准，并且在他们认为已经不错的作业中寻找能够进一步提高的可能。这样做可以为学生带来更多的成就感，特别是当范例来自他的同伴时。

有关积极性的心理学研究

与其思考我们动机的目的，不如想想如何把动机当成一个动作更有帮助，也就是：从A点移动到B点的愿望。在我们的头脑中，通常因为生理或心理的防护，推动自己逃离或者陷入不同的境遇中。

学习包含着挑战，学生希望升级这些挑战。在有意识地增加挑战的难度之前，我们必须要坦然地接受成功并不是一条笔直大道。成功的路上崎岖不平、布满荆棘，它也会包括不可预见的弯路和岔路口，在这条路上也会存在挫折。这也就是为什么抗压力、恢复力和持续力是成功不可或缺的因素。

有些学生对于挑战难度的提升有强大的心理基础支撑。但对另一些容易受到情绪的影响，自我怀疑的学生则需要教师在最初的学习旅程中引导和鼓励他们，帮助他们证明自己是可以在学习之路上扬帆起航的。

我们的感觉可以预测行为的本质和持续时间。学生会感受到内心充满热情和好奇，同样也会感受到焦虑和沮丧。感觉会以不同的方式影响我们的动机和行为。内在动力也会受到来自外部因素的正面或负面影响。个体被赋予的自主程度及拥有的感知力透露着他们的自控力和决断力，影响着动机和行为。对参与活动或任务意义与目标的感知必然会影响他们的能动性和积极性。

大量的观点和理论研究进一步剖析了能动性，以及能动性推动的不同类型行为、形成不同结果的原因。例如，生理需求、生存的需求推动我们拥有某些特定的行为方式；心理需要，例如希望自己是最好的愿望，可能让我们选择不同的行为方式。总而言之，不论是生理需求、心理需求还是社会需求，它们都是紧密关联的。

提姆·奥博朗教授

方法8 明确评估点的作业反馈

方法快照

对于教师、教研部门及整个学校来说，定期评估学生的学习成效对制定教学计划、评估教学情况，以及衡量学生的学习态度和进展至关重要。然而，如何让评估对学生、教师和学校都有意义是值得认真思考的。对于忙碌的学校领导者来说，制定一个既可靠又能够得到师生支持的评估方法是非常关键的。

在开展教学工作时，你需要时常反问自己想要教授的知识和真正传递给学生的知识间是否存在差距。这可以通过课堂提问和学生参与的方式对教学进行评估，但通常的情况是，在课程结束之后，当你在检查学生作业完成情况的时候才可以看到学生真正掌握（以及没有掌握）的地方。你会发现教师传递的知识和学生的产出之间存在着巨大差异。

与其花费好几个小时在学生每份作业的细节上进行批注，不如把时间用在审阅和回顾学生已完成作业和其之前作业的对比上，这样做可以使你对学生学到的知识一目了然，并可以对接下来的教学调整及课堂活动内容安排给出提示。当你在对“学习”进行评估时，一定要记住缩小关注范围。在一堂数学课上，如果课题是方程式，那么应当如何进行评估呢？我们是要对全班学生进行评估，还是特定的几组或者某个学生？只有我们充分考虑各种情况后，才可以开始进行评估。

你应该定期和学校同学科或其他学科的同事一起审阅和回顾学生的作业。这样，你可以了解到学生在你课程之外的学科作业完成情况。将课堂观察、课程计划与课后作业完成情况组合评估是提高教学质量非常有效的方法。为了更有效地传递给学生所需的归纳知识的学习方法，教师在学校拓展活动中使用这三方面相结合的方法是非常有帮助的。在教师和年级组长把工作计划传递给学生时，建立一个长期且有规律的课程计划和评估审核体系尤为重要。它可以体现每位学生在其他教师所授科目上表现得是否更为出色，同时也可以启发你在自己课堂中激发学生的灵感。

在我到访的学生与教师更加快乐、行为表现更加优秀的学校中，年级教学组和学科小组会有规律地进行审阅工作，同事会把学生的课堂作业带来，大家一起分享复杂的课堂问题并且找到解决方案。学校领导者不会把课本收上来，花费时间用在评估教师的反馈上，最后将课本原封不动地归还。这是一种教师与学校领导者间的内耗。

作业抽样

我们现在来讨论一下学校的领导团队。不难发现有大量关于作业抽样的讨论，顾名思义，检查者通过学生作业练习册来审核评估、批注和教学质量，所幸，很多学校领导、“收割者”，会打电话来证实作业样本的可靠性，然后再对教学质量进行判断。不过，这种“监视性”的观察并没有消亡，它甚至还作为学校评估的一种主要方法，更糟糕的是，它实施起来效果不佳。我不是英雄，就像很多学校领导一样，我也是不断地从错误中汲取经验走过来的。所以，现在我和大家分享这些经验也是希望大家可以避开这些陷阱。

我赞成在这个方面需要有更多的证据，但不需要花费过多时间。如果不结合实际情况，那么收集上来的作业样本也是毫无意义的。作为一个前学校领导和英国督学，帕姆·费恩利认为，检查者都是在没有结合任何实际情况，并在学生和教师事先并不知情的情况下随机抽查学生作业。他们和学生之间并没有交流，甚至教师也毫不知情，没有使用任何数据参考，这个过程更像是在对作业进行随机勾选练习。

我们都要对此负责，我也不例外。就像作家赛斯·高汀在2012年所说：“有些时候我们并不能对自己的需求做出衡量，所以我们创造出一些更容易衡量的事情作为替代。”作业样本通常是经过特定选择过程后产生的具体判断和结论。例如，一个检查人员走进你的教室，安静地坐在教室后排没人坐的空位上，开始翻看他旁边的学生A和学生B的课本。然后，从看到的和没看到的内容中做出对教师教学成效的假设。

试想一下在旁边的教室。同样的科目，同样的年龄组，学生能力水平相当，但学生在和不同的教师一起上课。提出一个简单的讨论：我们假设教师的教学习惯、风格和表现都很类似。另一个检查人员在这间教室完成同样的检查工作。他们到达教室、安静地坐在教室后排没人坐的空位上并开始翻看学生A和学生B的书。但这时，因学生B缺席，学生C的课本被作为样本。学生A的课本上个月丢了所以买了新课本开始做新的课后练习。但课本丢失而导致前面作业空白的这种解释不会奏效，检查人员太忙且极不耐烦，因为他们不仅需要抽取样本，同时其他人也在追着他们的作业，所以他们没时间了解为什么学生这部分作业会存在缺失。没有情况调查，没有和学生或教师的对话，我们完成的是一个非常危险且脆弱的调查过程，这让整个调查变得十分不可信。

然而，希望还是有的。我相信在保证调查真实可信的前提下，作业样本在一段时间内对于学校审阅学生作业、评估学习态度和教学情况都是非常重要的。

有什么好的解决办法吗

作业样本要在合适的情境下使用才能发挥其重要作用。合适的情境主要指：对输入（目的）和输出（产出）进行沟通。更重要的是，教师要让被选择作为作业样本的学生参与其中。检查者绝不能随机挑选一个学生的作业作为样本，他们要基于事先的数据选取部分学生作业作为样本（例如，参考他们二年级的成绩），在评估其教学过程中使用这些信息。建议学生范围的选择包括：学习成绩优秀、中等、偏低，以及来自较为落后地区的学生（或者是英国奖学金获得者），以及英语作为第二语言的学生。

检查者应该：

1. 检查特定挑选出来的学生作业，并在脑海中铭记这只是证据的一方面，每本学生练习和每个学生都有自己的故事要分享。

2. 和授课教师进行面对面的交谈，他们可以分享孩子们的信息，这样检查者会了解到无法在学生练习册上清楚体现的其他因素，比如缺席。

3. 采访学生本身。

当我们有了明确的评估项（上下文关联时）后，练习册才可以向我们展示出：

- 教师预期。
- 课堂常规。
- 课程切入。
- 学校批注符号的使用。
- 学习态度（比如：学生是否对他们的作业感到骄傲；是否有乱写乱画或者撕掉的部分）。
- 书面反馈的质量。
- 努力是否被看到（例如：学生是否对他们的成就感到自豪）。
- 学生是否对反馈采取行动。
- 是否取得了期待中的进步。

很重要的一点就是，缩小范围确保研究具有可靠的指导意义以及任何结果都可以经得住推敲。无论如何请记住，你应用在一个课堂的评估方法，和在另一个课堂上所使用的评估方法应保持一致。举例来说，如果你把在课堂上对学生进行的一系列提问作为工作审阅的一部分，那么在另外一个课堂你也要使用相同的问题进行提问。如果问题不同，那么你的研究就毫无意义。你必须要决定是采用开放式问题还是封闭式问题。试想一下对一个八岁学生提问，当让他自由发挥时，你可能会得到怎么样的回答？对一个表达清晰且可以回答复杂问题的回应？高年级学生又会如何？当我们在进行评估时，评估点和评估过程应是确定的，这样才能更好地了解奏效的方法以及决定是否需要其他干预活动。

值得注意的是，这个过程需要在实践型科目的课程中做出相应调整。比如：在戏剧、运动及音乐上的表现可以通过知识的应用和口头反馈的方式评估学生对知识和技能的掌握程度。再次强调，检查人员应当和教师、学生一起完成这节课。这个过程并不是在惩罚教师和学生，而是由科目本身的特性决定。这应该是灵活的，但同时也是公平、全面的。

我们欣喜地发现，越来越多的学校设计了不包含对教师个体评价的作业样本的检查流程。很多学校朝着专业化的方向发展，为了学生与教师的利益，引入更为科学、规范的评价机制。

事实证据

如果浏览一下关于评估所使用的研究来源，特别是比较研究，我们可以清楚地看到不同学科的评估的可靠性是无法保证的。在R. J. L. 墨菲的一项研究中，在8个不同科目的普通教育证书考试中比较了评分的可靠性。结果显示，科目不同、问题数量不同以及问题形式不同都会影响这些考试评分的可靠性。

在谷歌公司设立的奖学金获得者名单中，英国只有227个“评分可靠者”入围。这不禁让我设想不仅是统考或者大学研究中的评分，课堂评分是不是同样不可靠。有多少次你和你们部门的同事在审核评分，查看不同阅卷人所打分数是否公平一致时，发现其中一人已偏离了评分标准，我相信我们都曾有过这样的经历。可能的因素有很多：时间、评估类型，教师的工作量和责任感等。

审核评分是必要的。然而，对于教师来说，接受其他非教育专业人士的评价是件很不舒服的事情，因为它可能会打击到你的自信心甚至影响你的职业发展。所以作为专业人士，在使用学生作业作为衡量教学质量以及学生表现的依据时，需要不断更新审核评定的方法。

学校监督者表现又如何呢？他们在检查学生作业时的可信度有多少呢？我一直在任职的中学“深潜”，学校领导花费了很多年才接近了我所认可的“可信”的标准，这个过程包含数月的调研、反复试验和评定。所以，怎么会有人在一天半的时间就完成这样复杂过程并获得同样的可信度呢？

我并不是说我们不应检查学生课本或作业。但如果我们想让学生的学习成果得到科学且有效的检查和回顾，并且评估的标准得到广泛的认可，那么我们必须要考虑评估的方法、

接下页

关注点以及得出的结论是什么。我们必须要考虑以下问题：观察员的专业特长，对学生提出的问题是否具有一致性和普适性？观察员是否在课程进行前、课程进行时或课程完成后与被观察的教师进行沟通？倘若没有课本或作业评估，什么可以被视作衡量教育质量的依据？

方法9 更加智慧而不是更加烦累

方法快照

引入自我评估和同伴互评的方法可以让学生在日常作业批注环节投入比你更多的努力。在开学之初花费一些时间教授学生如何有效地进行自我评估和同伴互评后，你会在本学年接下来的时间里减少自己的工作量，更加智慧而不是更加烦累地工作。

行为学导师、畅销书《肥胖、四十、失业》的作者奈杰尔·马什曾经指出："如果你不能自己定义生活和工作的平衡，那么你的雇主会替你做主。"这种观点改变了我作为学校领导时的生活，而且我认为所有教师都应该思考如何实现工作与生活的平衡这一问题。

要想熟练地掌握需要学习的知识和技能，学生必须要对它们有着深层次的理解，并可以在不同情境下创造性地应用。因此，教师要做的并不是埋头工作，而是要更加智慧、更加高效地工作。

我推荐所有教师采用这样一个教学策略，加深对记忆和认知负荷理论的理解（参见第三章，方法24）。在评估方面，对于教师来说，明智的做法是让学生在课堂上使用自我评估或同伴互评。

自我评估及同伴互评的重要性

自我评估及同伴互评并不是我们选择使用的一个简单教学工具，它奠定了重新思考教师与学生的角色以及整个教育过程的基础。教学过程的一部分就是要学生有能力辨别出自己的模糊理解和错误理解的概念。最终，教师的角色是带领全体学生，鼓励并培养他们在自主学习的意识。

总而言之，我们现在应该寻找到一个系统的评估方法。就像剑桥大学评估中心评估研究与发展总监提姆·奥兹在2014年所说的："学习要精简但要有深度，学生对关键概念的深度理解才能启发新的想法。评估的重点应该放在这个方面。"

自我评估和同伴互评为深层次评估提供了契机。特别是作为整个学校或年级教学的一部分，学习者投入时间提升自己反思与评价的技能是非常有意义的。

自我评估和同伴互评概念阐述

如果使用得当，自我评估和同伴互评可以提高学生对课题的理解。问题的关键在于，教师首先要向学生提供一个清晰的评估标准。在某些情况下，标准是可以和学生共同制定的。提供给学生一系列评估标准的同时还要提供反馈模板。充足的思考时间和有质量的反馈可以帮助你的课堂教学更加智慧和高效。

绝对不要因为学校或检查者的要求而随便使用自我评估和同伴互评的方法。评价必须要以学生学习为中心，这样做是为了提高每个学生的积极性并给予学生反思的机会。不论是自我评估还是同伴互评的技巧，都是需要花费时间教授给学生的，学生一旦掌握之后它就可以成为课堂中的一项常规活动。评估会成为教与学的过程中长久存在的一部分，它同时也会促进学习者建立一个持续不断的学习过程：

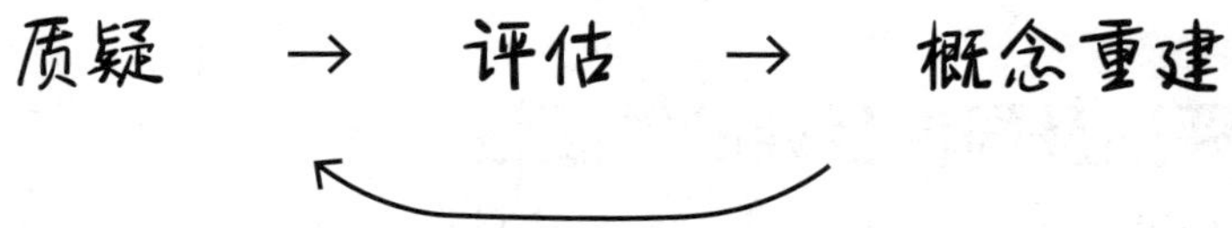

这是一个发展认知过程的探究循环。尽管我们对记忆和认知负荷理论有了一定的了解，但学生如何进行评估、如何重新将反馈概念化（引导进步的环节）又是另一回事了。

当学生对成功标准或目标的理解不清晰时，评估会出现很大的偏差，这时自我评估和同伴互评不能作为可靠的参考依据。那么谁的评估更有价值呢？是教师的评估还是学生的评估？这两者之间的争论一直存在。因此，为了在学习过程中给学生提供更准确的指引，需要选择两者之间的平衡点，那么随之而来的问题就是：什么是正确的平衡？

在对一份重要作业进行批注前，你需要首先尝试以下的学生评估和改进环节：

自我评估 ⟶ 同伴评估 ⟶ 自我评估

然后你再从教师的角度对作业进行评估。

怎样让学生成功地进行自我评估和同伴互评呢？一个简单的方式就是学生在得到教师反馈前先倾听其它三位同学的评估建议。以下的教学策略同样适用于学生自我评估和同伴互评。

易于学生使用的批注方法

在学期伊始，创建一个易于学生使用的批注方案，并让学生在每次进行自我评估和同伴互评时使用这个方案。你可以把自己使用的简明的五个批注符号表示法分享给学生（参见第一章，方法4）。这样学生就可以和你使用一样的方法进行批注。在学期刚开始时，这可能需要花费一些时间教授给学生，但之后，你会节省大量做批注的时间。

着重强调

给学生提供不同颜色的记号笔。让学生根据批注方案上的要求把作业中使用的不同方法、技巧以及实例用笔标注出来。

页边批注

为了培养学生自我评估的习惯，可以在特定的段落或部分拉出一条线，并在旁边告诉学生一共存在几处错误，然后让学生回顾作业，自己找出这些错误并更正。

复习练习

在普贾里·阿加瓦尔和帕特里斯·贝恩2019年出版的著作《有力的教学》一书中，他们分享了复习练习，作为一种知识转换的方法提供了有意义的反馈和评估。在这里要强调的一件事情就是：复习练习不需要进行评分，当排除了总结性评估时，才会减轻学生的压力。复习练习应该与自我评估相关联，而不是为了完成测验。阿加瓦尔和贝恩写道："复习练习是让我们接受并修正错误而不是用来强调完美。"他们列举了10个复习练习的好处：

1. 改进学习，延长信息保留的时间。
2. 提升思维层次，促进知识转化。
3. 鉴别知识漏洞，为教师提供格式化的评估。
4. 提升学生的元认知和自主学习的意识。
5. 增加学生的参与度，提升记忆水平。
6. 更高频地使用有效的学习策略。
7. 完善课堂前期的准备工作。
8. 提升学生的知识组织能力。
9. 增强学生对其他相关内容的学习，包括一开始没有复习到的知识点。
10. 让学生为未来的学习排除干扰信息。

在什么时间、采用怎样的方式进行复习也是很重要的。一个简单的查漏补缺复习可以帮助学生回顾昨天学习的知识，请记住不是今天的学习内容。不论何时，他们首先要进行思考，然后写下来并大声读出来，这可以保证思考得到具体的回应。迈克尔·奇利斯在2020年提出了有关复习练习的更多方法：

- **复习表盘**：学生把所学到的知识用像表盘一样的图表在一页纸上加以总结提炼，使用双重编码方式对知识进行结构布局可以让信息更容易被引用。关键词可以用符号、首字母缩略词代替，或用图表和图形对细节加以解释。同时，教师可以随着时间的推移增加表盘内容的难度。

- **可见的学习**：学生通过思路规划和双重编码的方式在图表上标注知识要点，记录自己的想法。例如：使用组合、比较、排序、因果关系等方法，体现信息发展的进程和模式。比较信息可以用韦恩图解表示，理解因果关系可以用输入—控制—输出模型表示信息的序列。
- **莱特纳记忆法**：这是一种在阶段练习中使用卡片加强记忆的方法。你可以把写有方程式的卡片放在一边，把写有解决方法的卡片放在另外一边；或者把国家名放在一边，把它对应的首都名称放在另外一边。莱特纳记忆法的规则是，随着测验次数的增加，逐步提升测试的难度。关键点在于要定期地对你不确定答案的问题进行测试，同时对已知答案的问题，则降低测试的频率。

复习练习最大的好处就是它为学生获得口头反馈创造了机会（参见第一章，方法10）。如果我们可以让更多人认同，不需要在课本或作业上留下书面反馈，口头反馈同样是十分有效且有价值的与学生互动，评价学习成效的方式，那么我们将推动一场教育的变革。

事实证据

在戴维·尼科尔和戴布拉·麦克法兰迪克的文章《教学评估和自律性学习：优秀反馈实践的模板与七个原则原则》中，他们研究了教学评估和反馈之间的关系。他们认为，学生应该被视作“拥有主动性的独立学习者，而不是在提供和接受反馈的过程中只承担被动回应的角色”。文章向教师提供了7条帮助学生自我掌控学习的建议：

1. 对什么是优秀的表现有明确的认识。
2. 促进自我评估。
3. 传递高质量的反馈信息。
4. 鼓励老师与学生进行不同形式的对话。
5. 鼓励学生建立积极主动和自尊意识。
6. 提供机会进行查漏补缺。
7. 运用反馈提高教学质量。

研究中着重强调，只有当学生在第一时间了解目标，拥有一定的自主权并知道如何评估自己的表现时，才可能达成学习目标。尽管教师甄别作业中的错误和误解的概念比学生自己，或与他的同伴一起甄别更加高效且准确，教师仍要为学生自我评估创造机会并提供反馈。报告建议，反馈可以更多地使用师生对话的方式，这样可以确保学生理解教师给出的反馈，并立即用行动回应反馈。口头反馈和现场批注都是很好的应用实例。

这项报告同时指出，“高风险”的评估对学生积极性和自尊心都有消极的影响，因为它关注的是学生的外在表现而不是学习目标的完成。因此，报告建议，设定“低风险评估任

接下页

务”对培养学生的自律意识更有帮助。研究多次指出，为了使学生学习进步，教师可以定期安排低风险小测验，而不是一次性的高风险评估。

这份报告同时提供了五个非常重要的策略以弥补真实表现和期望表现之间的差距，这些都会帮助教师减少工作量。它们包括：允许学生重新提交作业；使用两个阶段的评估，学生对第一阶段的作业反馈的回应将影响第二阶段的作业评估；使用范例；提供行动要点；学生在小组合作中自主识别行动的关键点。最后，教师获得学生的进展数据是至关重要的。

方法10 口头反馈

方法快照

在之前提供的方法中，我们可以看到反馈是提高教学质量最有效的方法之一，但我们同时也要意识到不是所有作业都需要被批注。为了达到批注数量和质量的平衡，接下来我们看看哪些作业是不需要被批注的，以及口头反馈的价值。

我们为什么执着于对学生的每份作业进行批注呢？是基于评价政策，还是学校管理者、外部监察机构的要求，或是家长或教师的习惯使然？通常情况下，教师被淹没在大量需要批注的作业中，学生得到书面反馈却已经是几个星期甚至是几个月之后的事了，而在课堂上针对问题进行讨论和改进作业的时机其实早已错过。

那么，我们应该怎样平衡批注质量与数量间的关系呢？在教学过程中，什么才是可以发挥最大价值的方法呢？应在课程中的哪个部分使用教学评估呢？毕竟，课程应当由教学和评估两方面共同推进，同时不应该受其他因素影响。你不难发现，所有学校的学生考试都是在每一学年的特定时期进行的，而不是按照课程本身的需要。当然，学校的教学安排要遵循特定的节奏，但学习本身却是随时发生的。

我从来不是批注的狂热爱好者。我知道有些教师非常喜欢批注。但经过一段时间的实践后，我真正意识到作业批注或是评估，是教师课堂计划实施的最重要的教学工具之一，这也是本书首先介绍作业反馈、评估、设计再阐述备课的原因。评估为我们的计划提供了信息，课堂计划又进一步指导我们的课堂教学，教学进而提供给我们评估的数据，因此我们才形成了作业、备课、教学的闭环。

随着我对教学政策和教师工作量的研究愈加深入，我在认知层面上对评估有了更加严谨的思考。假设最初教师培训的组织者可以让每位教师不仅针对任教科目的知识内容有更深入的理解，同时也增强使用评估和学习策略的意识，那会推动怎样的进步呢？

在书面评估反馈方面，批注应注意：

1. 提供高质量的评估。
2. 在所有科目中提供有针对性的反馈。
3. 对教师工作量有切实的考量。
4. 学校管理者可以客观地理解教师批注的意义。
5. 双向的反馈应该是一种让学生和教师都受益的可持续的教学方式。

哪些是不应该批注的

让我们花点时间关注那些教师本不需要进行批注的方面。这样做可使教师获得更多自由的时间，减少批注数量却带给学生更大的影响力。我要提及的第一件事情就是：结合自身环境考虑才是王道。第二，教师不要害怕告诉学生“你们作业完成得还不够好，所以我不会花费时间提供书面反馈”。当然，用什么样的方式与学生交流，激发他们的能动性是教师应该考虑的问题。学生在得到教师反馈前先倾听其它三位同学的评估建议是一个非常不错的口头反馈策略，这不仅可以减少教师的工作量，同时可以让学生在提交作业前对作业进行反复斟酌。

为了提高批注质量，下面将进一步提供帮助教师减少批注数量的建议：

• 不要提供过度延展的书面对话。特别是，你要避免提供“三重批注”，也就是说教师首先对作业进行批注，然后学生对教师批注进行回应，教师再次进行批注或针对学生的行动进行回复。英国教育捐助基金会的研究表明，没有强有力的证据证明，从对话式批注或三重批注中，学生会在认知层面有显著提高或增进对学习的理解。

• 不要在学生作业中留下“不错”“非常好”这样的评语。这真的是在浪费时间。你可以在归还学生作业时当面告诉学生，并且在他们的作业上写出明确的行动要点。更好的做法是，尝试使用局部反馈的方法（参见第一章，方法3）减少你的工作量，或是提供简明及时的口头反馈。

• 不要许诺学生、家长或同事批注工作的特定频率。这句话的意思是说，不要让你的批注被固定的时间束缚。批注应该是有规律且和课程成比例的，就是这么简单（第一章，方法4）。

• 不要对每页作业都进行批注，避免单纯在作业上做对、错标记。取而代之的是，适当地在作业上留白，然后明确地告诉学生哪些地方是需要被评估的。

如果你还是非常热衷于尽可能多地对学生作业进行批注，那么可以增加批注的数量。但可以通过口头反馈代替书面上的延展性反馈，以此减少在批注这一环节所耗费的时间总量。

口头反馈

我们为什么认为只有书面反馈才是最好的方法呢？其实，书面反馈并不是评估体系中最有价值的反馈类型，也不是教师和学生建立对话最好的沟通例证。更糟糕的是，在学生书本或练习册上留下的那些批注也并不是朝着进步的方向努力的证明。人们慢慢地意识到这一概念，但还不够彻底。

对我来说，学校使用口头评估的教学策略有助于减负政策的落实。与此同时，学校也要努力改变家长的观念，让家长理解，如果没有在孩子的练习册上看到教师的批注，并不代表评估和反馈没有发生。

口头反馈项目

非常荣幸，我提出的基于课堂实践的研究项目在2019年9月与英国伦敦大学学院联合发表，使用“与学生对话”（一系列的课堂内评估策略）可以为学生的学习成效带来显著的变化。

> 恰当地使用口头反馈的方式对学生参与学习活动有着积极的影响（取得进步或者成就）。

我时常被问及："如何找到口头反馈有效的证据？"以及"我如何说服学校放弃书面批注呢？"口头反馈的研究项目融入了参与此次研究的教师提供的相关例证，并提供了口头反馈的优势清单，我们放在下面的表格中供大家参考。

对于我本人来说，从这项研究中获得的最大收获是：

1. 课堂计划可以让教师在课堂上提供更高质量、更加富有创造力和有针对性的教学。

2. 教师在面对学生提出的问题时更加自信，并可以和学校其他教师分享他们的发现。

3. 几乎所有教师都证实自己的工作量有所减少。他们在批注上花费的时间减少了，但教学质量却提高了。因为他们更加了解自己的学生，与学生的关系也更加亲密。

如果每位教师不需要花费好几个小时在办公桌前，甚至是在家里的餐桌前批注作业，或利用大量课余时间将信息、数据上传到系统，而是有更多时间与学生围坐一起，通过简短有效的沟通收集学生的反馈信息，避免书面反馈可能造成的时间延误，这会为教师整体的教学质量和学生的学习成效带来怎样的改变！

好处	体现在哪些方面
提高参与度	· 课堂、家庭作业、讨论和实践作业的参与 · 学习态度 · 努力程度 · 自律性 · 融入任务之中 · 课堂表现更加积极 · 热情度 · 独立和恢复力提升 · 举手发言
提高学习成绩	· 在一年中学习成绩的不断提高 · 顺利实现或者超预期实现制定的学习目标 · 对教师反馈的回复 · 拓展所学领域的知识 · 在学习进程中没有产生不利影响 · 更高质量的作业
增强自信	· 学生感觉到自己比以前更加自信 · 在课堂观察报告中显示 · 参与讨论的意愿 · 定期参加志愿者活动
提高出勤率	· 整体出勤率的提高
提高作业完成度	· 课程完成度提高 · 更好的演讲展示 · 考试测验中书写的内容更加丰富 · 更强的完成任务的意愿
人际关系的提升	· 在小组讨论中的参与度提高 · 倾听他人 · 相互信任的师生关系 · 友好的同伴关系 · 团队合作意识

事实证据

在2017年5月，英国教育捐助基金会发表了一份将反馈作为教学工具的总结报告。结合证据，报告得出结论：

- 有效的反馈应该是有针对性、准确且清晰的。例如：“这一点非常好，因为你做到了……”而不是简单地评价为“好”。
- 反馈应该关注具有挑战性的任务，强调学生的努力和坚持不懈品质的重要性更有价值。
- 教师应该思考，如何应对评估既要高效又要保持一致性的挑战。

这项研究报告支持不是学生的每份作业都需要被批注这一观点。作为教师，我们必须有针对性地选择需要评估的作业，因为对某些作业的批注相较于另外一些可能更有意义或对学生产生更大的影响。这样不仅可以减少批注的数量，同时让我们有更多的时间确保所做的作业评估与反馈是真正有用的。对于一份作业来说，简单的对号、错号或潦草的一个“好”字是没有实际意义的。我们需要放弃追求作业批注的数量，为学生提供更加有价值的、深层次的反馈，也只有这样才能真正帮助学生进步。

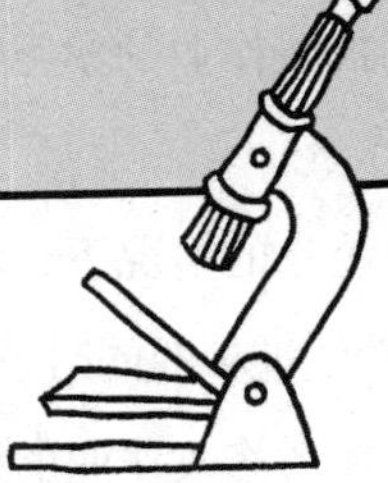

小结

我们在本书的这一章节所讨论的是：如何用更加智慧的方法在减轻教师工作量的同时提高作业反馈、评估、设计的影响力。同时，我们也知道教学的情况是在不停发生变化的，我们如何对学生进行评估以及如何在课堂上采用不同教学策略也是在不断发展的。心理学因素，例如学生的主观能动性、理解需求、认知水平和情绪等因素也会影响教学实践。

作为本章的结尾，这里总结了10个以事实作为论据的作业反馈、评估、设计方法，我建议你将它们应用到自己的批注工作中：

1. 在作业批注前，以把握全局的视角考虑目前课程所处的阶段，考虑到每位学生的起点、过程以及实际情况，以及针对一项作业设定评估和批注的意义所在。课程决定你使用评估的策略，而不受其他因素影响。这样做才会确保做出的所有评估都会对教学产生影响和指导作用。

2. 在你的批注中使用“仍须努力”这个强有力的词汇，可以帮助学生提高学习的主动性，鼓励学生进行反思。

3. 在你的课堂上创造现场批注作业的学习氛围，这可以帮助学生快速进步并且减少你在课程以外的工作量。

4. 确保在和学校政策保持统一的情况下，和你的学生一起使用适用于你们的批注符号。这可以在帮助学生进步的同时节省你的时间。

5. 在你的班级里营造一种重新修改作业的课堂文化。学生提交的作业可以不是最终确定的版本，让学生知道修改错误和不断完善也是提升学习和认知能力的重要方法。

6. 使用批注和评估的方法指出学生在学习中存在的漏洞，然后复习或者重新讲解那些学生没有牢固掌握的知识点。

7. 让学生甄别出自己学习上的漏洞并且知道如何找出和修补学习上的漏洞。

8. 复查学生作业，作为独立的教师、部门或整个学校对课程计划进行批注，进而监督课程进程，但绝不要脱离实际情况，盲目下定论。

9. 在向学生介绍自我评估和同伴互评的标准和方法后，要确保学生在作业反馈、评估环节比你投入更多的努力。

10. 不要在每位学生的作业中提供延展性书面反馈。有针对性地选择需要批注的作业内容。通过口头反馈向你的学生提供高质量的可行建议，而不是注重反馈的数量。研究显示，教师恰当地使用口头反馈对提升学生的学习参与度和学习成效有着积极的影响。

第二章 聚焦学习结果的多维度备课设计

当我还是一个经验并不丰富的年轻教师时，我常常要花费很长时间进行课程计划的制定。二十五年后的今天，仍然有很多教师热衷于在备课方面投入大量的时间，特别是在那些有经验的教师当中。我所工作过的学校坚持要教师把每堂课的细节写出来并把教学计划提前一周交给相关的监督部门。作为一名新手教师，这项工作要求细化到每堂课。我也听说过小学教师不得不完成每周的总结，然后在上课的前一周提交给监督部门。

我可以理解在小学或一些教师共享备课资源的中学这样做，但不论什么样的科目，每节课都要求这样做的话，那无疑大大增加了教师的工作量。这就像要求每名司机在每次上路前都要重新考一遍交规一样。我们都知道交规很重要，但只有司机在路上实践后才可以使理论发挥其真正的用处，没有实践，理论不过是纸上谈兵。我们为什么要坚持让实习教师提供所有课程细节的手稿，然后用于检查者考核课程的进展呢？如果检查者没有教授这门课程的经验呢？当然，教师需要制定课程计划，而且对于新手教师来说也必须要学会备课的流程，但教师是可以自主选择备课内容、方式及风格的。

课程计划需要是一个普适化的教学模板，还是教师可以结合自身课程特点，按照课程走向制定适应自己学生的应用模式呢？强迫教师用特定的模板完成课程计划并不能调动教师的自主性。这样做只会增加教师的工作量。我曾看到有些教育机构提供给教师一个初始模板，但问题的关键在于，教师可以根据自身的教学风格和课程特点改变模板内容吗？每个课程计划都需要被写下来吗，还是在进行新手教师培训的时候才需要记录下来？我支持在实践中进行开拓和调整。在教师开拓自己的专业技能，不断积累经验的过程中，我们是否给予了教师足够的空间和信任，同时帮助他们减少工作量呢？在任教很多年后，教师应该被允许依赖他们的经验制定课程计划，从而节省备课时间。在构思本书第二章聚焦学习结果的多维度备课设计时，我开始思考2013年祖德·思莱特的一篇博文带给我的启发。尽管祖德的博文是几年前写的，但她的观点用于今日，依旧非常恰当。祖德认为，作为学校高层管理团队的一员，她几乎没有时间进行课堂计划，她依靠“门把手课堂”，即在扭转门把手，打开教室门，进入教室的一刻，构思课堂计划：

> 当我成为学校的高层管理者时，我的课堂计划始终都是以“门把手课堂”的方式进行的。你有太多额外需要担心、解决的事情，无法抽出时间完成课堂计划。我要说明的是学校领导也需要计划，但领导者繁杂的工作量阻碍了计划的执行，特别是当领导需要解决一些棘手且紧急的实务时。尽管如此，不论是教师还是学校领导，课堂教学是每个人的第一要务。因此，与其浪费时间让每个人把课堂计划写下来，我们应更加信任那些有经验的教师提供的经过验证的方法。我们也应当在制定课程计划时尽可能让每位教师参与进来以保证教学的一致性。

在这个部分，我提供了一系列在课程计划中可供思考和选择的方法。我们将审视、质疑那些我们经常采用的方式，同时考虑学习者的认知过程，帮助我们更好地理解课程计划背后的动机，这不仅需要再现教师需要教授的内容，还要包括如何去教、为什么去教。

正确的方法

在思考制定课堂计划的正确方法时，我们必须要考虑到各种各样的因素，例如学生年龄、教授的科目、目前所处的阶段以及课程将如何被评估，同时还要了解认知的路径、记忆以及影响学习的情绪及社会因素。

课堂计划主要存在的问题是那些写下来的计划往往和课堂的实际执行情况不符。我们都知道学生的情绪、行为都是不可预见的，这就需要教师从经验中不断进行学习，他们经常需要根据每节课的实际情况调整教学，满足学生的需求。对于教师而言，制定计划固然重要，但我们不可能预见到课堂可能发生的每件小事。教师可以做的就是把课程作为整体，制定一条既定的路线，从已制定的课程计划中写出需要重点强调的关键点，然后按照这个设计好的路线，让学生目标坚定地踏上学习的旅程。

教师课程计划应当是一个备忘录，它可以记录从课程中摘录的关键点，这样可以帮助教师降低认知负荷。如今，线上课程计划应用软件的出现，可以帮助我们在线上储存工作计划，包括导出演示文稿、课堂资源以及视频、动画的超链接。

有件事情我至今仍然记忆犹新。当我任副校长时，一个颇有经验的中层领导走进我当时授课的班级，然后问："你有课堂计划吗？"我微笑着说"没有"，然后继续我的课堂教学。我为同事树立了这样的榜样，同时也希望他们能够意识到，教学计划的制定是为了眼前的学生，而不是为了一位路过的"收割者"。

尽管我热切地希望拒绝对课程的每个细节进行计划，但这并不代表我们要忽略所有计划的过程，或者说鼓励新手教师不重视课程计划。备课十分重要，它是教学中连接批注（或者说评估）以及教学的重要一环。没有计划，你的教学工作将是摸着石头过河。尽管我们不对每节课的细节进行计划，但我们需要把关键概念、知识点写下来。在制定课程教学流程、教学大纲和期中工作计划时，需要付出努力确保课堂计划已经完成。我们应该鼓励教师具备“教学框架”的意识，在课程计划中描绘出学习路线，其中涵盖关键知识点和需要教授的应用技巧。系统的教学框架可以甄选出课堂中需要学生学习的知识要点。让学习更有黏性是教学计划需要追求的目标，关于这点我会在第二章，方法14中详细介绍。一切都可以融入到教学计划中，但绝不是一切都需要事无巨细地写在计划之中。

当你的教学计划包含了大量本无需记录下来的细节时，思考的过程就成为机械的工作记忆。记录确实可以帮助减少和工作记忆毫无关联的事情，但你不需要把所有事情都详尽地记录下来。相反，你应该采用简便的计划框架捕获教学中的关键要素，例如五分钟课堂计划。我相信有针对性且简单易行的课堂计划可以帮助我们对重点问题进行重点关注。我们的关注点并不在于教授的内容，而在于为什么要教授这一内容（参见第二章，方法12）。更明确地说，我们要思考的是学习本身，而并非课堂活动。

计划的过程

计划是过程，而不是产品。备课的其中一个目的就是满足学生的需求，实现高质量的传递。因此，当你开始阅读我关于教学计划过程的方法前，请花思考：作为教师，在课程的不同阶段应该制定怎样不同的计划。使用下面的表格记录下你的想法。

计划过程	你会怎么做/学生会怎么做
课程开始	
课程的前半段	
学生正在学习时	
课程接近尾声时	
课程最后	

填写上面的表格是否有助于你搭建课堂计划的框架？是否让你开始反思自己的备课习惯？阅读完本章介绍的10个备课方法后，请重新回顾一下你填写的表格，看看书中分享的方法是否会为你带来改变。

方法11 反思已完成的备课计划

方法快照

制定课程计划是一个认知与反思过程，它并不是一个填空练习。让教师以更大的格局进行思考是非常重要的。你的课程计划如何适应你的工作安排与教授的课题？你的学生对这方面的知识的背景的了解程度是怎样的？你希望他们在课程结束后学到些什么？教师应该将学生应掌握哪些知识与技能作为制定课程计划的起点，思考学生应该学习什么，而不是他们应该做什么。

课程计划是一个学习曲线，它需要教师尝试不同的教学策略，并从自己成功以及失败的经验中学习。当有新生加入或者教师入职一个新的学校时，计划应得到相应的调整或改变。在评价教学质量和学生学习成效时反思已完成的备课计划，是教师应具备的专业素养。

教师应该理解计划是把教学内容以某种形式传递给学生的行动方针。它是一个思考过程，对于所有教师来说，反思课程计划是一个极为重要的习惯，如何精进课程计划是一段需要长期探索的旅程。

当开始课程计划时，你首先应该拥有更加广阔的视角。在你进行真正的课程教学前，将你想要学生学习的内容进行分解，那些核心的知识或技能就会显现出来，它们才是你真正需要教授给学生的。

你的计划应当首先需要考虑学生真正需要学习什么，而不是首先考虑为了达到这个目标你希望学生做什么。以终为始，时刻将学习的每个阶段与预期的结果联系在一起（参见第二章，方法12）。

什么是我们不应该做的

计划总是从一个错误的地方开始，这种情况真是太常见了。教师发现了一个非常棒的课堂活动或教学资源，然后想办法把它们融入到课程计划中。为了让课程得以实施，重新调整课程框架，这样做是一种计划的倒退，它推翻了已制定的课程计划。在课程中融入那些吸引人的教学资源和课堂活动并没有错，但它们绝不应该干扰安排好的课程顺序和既定的教学目的。

在派普斯·麦克雷的《精益课程计划》一书中，他指出，计划过程应该拥有"精简的思想"，计划应关乎质量而非数量的。教师常常以学生如何才能学习到知识作为出发点制定课程计划，却没有考虑学生目前的情况和他们下一步需要达到的目标，不具备广阔的视野。麦克雷，作为一名在教育领域经验丰富的讲师，分享制定优秀课程计划的习惯，他提到了教师经常会陷入的两个经典陷阱：

1. 针对活动的计划。
2. 针对覆盖范围的计划。

基于我和学校教师一起进行的行为研究，我们增加了第三点："过度计划"。下面我们将分别对这三点做进一步说明。

针对活动的计划：你上一次这样做是什么时候

你发现了（或者试图寻找）一个很棒的课堂活动，然后为了迎合活动效果，反向设计你的课程目标。随着时间的流逝，这会让学生在课堂上看起来充实而有趣，实则是让学生做得更多，而非学得更多。这就是我们众所周知的帕金森定律（帕金森定律是指只要还有时间，工作就会不断扩展，直至用尽所有时间的现象）。

针对覆盖范围的计划：依赖他人成果制定课堂计划

这开始于使用其他教师的学习目标（比如：从一个同事或者一本参考书中获得），而不是根据学生自己的需求，或是为了学生达成目标进行改进或调整。有时我们需要使用课程计划模板，帮助减少教师的工作量，但这并不能成为教师不独立思考，执行自己制定的课程计划，只依赖现成的教学演示文稿的借口。

过度计划：你多久做一次计划

太多的活动，太多的目标，我曾经也为此而困扰。我相信每位教师在教学生涯中都有过课程目标分解失败的经历（你不需要在白板上或是学生课本上记录下目标，或者，在课程最后，核查学生是否达成课程目标）。你会发现自己在课程中涵盖了过多的内容。过度计划通常会导致低产学习，压力源自你教授给学生的内容总量与每节课三十位学生的真实学习成效之间存在的差距，而你可能只有三十分之一的机会实现课堂输入与学生产出的平衡。

你喜欢如何计划你的课程

对于你来说，每个学习阶段都制定计划有多重要？在大多数时间里，你会紧紧跟着自己的计划进行教学吗，或者它只是一个帮助你凝结想法的简便工具？你是如何制定、调整、执行计划，并进行计划再利用的呢？它们是否被装进文件夹、放进抽屉里，或是藏在电脑中的某个角落，然后慢慢被遗忘？或者在下个学年为新的班级教授这个科目时重复使用？

大多数教师的教学对话在记录个人课程方面已经发生了巨大的转变。但对于新手教师来说，不管是为了自己还是为了应对检查者，他们还是习惯书面记录课程计划。当教师的经验累积到一定程度后，我相信课程计划，不管你是否愿意去做，都会印在脑海中，帮助你快速地勾勒出教学的框架。然而，对于每周至少要教授20门课程的教师来说，这对个人认知负荷承载力的挑战是非常巨大的。

不管在你的计划中包含多少学习步骤，不管你是把自己的课程计划记在脑海里还是写在纸上，也不管在课程结束后你将它们归于何处，重要的是计划的过程。

你应该做些什么

为了避免掉入这些陷阱，不要首先问自己我们要如何到达X、Y、Z点，而是问“学生的起点在哪里？”当这种观念建立后，计划才可能描绘出你想要带领学生学习的课程内容、科目知识、使用的教学资源和围绕课程目的引入的课堂活动。等一下，我听到你问：“我怎么才能知道学生到达了目标呢？”“为什么学生到达X、Y、Z点很重要呢？”只要教师在脑海中建立起简单的框架，最终的顿悟时刻就是知道如何为学生设计一条路径，帮助他们实现课程目标。

如果课程计划都需要被写下来的话，那么我希望备课设计只针你和你的学生受益的部分，而非是为任何一个“收割者”提供证据。更好的做法是，如果手稿因为课程本身需要进行记录的话，那么记录的时间不应超过5分钟。因为在你的工作记忆中，需要设计、思考的部分已经完成了，同时这可以帮助你更加高效地与学生交流课程计划。

如果不能在30秒钟内描述你的课程计划，那么它可能过于复杂了。你应该在脑海中形成明确、精准的目标，这样才可以清晰地向学生表达你想要他们学习的内容以及你为他们选择的教学方案。解释应当用简洁的短语让学生快速理解他们的学习目标，这是站在更高的视角上思考。努力工作即执行计划的过程，在精炼的30秒课程计划中加以渗透。正如吉姆·史密斯在《懒惰教师手册》中所说的，只有当你缩短了教授的时间，你才可以更多地观察学习者学习行为本身。

课程计划：是艺术还是科学

我一直认为教学是门艺术，但这么多年过去了，我谨慎地调整了自己的教学策略，努力使我的教学风格是科学的，但我的观点很容易受到挑战。正如亚历山大·马其顿在论文《教学是艺术还是科学》中讲述的：“教学是艺术还是科学，取决于我们对教学的定义，或取决于我们设定的教学目标”。不仅如此，他还提出了一个值得我们思考的问题：

> 如果艺术和科学没有区隔，那么我们为什么要在创造语言的时候用两个不同的词语去描述同一件事情呢？在科学之中暗含着某些原则和实践，不具备这些原则和实践，那么科学也将变为不科学的，艺术亦是如此。

那么，课堂计划到底是艺术还是科学？也许两者都是？或者都不是？麦克雷认为，计划是“结构”的形式，而“设计的活动”是过程和创造力的结合，科学与艺术的碰撞。麦克雷在《精益课程计划》中，将课程计划过程精简为3个行动指示标识：

标识1：扎实的根基，介绍了支持精简课程计划的教学方法、思维模式及习惯。

标识2：习惯做计划，详细介绍精简计划的核心习惯。

标识3：习惯成长，为不断提升课堂实践提供具体的操作策略。

习惯做计划由“逆向设计”作为章节的开始，直接切中了我们按照课程计划反向进行认知的关键。麦克雷论证了“逆向设计”可以引导出更好的解决办法，学校领导必须要在给全校教师设定的截止日期前，先于其他同事完成本职工作，然后才能在多样的专业探索、职业发展或是新的工作机会出现时为其他同事提供相应的资源和指导。我们必须要在计划任何活动或项目时，清楚地设定最终想要达到的预期目标。这和教师在教学中的工作非常相似，尽管我们花费在教学中的时间减少了，但责任却增加了。预先设定目标的习惯在我的教学生涯中一直被沿用，同时它在我管理高层领导工作中也发挥着不可替代的作用。

在2004年攻读研究生学位时，我还发现了一个有助于课程计划制定的策略。我把它应用在我学校生活的各个方面。“什么”“为什么”“怎么做”“假使”以及“什么时间”这些提示词是你在制定计划时用来反问自己的最简单但却最有效的方法。这些简单的提示问题可以在制定课程计划或教师培训中使用，也可以在学校制定教学政策时使用。

根据脑海中设定的最终目标制定计划，可以帮助学习达到最佳的学习效果。这就像调节镜头然后聚焦于学习一样，而不是把焦点放在想要学生完成的课堂活动上。将“我需要学生做什么？”或“为什么我要让学生做这些？”转换为“为什么我要让学生学习这部分内容？”这种主动的、有规律的反思不仅可以减少认知的负荷，同时可以让你的思考更加系统且富有逻辑。

接下来让我们从认知的方法出发，介绍在课程计划的不同阶段每位教师都应该思考的计划过程。

有关反思的心理学研究

如果教学仅仅是“我教你学”那么简单的话，那么任何一个毫无资质的人都可以成为教师。但事实肯定不是那么简单。教学是很复杂的过程。教师面对的一个挑战就是：不仅要对不同的个体进行回应，还要分小组进行计划安排。能够做到这些，你需要制定相应的计划。为了拥有一个科学的备课计划，你需要对课程进行不断的反思，成为一名反思实践者。

反思是一种高层次的心理活动，它包括感知者与被感知者的互动、共情：它由主观批判形成，为了建立新的方法和形成新的思考，让我们暂时从熟悉的世界中抽身。当进行反思时，鼓励教师进行问题化练习，好像故意使自己陷入谜团，这样做可以促使教师形成新的教学体系和方案。教师可以选择在行动中反思或者行动后反思。前者是在发生的情况中做出分析型反应，后者是在活动后进行回顾型思考。不论以上哪种方式，都要结合实际情况。

舍恩是反思实践者的重要发起人，他的反思模型包含了来自不同方面的声音。首先，他假定反思是一项个体活动，同时教师作为教育实践的整体，需要集体反思与个体反思相结合。教学是一个复杂的过程，有时它依赖的回应并不是来源于批判性的反思。在这里提出这个命题的意义在于，让大家了解教学包含了对直觉和反思的剖析，同时教学的过程也可能是忽视直觉、阻碍创造力的。

反思的过程强调教师批判地分析困境和挑战，以及回顾过往的经验和教学方法。当个体勤于反思便会共情地站在对方的角度反向思考，不断对自己的实践进行研究，思考自己的理论框架。很明显，反思实践者的工作永远是在进行中的。

提姆·奥博朗教授

方法12 “为什么”小测验

方法快照

在确定学生需要掌握的学习内容后（参见第二章，方法11），你需要将关注点转移到如何帮助学生抵达所期待的目的地。针对所有安排的课堂教学活动，你都应该问一句：“为什么？”这样做可以确保每一个教学环节都与学生的学习目标紧密连接。作为教师，我们必须要为学生建立一项机制，那就是让学生理解为什么需要学习这个内容，而不是仅仅掌握学习内容本身。这样做不仅可以帮助学生加深理解，同时可以提高他们的课程参与度。

作为成年人，我们都有过类似的经历：孩子总会以一句“为什么”回应我们告诉他的所有事情。作为家长，这有时会令人非常抓狂，特别是在自驾旅行堵车的时候。但谢天谢地，通常这段时间不会持续太久。现在我极为建议每位教师和每个孩子都会问：“为什么？”

“为什么”是一个比“是什么”更加有深度的问题。它是我们对世界及身边事物寻求更深的理解，挑战固有认知，将陈述性知识转化为程序性知识，进入长时记忆的过程。在我们的记忆中建立一个框架图指引表达，运用事实和规则，并把知识转化成行动。“为什么”可以帮助我们通过高阶思维将概念和问题进行拆分从而加深学习，而不是简单地通过“是什么”进行反思。

过度计划的危险

就像我们在第二章，方法11中提到的那样，过度计划是教师教学中十分常见的问题，特别是当他们即将面临外部检查时。为了迎合教学监督者，满足检查清单的要求，教师会把关注点更多地放在课堂活动，而不是那些真正对学生学习产生积极影响的思考上。怎样意识到自己已掉入这样的陷阱中呢？很简单，问问自己，我是否在课程计划上花费了太多时间。

过度计划和平均教学（而不是成功的差异化教学）产生的原因是由于学生的一些行为阻碍了教学，教师不得已采用这两种方法在学习质量上进行把控。更糟糕的情况是，当教师在面对问题班级时，控制通常被认为是最好的或唯一的分享知识的方法。

在这种情况下，简单计划说起来容易做起来难。特别是在刚开始教授新班级的几个星期里，对于新手教师来说简单计划就是一个不断被打破的梦想。他们经常问那些经验丰富的教师是如何做到带着一根粉笔走进教室，然后学生便欣然接受他们所说的每一句话的。

所有教师都需要时间和他们的学生进行磨合。细节化的课程计划通常在最初的几节课中起不到什么作用，对最有经验的教师也是如此。但不管情况如何，使学生保持专注的学习状态应该是你长期的教学目标，而不是控制型教学。为了更好地进行教学，让我们思考一下：如何制定学生高度参与的备课计划，如何利用课程的计划提升学生的自信心。当提到参与时，我的意思并不是在课程中设置许多有趣的游戏或各种古怪任务。让学生参与、专注于自己的学习对学生而言是一个很高的要求，必须通过日常严谨的教学，给予学生有效的互动和反馈才有可能实现。

在课程计划中使用“为什么”测验

在制定课程计划时，面对每个融入到课程中的课堂活动，都要问问自己：“为什么我们要做这个？”然后再审视一下分配给这个活动的时间长度。这样做可以帮助你检查这些辅助传达学习意图的课堂活动是否达到了预期效果，以及是否还有更高效的方法。如果计划使用的课堂活动并没有在教学实践中发挥作用效果，那么摒弃它吧。计划的技巧一旦掌握，你会发现自己每天都可以自由地安排时间，让课程计划变得更加轻松、更有价值。

在课程的每个关键要点上提出“为什么”后，你还应给予学生清晰、明确的指令（参见第三章，方法21）。这不仅会增强学生对要求的理解，也会促使学生投入更多的时间和精力深入探究学习内容。

学习目标

你是否反思过自己设定学习目标的方式？语言的精准度会影响学习的黏性，但这并不意味着学生必须把这些课程目标抄写或复制下来，或者你的任何一个学习目标都需要清晰、明确。

通常教师实践可以被这样进行描述：教师在开始上课时明确学习目标，然后把它们分享给学生，确保每个人都知道课程目标是什么。在特定的情况下这样做并没有坏处，有些时候，为了追求工作检查中的一致性，教师要求学生按照一定规范把课程目标抄录在他们的书本上，这样做可以证明你传达了课程的学习目标。

然而，就像德布拉·基德博士在她的著作《教学：来自前线的笔记》一书中指出的，这并不是最佳的利用课堂时间的方法：

> 几乎全世界的学校，学生都会从黑板上抄录课程目标，而且目标的格式几乎一模一样。它们以“目标”这个词开始，然后是“我们今天学习的是”，紧接着是“我发现了……”。即使每节课花费两分钟的时间进行记录，每天也要花费10分钟，一周是50分钟，那么一学年我们就丢掉了约32.5个小时的时间！

好的学习状态需要具备连贯性。与其在课堂上等待学生抄录课程目标，为什么不用一个回顾型的练习作为课堂的开始呢？请记住，这不需要是一个高难度的评估测验，它可以就是简单的一句话：“上节课我们学到了什么？”

回顾练习同时也可以帮助我们安排好课程的顺序以及我们的课程计划。在《有力的教学》一书中，阿加瓦尔和贝恩为帮助学生在长时记忆中更长时间地存储信息，提出了三步法：

1. 编码：导入信息。

2. 存储：当信息附着后。

3. 提取：输出信息。

回顾一下你现在的工作框架是否包含导入信息，使用故事讲述和图解存储信息，以及有意识地通过测验帮助学生输出信息3个环节。在制定课程计划提出“为什么”时，请考虑这三个不同元素。在你开始计划时，试着使用下面的表格。

上个月 知识范围……	**上周** 总体趋势……
今天 解析学生错误理解的概念；测验……	**上一节课** 关键问题……

提供模板

找到方法让学生达到课程目标并有所精进是颇具挑战性的工作。目标的设立和分享课程目标对学生的进步意义深远。但如果你是按照检查清单制定具体计划，然后分享和记录你的课程目标，得到的结果可能会让你失望。为了提高教师的自主性，我的建议是：每位教师都应当选择适合学生和学科特点的教学方法，并选择何时（或者何时不要）进行分享、复制和记录课程目标。不管怎样，在所有的实践范例中，无论针对一次性课程还是一个项目的系列课程，教师必须把成功的标准模式化，要用一些具体的形式或表格向学生描绘我们为什么要学习现在学习的内容。

通过观察，我发现高质量教学有一个共性，这一点也被英国教育捐助基金会罗斯、哈蒂等人大量的研究论文引证，即不论期望值有多高，学生自己或在团队中的表现有多优秀，或这个学生的作业完成得有多好，都需要在课程和项目的评估中提供判定标准的具体说明与范例。学生必须要对他们通过努力能够达到的目标和优秀的标准有清晰的认识。

为什么提供范例是如此重要的事情呢？你是否经常听到学生说：“我们必须这么做吗？老师。”或是“老师，我们为什么要这么做？我们可以换另一种方式代替吗？”按照计划来说，教师建立的课程计划必须提供给学生“为什么而学”的答案，这样学生才能理解学习的认知需求，对学习的课题产生更加深入的理解，并知道可以如何在现实或未来学习中应用所学的知识，而不仅仅限于有能力回顾这些事实、知识。

提供评估标准的小窍门

在此我向教师提供几个模块化评估标准的教学策略（课程目标及为什么学习的原因）：

1. 解析优秀作业范例，分享你对它的看法。

2. 从错误中学习，向学生距离举例说明在面对错误或不知道问题答案时，应如何思考，如何解决问题。

3. 建立基于信任的课堂氛围，使学生相信通过科学的学习和实践，自己会做得更好。

4. 绝不要对学生的理解和认知程度进行假设。提出尽可能多的问题，从反馈中找到答案。

事实证据

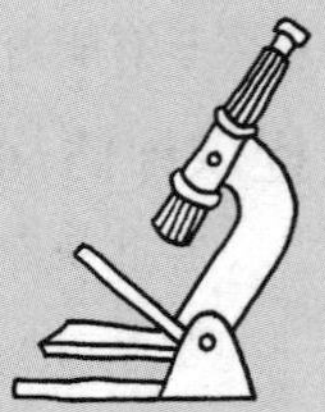

我们真的想让学生把黑板上的学习目标抄录到他们的书本上吗？每节课？每天？这是分享给学生学习内容和学习动机的唯一方法？最近这些年，这种做法在教师看来似乎已经司空见惯，然而这样做确定就是对的吗？答案显然应该是否定的。

学校领导团队想要教师在黑板上把课程目标写下来，并在每节课上展现出来吗？如果是我，会怎样回答这个问题呢？我理性的回答还是否定的。我们必须问问自己，这个习惯的形成是不是迫于我们对监督机构的惧怕。如果我们要向教师传达信任感，那么我们必须为教师拥有自主权创造更好的条件。让学生向参观学校的人重复他们在课堂上学习的内容就证明学习过程发生了吗？当然不是。相反，我们应当做对学生更为有益的事情。

正如我们在第一章，方法1中提及的约翰·哈蒂教授在研究中指出的：目标的设立对学生产出的影响是68%。因此学习目标的影响是显而易见的。然而，这并不能说明让学生简单地记录目标或在每节课都把它们记忆下来就算达到目的。这么做并不能证明学习的进步或者学习的发生，它只能作为“收割者”用来检查学生书本的证据，我们并不应该对学生有此要求。我们要做的是，确保学生理解为什么要学习这些内容，以及掌握这些内容可以帮助他们建立哪些更深层的理解，鼓励他们对知识的应用，提高课程参与度。这样的分享和达成学习目标的方式才是为了你和学生而写，而不是为他人。

针对这个问题的研究

约翰·哈蒂教授发表的《重新回顾反馈的力量》包含了他在《可见的学习》一书中的研究发现，以及《反馈的力量》一文中提出的假设，阐述了将不同形式的反馈作为独立评估

接下页

项的重要性。

在早期《可见的学习》的研究中发现，不同类型的反馈会带来不同程度的影响。修正错误的反馈在掌握新技能和完成新任务时发挥的作用是非常大的。使用音频和视频以及电脑辅助反馈方式可以达到中、高程度影响力；书面评语比分数更具影响力。从学习目标或评价标准，以及教师如何设定目标的角度出发，将反馈视为学习过程中的一环至关重要，它可以对我们接下来所要教授的内容进行补充和强化。

约翰·哈蒂教授和廷珀利针对不同视角的反馈进行了阐述：

1. 向上反馈（现实情况和目标情况的比较）。

2. 向下反馈（现实情况和之前情况的比较）。

3. 向前反馈（基于现实情况对学习目标的解释）。

论文的最后写道："关于反馈的作用始终如一的发现就是，反馈的影响是显著且多变的。"我们可以看到在课堂上，绝大部分反馈是基于任务的反馈，收到这些反馈将转变为学生下一步的行动指导。影响力最小的是自我反馈（关于个人性格特质的反馈）或表扬反馈。

研究者在这篇新的论文中称：他们深入挖掘了之前的研究论证，去除了可能影响总体规模或建议的重复性研究。对教师而言，反馈必须被看作是复杂且存在差异化的任务，反馈有很多不同的形式且有时对学生的学习存在不同的影响。更重要的是，反馈包含的信息量越大，它对学生学习成效产生的影响就越为显著。

总体来说，反馈是非常有价值的，而其中一些形式的反馈则更加具有力量。这也就是教师必须要思考设定目标的时机，以及根据学生的回复再次教学的原因。

方法13 通过故事连接课程内容

方法快照

使用富有想象力的教学策略可以让课程架构更加充实、有趣。我的一个同事（现在是我的爱人）曾对我说："给学生讲个故事吧。"我虽然知道这一点，并已经在这样做了，但我并没有试着把讲故事作为课程计划的一部分。我们要如何在制定课程计划时融入讲故事的方法，更好地抓住学生的注意力进而推动学生的学习呢？清晰而理性的思考是有效使用讲故事这一方法的基础，它可以彻底改变课程计划与课堂知识传递的方式。

不适宜的行为应当在课堂上无处遁形。如果每一位教师都认为不当的行为不会突然出现在课堂上的话，那简直是太幼稚的想法了。即使是在最有经验的教师的课堂或是教学氛围最包容的学校，不当行为还是会发生。学生的不当行为会以很多种形式出现，包括非言语和身体上的表现，这可能开始于课堂之外（或是网络中的），然后由学生带到你的课堂进而需要你去解决。

每位教师必须考虑要如何做才能抓住学生在课堂上的注意力，同时确保他们在安全的环境下专注学习。对于每个教师来说，任何学习内容，同时给予三十个学生，不论是最简单的还是最有难度的，都是一项挑战。不论是一次性完成的课程还是系列课程，每位教师都需要在授课时间内抓住学生的注意力。

对于教师来说，在正确的时间使用恰当的教学技巧是非常重要的，这可以让他们捕捉到学生的想法。把教师想象成一位站在一大群伦敦西区观众面前的电视节目主持人、演员或者喜剧人。应该如何让熙熙攘攘人群的注意力都关注到他呢？

对我来说，教师是上述这些可以吸引观众的角色的总和，同时担任了喜剧天才、主演、主持人甚至是政治家的角色。他们是讲故事的人，用故事抓住每位学生的注意力和想象力，甚至是那个注意力最难集中的学生。

尽管如此，“参与”承担了很大一部分莫名的批判，因为它在课堂上是玩儿得开心的代名词。政治家想把他们在学校时的经验引入到课堂政策中，他们假定三十年前适用的策略对当今的学生依然有效。大众对教学存在着太多的谬见了，而大部分认知都是依据情景记忆，然而在我们长时记忆中的一个片段可能是带有情感色彩且缺乏可信度的。我们对学校的记忆会让我们失望。人们回忆生命中自己的故事，如同你作为主角参演的电影，扎根于当时的时间和地点。但问题是，让教育界以外的人对教师和学校应该做的事情有相对客观、可靠的认识，这一类型的记忆对于专业的学术学习是远远不够的。教育不是大规模量产的传送带，教师也不是通过小规模的教师培训后，便可被派遣到任何一所学校工作的模板。教师需要时间成长，精进教学实践，然而外部机构却并没有意识到，每个教学技巧、每种教学风格和教学资源都应该结合实际情况在正确的时间恰当地使用，才能保证最大限度地发挥对学生的积极影响。

例如，仅仅为了完成一个在线研究项目而使用平板电脑是没有意义的。同样，如果像罗宾·威廉姆斯在《死亡诗社》中扮演的英文教师约翰·基廷一样站在一排桌子上告诉学生：“抓住这一天。”当该行为对学生学习和理解《仲夏夜之梦》并没有任何帮助时，这样做还有什么意义呢？教师需要学生参与到课程中来，但更关键的问题是，学生在参与中学到了什么？

我们并不是说科技或想象力教学策略不应该被使用。对于所有课堂策略来说，都有它合适的使用时间和场合。在我们决定使用任何一个教学策略前，请确保这些方法可以真正帮助学生取得学习上的进步。

用一个故事展开教学

你对用故事引出教学内容有着怎样的思考呢？如果你还没有想过这个问题，那么请看一下由伟大的已故演员罗宾·威廉姆斯扮演的教师约翰·基廷是如何在《死亡诗社》这部电影中让学生参与课堂学习的。他鼓励学生“让生命变得与众不同”。这当然不是一个异想天开的想法。约翰·基廷在整部电影中都倾尽所能与学生心意相通，并最终渐渐地触动学生的灵魂深处。“哦，船长啊！我的船长”是基廷老师意识到自己的教学真正带给学生持久影响的时刻，也是电影的高潮部分。

故事可以帮助你在学期的开始获得学生的注意力，并将故事贯穿整个课程。学生和故事之间建立了一种既兴奋又颇具意义的关系（不需要你为此付出太多的努力），你可以使用它们吸引学生展开学习。不是每节课都需要一个故事，我们都会有感觉糟糕的日子，这时一个好的故事可以帮助我们转换思路，甚至帮助我们解决课程中最具挑战性的部分，使得意识中的教学转化为真正的教学。我们生活的经历和积累可以丰富我们的课堂，绝不要忽略这一点。

故事要连结课堂内容

在《连点成线》一书中，特里西亚·泰勒论证了“在学习相对抽象的概念前，孩子们会从具体、情景类的体验中受益”。涉及故事，拿着具体实物，参加学校演出或实地考察，相比单纯的理论阐述对学生来说更具感染力和影响力。当情感记忆包含着坚实的概念，并以事实论据作为支撑时，学生可以记住更多的内容。除此之外，你还需要做哪些准备让学校领导支持带领学生去当地剧院进行一次课外旅行活动呢？

教师需要对如何在课堂利用你讲的故事建立与课程内容的连接有明确的理性思考。请记住，这并不是要找到一些令人兴奋的课堂活动，也不是围绕这些活动设计整体课程计划。首先要思考你想要在课堂上达到的学习效果。

在下面的表格中记录一些即将开展的课程，写下一些你喜爱的电影、书籍或是个人经历。在第三列中，思考一下你的故事会如何与你想要开展的课堂活动，以及与使用的教学资源建立连接。在下面的表格中，我提供了一个自己在设计课上的案例作为参考。

学习/课程内容	电影/书籍/经历	课堂建议
举例：问题解决与原理（设计科技）	**举例：《触碰月球的人》（书名）**	**举例：制作火箭**

如果在课堂中使用讲故事这个教学策略，那么请首先思考以下几个问题：

- 你的课程计划中是否包含了与真实的生活经历或实际案例的连接？
- 如果是，这些连接是否可以融入到你想要在课堂使用的教学资源中？
- 计划的基础是否牢固？如果是，讲故事这个教学方法应当如何嵌入到课程本身的计划框架中？
- 如果学习框架是由其他教师编写的，那么你要如何结合自身的经历和故事运用这个课程计划呢？

讲故事与读写能力间的关系

如果你可以在课程计划和课程传递中融入讲故事这个教学策略，那将增加学生对阅读、倾听和表达的热爱。作为教师职责和使命的重要组成部分，这份热爱也是你希望传递给学生的。国家读写素养基金会开展了一项关于“学校里的故事”对学生产生影响的试验性项目。负责讲故事的专业人士在为期六周的时间里为那些没有强烈阅读意愿或有阅读障碍的读者开设了读写讲习班。

研究发现：“学校里的故事”项目的参与者中，有五分之四（79.7%）的学生表示，他们现在想要阅读更多的书籍，超过四分之三（76.9%）的学生表示读书让他们感到开心，十分之七（71.4%）的学生希望记录自己的故事。

读书带来的享受体验与阅读行为和动机本身关系密切，因此让学生感受故事所带来的神奇，并且在课堂上给予学生朗读的机会是非常重要的，这可以让他们变得更加自信，更渴望阅读，减少他们使用电子产品的时间。

过去三十年的一系列研究中，这一领域积累了大量的证据。下面的文字引自英国教育捐助基金会教学实用工具中关于“阅读理解策略”的总结，建议提高阅读理解的策略中应当包括：

> 让学生全面理解文章内容的一系列技巧，比如结合上下文进行推断、小结、重点词句、使用图形或语义组织、开发提问策略，审视自己的理解，识别阻碍。

总结指出，教学技巧可以“在结合拼读、协作和互助学习技巧中更有效地发挥作用”。很明显，在课堂上讲故事可以提升学生阅读理解的技能，同时在故事中也可以融入与课程内容相关的参与及挑战的元素。

在这一节，我分享了如何通过讲故事连接课程内容的方法。提姆·奥博朗教授则向我介绍了不同类型故事的概念，他把人们一直在内心重复、深深留存在记忆中的故事称作“内在故事”，阅读下面有关向在故事的心理学研究，你会发现故事与教师紧密相关的深层次原因。

有关内在故事的心理学研究

在你的脑海中通常会出现两种类型的故事，一种是和你的生活息息相关的故事，另一种故事则会掌控你的生活。我将掌控生活的故事称为“内在故事”。你可以阅读我在2015年出版的有关这方面研究的书籍。内在故事在你脑海中形成，生活中的每时每刻你都在对它进行不断的强化。在内心深处人们为自己搭建了一个以“我的样子”为主题的故事框架。内在故事的影响越大，你越有可能成为这个故事中自己期待的样子。我们看到自己内在故事的机会就是以“我是一个……的人”开始进行描述。请尝试多次补充完整这个句子，看一下你是否注意到其中的关联。

作为一名教师，在和年轻人进行交流时，你通常会触及到他们的内在故事，同时他们也会受到你的内在故事的影响。教师对于学生构建、叙述自己的内在故事具有强大的影响。你的一言一行，以及你传递出的表达和行为方式对年轻人塑造自我认知有着巨大贡献。

在任何大众教育体系中，每位独立学习者的内在故事都存在潜在阻碍个人发展的风险。特别是，如果年轻人身处一个关注缺点和错误的环境中，当他们遇到学习困难时，这种风险就会更加突出，因为在这样的环境中，问题被看作是存在于孩子自身的。然而，这类问题并不应该成为问题。改变成年世界的观念或环境，是为了让年轻人有改变的机会，而这样的改变往往是实际生活和教学中缺失的部分。

内在故事并没有好坏之别。想想你教导的每位年轻人，你和他们的交流是如何对他们内在故事的构建产生影响的呢？你要怎样做才能帮助他们改变自己的内在故事，让他们变得更好？想想你的同事是怎样做的，你自己呢？你的内在故事对你产生了激

接下页

励的作用还是使你畏缩不前？为了变得更好，你可以怎样感知、思考和行动，改变你的内在故事呢？回答这个问题，从此刻开始，做出改变。

提姆·奥博朗教授

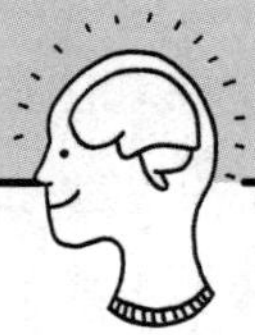

方法14 让学习更有黏性

方法快照

在过去的十五年中，我有意识地在制定课程计划时考虑学习的黏性。“黏性”这个词的出现改变了我对课堂实践的观点，我现在的关注点在于学生学习和记忆的知识量，而不是学生做过和忘记了什么。黏性可以这样被定义：

1. 在学生长期的记忆中，什么是学生需要牢记的？
2. 你希望学生在下节课回想起的关键知识点是什么？

“黏性”，或者说是“黏性的力量”，是我在五分钟课程计划中使用的专有名词。富有黏性的教学思想，或者说以认知与实际应用为基础的教学思想与教师制定学生学习目标本质是一致的。不同之处在于，后者关注的焦点是学生实际达成的最终结果及成功的评价标准，而不仅是教师希望达到的教学预期。当你在教学时，应以让学习更有黏性为目标，这样计划的焦点才会帮助学生实现这一具体目标，而不是在课程的开始给出一个偶然的、希望有可能实现的理想目标。

当教学计划从“做”转向“学”后，应当集中在学生必须掌握的要点上，这样教学计划才会变得更加有的放矢。教师在教学中做出的承诺是确保学生带着学到的知识离开而不是带着做过的事情离开教室。

结合教学计划，黏性可以被定义为：

1. 什么是学生需要学习的课程基础？

2. 哪些是学生需要掌握的关键技巧、知识与理解？

3. 哪些知识点是在学生离开教室时应该掌握的？哪些知识点是下节课需

要被带回到课堂的?

4. 为什么这些知识与技巧应该被学生掌握?你要如何做才能让学生记住它们?

5. 你如何发现学生陷入学习困境?在学生无所适从时,你要做些什么?

高质量的教学关注的是学习而不是活动。当我们清楚了什么样的学习是我们想要坚持的,课程计划才可以保持弹性和可调节力,而一个不以学习为核心的课程设计是死板的,它更强调的是固定的教学细节及学生必须完成的活动。

从整体计划到课程计划

我们都希望有那种长期有效的课程计划存在,但根据我的经验,这种情况基本不会发生。教师应在课程框架下验证这些计划是否符合当下的需要,是否提供了针对每个学生能力设计的挑战并让学生因此得到提升。一份演示文稿并不是一个你可以一直使用十年的课程计划文件。

整体课程计划的改革在48个经济合作与发展组织成员国中的大多数国家正在开展,对于学校、教师以及教学部门来说,根据最新的指导进行相应的改革是非常重要的。课程改革会带来诸多的好处。经济合作与发展组织发表的一份报告指出:发生在教育系统或教育领域中的改变可以帮助教学过程向着更加适合学生发展的方向不断完善。然而各个成员国的改革路径各有不同。

> 26个国家通过分析现有教育系统进行改革,13个国家更多地依靠学校层面的课程革新而不是国家层面的统一改革,8个国家则希望改革可以由国家层面整体推动,5个国家则应用了两者相结合的方法推动课程的革新。

报告显示,英国在教师课程内容自主权方面的评分是经济合作与发展组织成员国中最低的,这一点并不令人感到诧异。我认为,各地区的教师需要掌握整体课程的自主决定权,拥有诠释课程的自由。课程计划应该由课程框架构萌发，然后以短期计划作为教师每天课程的补充。2018年教学国际调查的报告显示，瑞典、冰岛及挪威三个国家在决定课程内容方面给予了教师较高程度的课程自主权，报告把这归因于教师、学校领导、家长、学生和权威机构之间的高度信任。

很遗憾的是，在课程改革中赋予教师过多的自主权有时会超出大多数教师的课堂掌控能力，但我们可以决定课程计划应该呈现的样子。在我看来，从整体课程到课程框架、课程目标再到目标设定的整个流程可以通过“黏性”被一一简化。“黏性”是终极产品。它是课程计划的认知层面，是学习目标的搭建，或通过感知、思考、理解知识的过程。结合“为什么”的测验（参见第二章，方法12）调整教学计划的相关元素。我们可以通过这种方法提高教师的自主性，帮助他们减少工作量，让教师做计划的主导者，把课程计划融入到学习中去。

我希望你能同意这种说法：如果不是针对学习，简单地为那些要求提供证据的“收割者”制定课程计划没有任何意义。学校绝不应该期待教师为观察课制定单独的课程计划，但很不幸的是，现在我们的学校往往存在这样的做法。

在我工作过的五个中学里，有两所学校并不要求教师提供个人教学计划，但却总是期待看到计划的证据。关注细节的计划应被剔除，取而代之的是全面概述，教学计划与工作框架以及教师实际想要教授的课程内容存在差异。但重要的是，相信教师在他们的教学中确实思考了为什么而教，并清楚什么内容是课堂教学必须要呈现的要素。

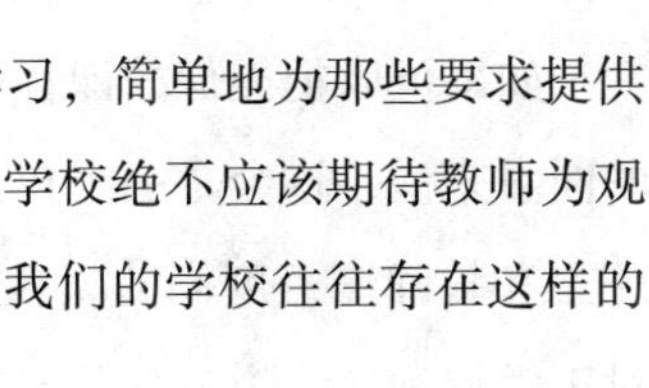

五分钟课程计划是用一页纸记录课程计划背后的思考过程的一个非常有用的工具，它不需要费力地写冗长的笔记。五分钟课程计划不仅完美地符合了那些希望制定计划的教师的要求，也为那些需要通过计划来提高教学信心的教师提供了解决方法。

共同协作

当提到课程计划时，共同协作（教师、学校以及其他资源提供者的协作）是基础。当我担任学校职业发展部的领导时，我通过部门间结对的方式帮助教师对课程计划进行回顾，并把它作为教学政策中的一部分。每个部门都与另外一个部门结对，他们一起分享课程资源，制定课程计划。从整体计划到工作框架，具体到每个制定计划的教师。

学校各部门针对课程计划进行协作的影响是清晰可见的：

• 这可以让学校作为一个整体，回顾取得的进步。

• 帮助教师思考什么是最好的实践方法，并将方法分享给其他同事。

• 这可以让教师反思整体课程是如何嵌入工作框架和课程计划中的，以及总体的计划如何与个人教学计划相融合。

如果可以把类似的课程计划协作方式介绍给你的学校，那么对于你和你的同事来说，这会是一个挖掘计划的“黏性”的绝佳机会。那些不存在招聘压力和教师满意度高的学校，允许教师以小组或学校为单位每周进行协作。对于学校领导来说，从基层获得力量真的不是件困难的事情，只要为教师提供机会让他们可以定期在系统的架构下进行交流即可。

让学习更有黏性

在《让学习更有黏性：有效学习的科学》一书中，皮特·布朗、亨利·鲁迪格和马克·麦克丹尼尔说：“最成功的学习者可以掌控自己的学习，并且遵循简单而严谨的学习策略。”教师面临的问题是，我们承受着排名以及进步水平等外部压力，同时因为课程较广的覆盖面，使得我们培养学生的自律品质，帮助学生学会学习并修正错误的时间少之又少。

教会学生如何让学习富有黏性是非常重要的，我们应该把教授学生学习的策略变成一种习惯，并把它们安排在我们的课程计划中，定期进行追溯。正如皮特·布朗所说：

我们应该坦诚地面对这一事实：重要的学习过程通常是困难重重的，遇到困难是努力的标志，而非失败。

我们应该鼓励教师激励学生不断地努力，挑战自我，而非将完成某项任务作为终极目标（参见第一章，方法2）。如果我们可以做到这一点，让学习富有黏性便在我们的掌控之中。

事实证据

“让学习更有黏性”可以体现在作业反馈、备课和课堂教学的各个方面，在课程计划中，这个技巧被称为阶段性复习。阶段性复习的意思是在你已经阅读、听到的信息记忆中测验自己，它同时可以作为基础的学习策略使用。

教师应当如何把这个技巧和课程计划相结合呢？我们必须要知道学生如何进行学习。这对你我来说可能很容易探查，但对于我们教授的学生来说，却并没有那么清楚。下面是由皮特·布朗、亨利·鲁迪格和马克·麦克丹尼尔在《让学习更有黏性：有效学习的科学》中介绍的信息检索模型的简明版本：

1. 阅读文本。
2. 停顿。
3. 提问。
4. 对自己进行测验。
5. 写下答案。
6. 另外找时间回顾内容并再次对自己进行测验。

在阅读文本和自我检测中间停顿的这一方法构成了“阶段性练习”。认知心理学家雅娜·温斯坦和梅甘·史密斯将阶段性学习定义为：

> 阶段性学习是填鸭式学习的对立面。当学生在临近考试前进行长时间的紧凑式学习时，他们是在进行填鸭式学习。阶段性学习是学习总时长不变，但学生却把它延展到更长的一段时间中分步进行学习。

接下页

你也可以逐渐穿插各种各样的课题，这样可以要求学习者在学习新知识的同时对过去的知识点进行回顾。这就是众所周知的交叉学习。我们根据第一章，方法6艾宾浩斯遗忘曲线，看到了对已学知识进行复习的重要性。阶段性练习的意思是在学习内容和复习内容间设置更长时间的间隔，就像亚历克斯·奎格利在《自信的教师》一书中说的那样："在记忆这件事情上，大脑总是被迫做着更加辛苦的工作。"

那么，教师应该如何在课程计划中实现让学习更有黏性，并避免学生在最后一分钟才开始进行复习呢？这个问题还是充满挑战的，尤其是在整体课程任务繁重及时间紧迫的时候。

教师应该在课程框架中为学生回顾留出时间，给予学生检索知识、巩固知识的机会，同时也要考虑课程整体内容的覆盖范围。初中教师有相对固定的教学时间间隔，也就是说他们在授课后的几天是与学生分开的，这段时间可用于开展下一步的课程计划，实现学习新内容和复习之前所学知识的平衡。而这对于小学教师来说挑战更大，因为他们几乎每天都和学生在一起。

每位教师都应该寻找适合自己课堂的教学方法。你所教授的科目、学生年龄决定了教授的内容及应该重新回顾的内容。为实现让学习更有黏性，有一个环节至关重要：向学生说明学习是如何发挥作用的。这一环节常常被设置在学期末，学生即将面对考试时进行，但那时，学生不好的学习习惯已经形成。因此，在课程设计和备课阶段，我们必须向学生传递信息检索与回顾在他们学习生涯中的重要性，这将极大地提升学生的记忆力和学习能力。

方法15 高挑战、低压力的“纠结区”

方法快照

当进行课程计划时，教师将“纠结区”铭记在脑海中是十分重要的。纠结区指学生感受到学习挑战的地方，学习的挑战将学生推向知识和理解的边界。对于那些希望实现差异化教学的教师来说，意识到这一点尤为重要，“纠结区”对不同能力水平的学生都有着较大的影响。

在《每一节课都很重要》一书中，副校长肖恩·艾利森和来自西萨塞克斯郡杜林顿中学的安迪·萨伯，设计了基于6个原则的教学方法，这6个原则分别是挑战、说明、举例、刻意训练、质疑和反馈。这些原则构成了他们学校的教学政策。我建议在课程计划和评估学生进步时有针对性地使用这些方法。

肖恩·艾利森和安迪·萨伯坚信：“专业的教学要求融入挑战，这样学生才可以对他们会取得的成就有较高的期待。”因此在备课时，教学内容涵盖一些困难和挑战是很有必要的。让学生进入学习的“纠结区”意味着学生的状态处于因内容简单无趣而缺乏兴致与因为压力或感觉自己能力有限而选择放弃之间。“纠结区”是舒适区和痛苦区交叉的区域。“纠结区”有着高挑战、低压力的特征，需要学生进行深度思考、有效学习。

那么，教师如何提供高挑战、低压力的计划呢？应该如何要求学生为了实现高效学习更加努力地思考呢？这对任何教师来说都是一个很难回答的问题，并且每节课都达到这样的教学效果更是难上加难。

教师必须要考虑在课堂上每位学生的舒适区和痛苦区分别在哪里。这就要求教师对自己的学生有充分的了解。教师可以通过与学生的关系和目前掌握的数据获得信息。另一个可以了解学生当下的进展与感受的方法就是通过评估，例如提问。如何通过评估帮助和引导学生取得进步，同时不使学生感到焦虑是每位教师必须学习的内容。

对评估进行计划

问题设置在教师培训中很少被讨论。迪伦·威廉和保罗·布莱克，两位都是英国伦敦大学学院教育学院的荣誉教授，他们撰写了一篇简短却非常令人敬佩的文章《黑盒子：通过课堂评估建立标准》。谁说重要的事情不会出现在小的盒子里？迪伦·威廉和保罗·布莱克警示我们：

> 大量的研究证明，评估的日常实践是围绕着问题与不足进行的……特别是小学教师，存在注重评估数量和课堂成果展示，但却忽略学生学习质量的倾向。

尽管很多教师已经逐渐意识到研究、理论学习和探究更好的评估方式的重要价值，但我在想，传统的评估方式今天还流行吗？教师往往会过于关注外界对自己所做事情的看法，却忽视了真正应该与学生一起学习的知识和技能。

很多学校不再要求教师制定课程计划但却又想要看到课程计划的相关证据。我想进一步声明：学校不要因为任何外部监察而对教师提供课程计划有过高的要求和期待，不管我们是否把课程计划记录下来，关键问题是我们如何评价学生的学习目标和学习成效。正如肖恩·艾利森和安迪·萨伯所说：

> 评估可以帮助我们转变对学生的看法，不再认为学生能力不够，或认为学生应该从较低的起点开始学习。

因此，当计划使用学习的“纠结区”这个方法时，请问自己以下问题：

- 你将如何评估学生在课程设置中的定位？

- 你清楚自己希望学生实现的目标吗？
- 你将会使用什么样的教学策略？
- 你将会提出哪些关键问题来帮助学生专注于学习？
- 你将使用什么样的课堂策略让学生参与到任务中，发挥他们的能动性，挖掘他们的潜能呢？

一个涵盖以上5个问题的详细的计划，会帮助你有效地传递课程内容，满足不同学生的需求。这实践起来很难，但仍有可能通过努力实现。

有关最近发展区的心理学研究

罗斯谈到了一个可以推动学习的地带，这促使我想要讨论利维·维果茨基提到的“最近发展区”的概念。利维·维果茨基是苏联的一位心理学家，他的研究兴趣集中在探究社会性因素对学习潜能的影响。我把他的观点理解为：比起单打独斗地学习，两人或者多人参与的学习更有效。利维·维果茨基认为学习者学习和发展的程度并不取决于他们此刻所在的实际能力层，而在他们的潜在能力层。他描述了学习者实际能力层与潜在能力层中间的区域，即学习的“最近发展区”。

在教学中，教师应该考虑到学生的“最近发展区”，意识到学习者的学习过程处于发展中的状态。为了帮助学习者顺利通过“最近发展区”，教师必须相信学习者有改变的潜能。学习者需要与支持他们的人进行交流，这些人可以帮助学习者意识到自己尚未了解的知识，并通过师生传承，弥合学习者认知上的不足。在大多数情况下，教师就是提供帮助的人。教师应该对学习者现有的学习水平有大概的了解，当学习者的潜能被最大程度地发掘和利用时，教师应对他们可以达到的目标有清晰的判断，并根据这个预期判断，制定出与学习者沟通的最合适的方法，其中包括脚手架模式，它也适用于教师和学习者之间协商的过程。

我建议对于元认知，教师和学习者应该有更深刻的认识，它是“最近发展区”理论的重要组成部分。1979年发展心理学家约翰·弗拉维尔创造了“元认知”这个词。它代表了个体对自主学习过程中的认知识别。“元认知”，是与自律相关的高阶活动，例如，它可以让我们学习如何开展学习、如何思考问题。一些研究者相信这是一个意识的过程，而另外一些研究者则坚信“元认知”同时还包括潜意识层面。

接下页

我建议，当教师在做计划时，应该有特定的时间用于关注和反思“元认知”。它可以让教师洞察到学生的“最近发展区”，同时可以让学生学习如何在“最近发展区”不断增强自身适应力，使自己在应对认知及情感的挑战时更具韧性。

提姆·奥博朗教授

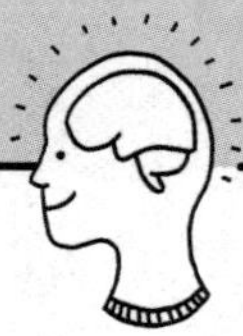

方法16 提升读写能力的课前活动

方法快照

有时教师投入过多时间去设计复杂的课堂活动，但并未对学生的学习成效带来积极影响，如何可以避免这一情况，帮助教师与学生在短时间内进入教学状态呢？在这一节，我们会看到一系列简单易行且对教学产生积极影响的活动，这些活动只需极少的时间去准备，并且专注于学生读写能力的提升。

课前活动可以让刚进入教室的学生在较短的时间内参与进课程中来，对课程的主体部分有初步的了解，同时完成预设的挑战内容，提醒学生教师对他们的期待以及课程常规。如果课前活动可以有规律地开展起来，那么学生会在他们进入教室时便清楚地了解教师对于他们的要求。学生对教师的期待变得熟悉并可以对此做出快速回应。这将有利于教师进行行为管理，并确定课堂的基调确保学生学习达到最佳效果。这些活动同样有助于学生进行复习练习及提升课堂参与度。总体来说，学生会积极参与教师让他们做的一切事情，甚至是充满挑战的任务。

简单的课前活动往往有着很大的影响力。我推荐常规的、一次性的活动，小测验、复习练习，例如使用记忆法，回顾之前课程和介绍新课程的简单策略。教师也可以使用不寻常或不可预测的课程资源，吸引学生的关注，它们可以是新闻热点事件和新的故事。当然，教师在阅读这本书时可能已经配备了许多可以直接使用，且适用于任何课程的开启教学的活动，但我依旧有几点值得一读的想法与你分享。

遇见与握手

课前活动可以包括在学生走进教室前，与他们点头握手。教师欢迎每一位走进教室的学生，并让他们坐下自习，等待还没有进入课堂的学生。较早进入教室的学生可以完成他们面前的作业或是巩固之前课程学过的知识，理解本堂课和之前课程的关联。你也可以要求他们完成一篇作业的修改练习（参见第一章，方法3）。

让课程更有黏性

将学习目标拆分为小的单元或主题（参见第二章，方法14），或通过小测验进行复习练习（参见第二章，方法12）。

软件应用

我推荐两个高效的软件Classrommscreen和Whiteboard.fi。前者是为时间紧迫的教师提供的免费、完美的应用平台，它可以帮助教师提供倒数计时器、随机姓名选择以及白板注释工具。后者是另外一个为教师提供的免费课堂在线应用软件。它可以使所有学生和老师同时远程在线在白板上进行注释，并支持学生分组进行在线协作。

关键词

你会经常看到教师使用口头朗诵的方式加强记忆，这是一个非常好的策略。涉及到学科关键术语时，教师使用测验、单词展示和重点问题帮助学生记忆知识点。在理解了认知负荷理论后，教师应尽可能避免过于复杂的整体教学。过于复杂的课程设计会使学生产生误解，同时模糊教师真正希望传递的内容，最终导致无法达到预期的教学效果。

我建议所有的教师根据词源和关键词的词根进行教学。把词语拆分到每一部分，这样做可以加深学生对关键词意义的理解。这不仅是针对语言学科的教师，当你在教授其他不同科目时，它也可以发挥意想不到的作用。当你把关键词拆分为更加简明的单位时，你会发现一个全新的世界。

读写能力的重要性

高效的课堂快速启动技巧和读写技能训练有关。我坚信读写拓展训练应当在我们的课堂教学中占据极为重要的地位，所以为何不在课程的一开始就对它加以介绍呢？读写是整个教学的中心。英国《教师标准》指出，教师必须：

> 明确责任，不管教师教授什么科目，都应该提升学生高水平的读写能力、清晰表达的能力以及正确使用标准英语的能力。

每位教师都应该花一些时间去思考如何在自己教授的科目评估学生的读写能力，以及他们当下是如何在自己的课程中融入读写能力训练的。你目前是怎么做的，还有什么缺失的地方？反思下面的问题，并开始计划在今后的课程设置中逐步提高读写的比重。

1. 为什么读写是教学的重中之重？
2. 为什么学习和读写能力有着紧密的联系？
3. 为什么说不考虑读写能力培养的教学是糟糕的教学？
4. 语言学习在孩子成长发展中扮演怎样的角色？
5. 为什么专业术语对于教师保持对学科的长期信心至关重要？
6. 读写能力的体现是如何与你所教授的科目紧密关联的？
7. 你是否了解每位学生的读写水平？
8. 每个孩子是否都拥有至少一本课外读物？
9. 你会与学生分享自己阅读的书吗？
10. 在你教授的科目中，你会提供哪些机会鼓励学生练习读写技能？

阅读与写作是极为重要的学习技能，学生可以将伟大的作家、诗人、或

身边热爱阅读、有着写作才华的人视为榜样。榜样既可以分享开放的思路，又可以讲述自己丰富的经历，这是平时工作忙碌的教师提供不了的。学生常常会更自然、主动地向教师以外的成年人表达自己的情感，与榜样沟通有助于增强孩子自我表达的信心。

一个很好的例子就是：我有幸看到我的学生成为英国青年议会的成员。他们的年龄范围是11—18岁，在青年中共有369个席位。他们由整个国家青年进行的选举产生，合作举办活动，制定项目计划，参与竞选。我的学生通过这个来之不易的机会，完成了很多伟大的事情。通过青年议会鼓励年轻人在重要社会问题上发声，或在学校组织辩论赛等都是鼓励、支持年轻人发表自己观点的重要活动。

事实证据

保罗·A. 基尔施纳，卡尔·亨德里克在《学习是如何发生的》一书中分析了真正有效的学习技巧。但他们也惋惜道，尽管关于学习和记忆的研究已经持续超过了一个世纪，但还是有很多学生（甚至是教师）仍不知道什么样的策略是有效的。参考邓洛斯基等人的研究，作者记录并讨论了以下10个学习技巧：

1. 解释事实和概念的真实性。
2. 逐步阐述新信息和已知信息间的联系。
3. 总结。
4. 着重强调和划重点。
5. 使用记忆法。
6. 将文本转化为脑海中的图像。
7. 重新阅读。
8. 自我检测和实践检测。
9. 发散性练习。
10. 穿插练习。

上面所述的所有技巧都可以有效地帮助巩固所学知识，教师应思考的是如何把它们融入到课堂教学的活动中去。

在所有关于教与学的探讨中，所有教育者都不可否认学生的读写素养在整个学习过程中发挥着极为重要的影响。学生语言的应用水平、阅读的流利程度以及对阅读的热爱决定着他们的综合成绩。没有出色的读写能力，学生无法在不同课堂环境中进入

接下页

深度学习。如果学生在课堂阅读或个人阅读时需要付出额外的努力理解阅读内容，那么教学对学生和教师来说则会更具挑战。事实上，以上列举的很多技巧都是基于学生的读写技能训练。

在上面列举的10个技巧中，有几个是对提高读写能力有所帮助的呢？实践测验和发散性练习是十分有效的两个技巧。前者是学生在长时记忆中复习所学知识，后者是学生和教师进行的延展性练习。填鸭式学习可以在短期内有效，但阶段性学习才可使记忆留存长久。教师在教授相对复杂的学术概念时也应采用这些技巧。

在此，我建议每位希望提升学生学习能力、读写素养及学科理解能力的教师将包含读写技能训练的课前活动作为课堂教学的起点，并且在制定课程计划时考虑每位学生的读写水平。

方法17 质量至上的教学

方法快照

比起其他干预手段，质量至上的教学是最具影响力的方法。质量至上的教学是指在考虑任何其他干预方法前，教师通过高质量的教学充分发挥学生潜能。差异化教学是实现质量至上的教学的关键。基于这个观点，我将探讨教师应如何制定可以帮助每位学习者发挥自身潜能的教学计划。

质量至上的教学应该被视为首要的课堂干预方法。教育发展基金会的研究报告中指出：

"教师是学校的关键组成元素，高效教学是学校发展的推进器。"

给予教师所需的时间精进教学实践并实现他们的个人目标是至关重要的。根据不同的需求，教师更希望采用多样的课堂干预方法，但这样做产生的影响非常有限。我们需要将教学与研究结合起来，做到：

- 对课堂目标有清晰的认知，并与不同能力水平的学生沟通目标。
- 对整体课程内容有足够的知识储备。
- 使用可利用的教学资源。
- 教授认知策略帮助学生进行学习。
- 提供恰当、及时的反馈。

任何一所学校都会面对这样的挑战，即学校整体教学的一致性。如果隔壁教室的麦吉尔先生，总是以"已使用过这些方法"或"我只是想教书"为理由拒绝尝试其他教师都支持的教学方法，那么学校作为一个教学整体仍会存在无法实现教学一致性的问题。

学校为质量至上的教学方法建立统一的标准是非常重要的。教育发展基金会建议："学校应形成专业的讨论与课程观察的文化。"根据我的观察，校园气氛更加快乐且表现更突出的学校通常每周组织一次关于教育方法的教师讨论。质量至上的教育理念必须建立在信任的基础之上。然而仍会迫使学校根据教师完成的任务量进行评估。尽管，这是一个自愿遵守的规定，但如果学校没有提供足够的教学证据，还是会面临缺乏领导力、教学方向与目标不清晰的问责。这种无形的压力同样也会蔓延到教师和学生中间。按照英国现在的考试制度，让每位学生都达到最好的分数是不可能的，因为分数的等级是有固定人数比例的。我们扪心自问，是否要在下一个世纪仍沿用同样的评价方法。同时，我们也应注意，鼓吹所有学生都能取得高分的神话是毫无帮助的。

作为前校长、作家及教育顾问，汤姆·谢灵顿在《必须打破钟罩的束缚》一文中指出，针对学校和教师的外部问责制带来的问题是：

> 如果我们使用同样的机制，例如国家考试制度衡量教学是否达标，或否取得进步，那么你会感到无所适从。你无法在一个被各种标准禁锢的公司进行革新。

汤姆·谢灵顿把改革的压力比作直接的正面碰撞，这种外部的压力一直向下延展到每个孩子和他们的表现中。很遗憾的是，三年过去了，我们的教育系统还是没有做出任何改变的承诺。

我建议学校应该先暂时停止追求教学一致性，取而代之的是追求教学的明确性和连贯性。首先要考虑的是孩子。再次回到本书的主旨，教师和学校领导必须把教学回归到教育最简单的形式并把复杂的方法变得方便操作且可控。如果我们做得少，我们的影响力反而会提升。

质量至上的教学与差异化教学

差异化教学并非是一次性的教学策略。你不应把自己陷入无尽的课程计划中，特别是那些不可能完成的任务或是不切实际的期望，这些都不利于学生高效学习，同时会对教师的工作量和教学成果产生负面影响。

差异化教学对于新手教师来说是一个挑战，需要教师在满足学生需求的同时也要最大限度地利用教室里的其他成年人的力量。采取差异化的教学方法可以确保质量至上的教学，最有效的差异化教学的形式是在课堂上进行的评估测验，它可以帮助你对课程计划进行微调，满足每位学生和各小组的需求。在我担任学校领导评估教师工作时，我发现差异化教学往往被认为是教学中最具挑战性的部分，那么我们可以采取哪些策略实现差异化教学呢?

交谈

给自己留出和学生在课外交谈的时间。一段在上课前与学生进行的简短谈话会发挥意想不到的作用。在学生进入教室的第一时间向他们讲述你对本节课的预期，或讨论上一节课未解决的问题同样会对本节课的教学带来积极的影响。

写作模仿

对于那些在语言表达和书写上存在困难的学生，教师与他们完成写作模仿练习是一个非常有效的方法，但与课堂上其他学生共同完成这项任务是比较困难的。解决的办法是通过视频互动的方式进行作品展示，这样可以让学生看到你和他们在一起工作。设想一下，如果你可以这样做的话，那么学生会更加重视自己的作业，并会对参与的任务和活动投入更多的精力。

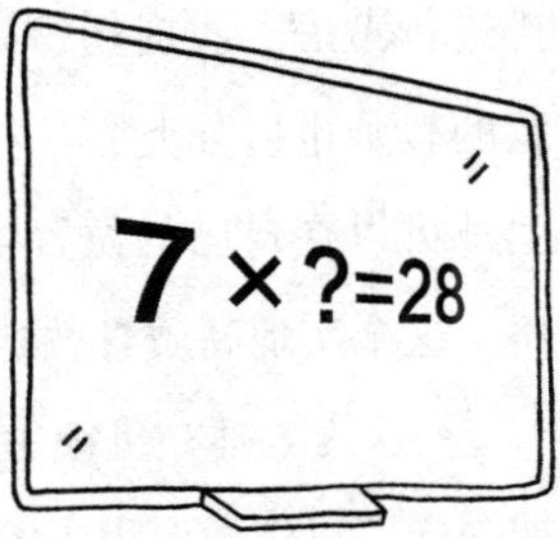

我是身体交流的绝对拥护者。试想一下7×？=28这个等式在黑板上展示的方式。第一种方式是我大声说出这个等式，面朝黑板用我的后脑勺面对学生。第二种方式是我面朝学生，学生接收到我的眼神、声音以及手指在等式上的移动，并在问号上发出双击声。请你尝试两种不同方式，你会惊讶于这个技巧所发挥的巧妙作用。

脚手架与书写框架

提供书写框架可以让学生在书写时展现多样的学习能力，为拥有不同能力的学生提供帮助。一部分学生在进行独立写作时，你可以为个别需要帮助的同学提供帮助，同时你还可以系统地通过自我评估和同伴互评技巧（参见第一章，方法9）去检测学生对课程的理解程度。

将英语作为第二语言的学生

根据吉姆·卡明斯博士的建议，当学生将英语作为一门新的语言或是在学习大量新单词阶段，对于一些任务的认知挑战，教师应该适当地降低难度，但这并不意味着我们应该降低期望，这是我们在教授将英语作为第二语言的学生时应该考虑到的问题。卡明斯建议，倘若结合相应的语境，我们可以给英语作为第二语言的学生加大认知挑战的难度。这包括手势、面部表情，或提供协作的机会，例如上面提到的“模板”，图表或提供协作的机会让英语作为第二语言的学生可以和同伴一起学习。

为了进一步帮助英语作为第二语言的学生，我们应该考虑使用学生具有文化认同的学习资源帮助他们有序地学习。如果你足够幸运，恰巧学校里有这方面的专家，那么你可以让他们帮你把学习文本翻译成学生的母语，这样学生就可以对照词典巩固你所强调的重点词汇并掌握它们的意义。

排座计划

为了成功地进行差异化教学，你必须在学生进入教室前充分地对座位安排进行考虑。我提倡每间教室都要使用排座计划，对于高年级的学生和有经验的教师也应如此，这样会提高课堂教学的稳定性和学生的归属感。每位学生都可以在自己的位置得到及时的帮助。但令我诧异的是，很多教师往往忽略了这个实现高质量教学的简单策略。排位计划有很多好处：

• 这为教师在班级中处理可用的参考数据提供了很好的证据来源。这些数据同样可以作为课程中的备忘录。

• 这样做可以树立教师在新班级中的权威。也就是说，学生的座位安排是由教师决定的。“当我们几个坐在一起的时候可以更好地学习，老师。”这是学生最常提出的申请，但通常情况下它们是行不通的。

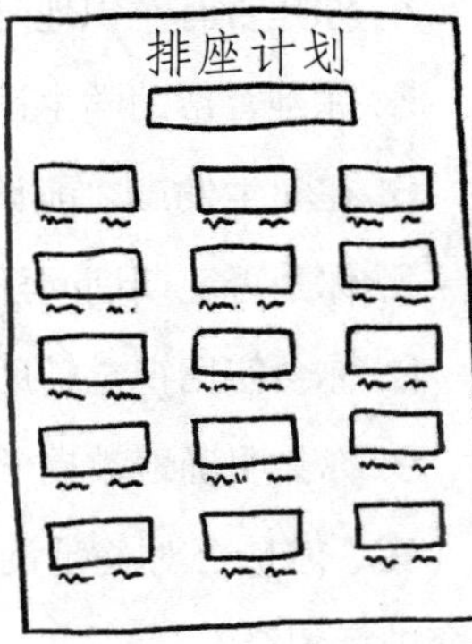

• 教师在每个学期开始前调整座位是一件很容易操作的事情，这样做还可以让学生对教学环境保持新鲜感。

• 男女交错的排座方式几乎很少失败，但对于男生较多或女生较多的年级这样安排就会有些困难。在性别单一的学校，可以根据数据、课堂评估和具体需求对学生进行最优的座位安排。

• 你或许需要学校领导、部门负责人或助教老师的帮助，他们可以直接参与学生的座位安排。

• 座位安排可以提示你在容易遗忘或需要时刻关注的事情。

• 你可以将座位划分为固定位置和可移动的位置。移动的座位在小组合作时可作为一个随时可改变的位置，方便学生的交流。

营造支持性的教学环境

不论你决定使用什么样的差异化教学方法，为了提供质量至上的教学，你还要为所有学生营造一个支持性的学习环境，无论其能力和背景。环境会对感知记忆产生影响，继而影响着我们的专注力。它同样也可以对我们的工作记忆，如知识的长期保留和知识框架的搭建产生影响。反思自己下面的问题，确保在你的课程计划中涵盖了这些技巧，让学生在掌握学科知识的同时提升读写能力：

1. 在学生语言学习初期，你是否会寻求机会使用第一语言？

2. 你是否给学生提供了范例并鼓励学生勇于尝试、突破？（参见第一章，方法5）

3. 你是否为新学生融入课堂提供了机会，包括那些将英语作为第二语言的学生或遇到学习阻碍的学生？

4. 你是否有意识地与那些母语非英语的学生沟通？

5. 你是否帮助学生运用已掌握的知识和技能支持现在及未来的学习？

6. 在学生发声之前，你是否给予他们思考和准备的时间？

7. 你是否定期询问学生的理解，提供给学生阐述个人观点的机会？

8. 你会使用视觉辅助的方法清晰地阐释关键词的意义吗？

9. 你会明确地教授学科专业词汇吗？

10. 你是否对关键词进行清晰的讲解，提供了同义词解析并重新对关键内容进行阐释？

11. 你会用小组合作的方式完成高认知需求的任务吗？

12. 如果可以得到英语作为第二语言的专业人士的帮助，你会与他们合作设定教学目标吗？

当你通过视频互动进行教学时，营造支持性学习环境同样重要。为了确认学生处于平等的地位，我们要利用以上所有列举的问题进行判断。使用科技手段捕捉学生的观点，衡量学生的理解程度，促进学生复习练习，鼓励线上小组合作，和每位学生进行一对一的交流，更多地去倾听而非说教，从而清楚地判断哪些学生处于学习进步的阶段，还有哪些学生需要帮助。

事实证据

2015年英国教育捐助基金会发布了“充分利用助教的力量”的研究，解释了助教对提高学生产出发挥的作用甚微的原因。两位学术研究者李·埃利奥特·梅杰和史蒂夫·希金斯在2019年出版的《什么可以奏效》一书中分享了更多细节，证明“经过正确的培训、管理和准备的助教与教师协力合作对孩子有着重要的积极的影响，当那些没有得到帮助的助教被分配给极为需要学习支持的学生时，则会出现许多问题和困难。”基于这些事实发现，英国教育捐助基金会的研究报告列举了以下7点建议，帮助学校最大限度地发挥助教的作用。阅读并思考一下，你应当如何有效地与助教一起实现高质量教学?

1. 对于帮助学习成绩相对落后的学生，助教不应被当作非正式的教学资源使用。

2. 教师应当利用助教增加教学的价值，而不是取代教师。

3. 我们应该使用助教帮助学生拓展独立学习的技能，以及自我管理学习的能力。

4. 教师应确保助教做了全面的课程准备。

5. 助教应使用系统干预，传递一对一高质量的小组支持。

6. 学校应该采用以事实为依据的干预方法，帮助助教进行小组指导和单独辅导。

7. 我们应该明确日常课堂教学与系统干预间的联系。

我认为第4点建议是最具挑战性的。学校课表的安排、资金和教师时间的分配都很难让教师和助教有机会一起进行课

接下页

程计划。通常情况下，学校会为个别学生配置助教，但这也意味着学生获得的支持来自不同的教育者，而这往往会不利于主任课教师与助教保持教学一致性。

方法18 积累并更新教学资源

方法快照

我们经常会因为采用冒险和即兴即兴教学的方式而承受来自学校内外的压力。每节课都制定细化到分钟的教学计划是不可能的，即使我们这样做了，所有事情也不会百分之百地按照我们的计划进行。在这一节，我将重点关注教师专业发展，以及如何积累教学资源，不断更新教学策略以应对各种突发事件。

如今，教学越来越专注于规划连贯性课程，将认知科学的方法和研究丰富的教学法融入其中，并以视觉互动的方式辅助教学。更令人激动的是，许多充满活力的新教师加入教师行业（尽管还远远不够）。当我去学校参观时，教师教学经验的广度和深度，以及探索认知科学方法的热情带给我许多启发与鼓舞。

在担任副校长期间，我和所在学校的教师一起研发了给予学生高质量的作业与反馈，聚焦学习结果的多维度备课设计，实践促进深度学习的教学策略，以解决批注所带来的压力。我们设立了快速碰面环节和作业批注集合的活动，可以让教师把复杂的教学问题拿出来探讨。例如，在何种情况下教师应做到点到为止，在何种情况下需要学生深入参与进行意见交换？在任何一所学校，那些想要变得更好的教师通常都是高效、对反馈持开明的态度，同时会在同事间寻求帮助的。另外，那些关起门来不参与专业发展的教师，则不在意学校的任何改革，这会严重制约自己的职业发展。

我总是在强调，如果教师想在大众面前得到信任和尊

重，那么首先，我们要互相尊重，尊重其他人对“什么才是奏效方法”的建议。我们也许不能总是同意对方的所想所感，但我们却可以更好地聆听彼此的问题。首先，学校要为教师提供条件，让他们能够与团队内外的同事一起参与专业发展规划，但有时，一个组织或领导团队在促进教师自身发展方面能做的也只有这么多。一个教师的专业发展不能仅靠外界提供的条件和资源进行灌输。想要变得更好要从教师自身开始，而绝非依赖其他外在因素。

在这一节，我将提供一系列帮助你进行专业发展规划的方法，制定适合自己的中长期职业发展规划，实现专业成长。

教师专业发展应该做到的5件事

让我们从教师专业发展的5个基本要求出发：

1. 要站在你所教授的学科前沿。

2. 定期学习最新行为管理理论，加速对现有知识储备的更新。

3. 确保你加入了教学联盟、分享学术论文的学习团体，拥有一本或多本最前沿的教育研究书籍，以及一个社交媒体账号，可以分享更多教育资源的共享网络。

4. 找到一位同事或导师，在你遇到困难时，他能够给予你帮助或挑战你的想法。请至少与他保持每两周一次的面对面沟通。

5. 定期去其他学校参观。不要低估了解其他教师如何工作的重要性。如今每周我都要做的事情就是，去学校参观，并和其他教师交谈。我建议所有教师都这样做。

检查财政

当任职副校长时，我们每年都要举办一场超过500位教师参加的教师论坛。同样，我们在学校也会组织一些活动，尽管它们可能不是定期的。不仅如此，我们还应更努力地在工作时间尽可能多组织一些活动，这对所有的学校来说都是一项挑战，但这不也正是提升教师专业能力的最好时机吗？

这样的教师培训活动可能在一些学校已经开展起来了，但还不是所有。诚然，这不是一个人的工作。我记得当学校面临严重财务危机时，我和学校的领导团队对学校的财务问题进行过无数次的讨论，我们应该从总体的财政预算中留出多少用于教师的职业发展培训。大概估算一下，你的学校应该至少投入总预算的0.1%用于教师培训。这听起来一点儿也不多，但如果以在伦敦拥有300—400位学生和30位教师的小学来说，每年的财务预算是200万英镑。在大概1500位学生和100位教师的中学来说，每年的整体预算是900万—1000万英镑，其中的70%—80%需用来支付教师的薪水（这个收入远低于同等毕业生年收入水平）。0.1%的财务预算相当于小学每年2000英镑、中学每年10000英镑用于教师培训。现在，把这个总数分配到每位教师身上，你会发现每位教师获得的培训费用其实十分有限，学校更应做到专款专用。

请向你的校长询问学校每年的预算总额是多少，如果这个问题过于敏感，那么你可以在政府网站上进行查询。如果你在公立学校任职，那么这个数字非常容易获得，因为它来自公共资金。但对于其他性质的学校来说，就有些困难了。不管数字是多少，计算一下，看看你的学校是否达到了学校教师培训费用占学校整体经费0.1%的标准。

避免不必要的开支

就像我提到的，当学校摒弃那些傻乎乎的批注和数据收集求证的想法后，教师将获得更多的时间用于课程计划。除此之外，他们可以利用这些时间进行阅读、研究和合作，这不仅可以满足每个学生的需要，同时也更加关注教师自己的需求。对于那些财务相对紧张的学校来说，还有一些不需要大量资金投入、简单易行的方法帮助丰富教师的专业发展活动。这些解决方案对于寻找教学灵感和资源的教师来说是行之有效的，你可以在教学团队中分享、更新你的计划，或在事情未按照预期进展时，把它们作为你的备选方案。

1. 利用1—2个非常优秀的社交平台策划教学内容。

2. 联系知名的研究学者、学术专家或其他的同事，请他们通过社交媒体分享一个有关专业发展的2—3分钟的视频。

3. 联系地方出版社、学科协会或像我一样热爱写作的教师，询问他们是否可以通过图书捐赠的方式建立教师专业培训图书馆。

4. 与其他学校的顾问、学科专家、卓越的教师取得联系，看看他们是否愿意在放学后利用自己的空闲时间与自己学校的教师进行1小时的沟通。

5. 设计一份跨学科专业发展目录清单，每半个学期发布一次。坚持下去，让不同学科的教师分享自己的想法和教学经验成为学校文化的一部分。

6. 组织一场邀请参观者加入的会议，聆听来自不同领域的专家的建议。如果你能使这样的公开会议成为教师专业发展的一部分，那就更好了。

7. 确保学校和权威机构签署了同步线上教学资源、订阅杂志的条款。

8. 营造温暖的办公室气氛，并设立一个吸引教师聚在一起分享想法与教学资源，同时可以放松休息，短暂离开学生的空间。

事实证据

在乔恩·提布克2019年出版的《教师应该知道的脑科学》一书中，有一个非常有趣的章节提到，学校是如何参与到研究中并影响研究的。越来越多的教师着迷于获取研究信息的方法，加强教学计划，而我们面临的挑战是有限的时间和收入回报，以及挡在面前的许多应优先去做的事情。正如乔恩·提布克所说：“毫无疑问，为了使教学更多地在神经科学的研究中获益，神经科学家和教育者交流的方式需要不断改进。”

这让我想起最近和巴里·卡彭特教授一起主持的一次播客。巴里·卡彭特教授是英国从事精神健康和教育研究的第一人，拥有近40年的专业职业生涯，他的专业研究领域面向弱势儿童。巴里·卡彭特教授预测在10—15年的时间后，所有的校长都将为入学的孩子进行全方位的测验，以帮助教师找到最优的教学方式，满足孩子的发展需求。他的理由是什么呢？为什么要花费几年的时间去真正了解一个孩子，把关于孩子成长的信息通过一个又一个文件传递给每一位教导孩子的教师呢？教师可以参考大脑神经信号及孩子对环境变化的情感反应，帮助学生解决遇到的认知、理解、情绪方面的问题。

与此同时，参与教学研究为教师专业发展提供了很好的契机。当然，我们不能要求教师参与每一项研究，也不可能要求教师学习所有最新的研究，我们要更有选择性和针对性。很重要的一点是，在自己的影响圈范围内提升教育质量，这是教师的首要任务。同时，从现在开始，思考你的专业发展规划的短期和长期目标。

方法19 备选计划

方法快照

在之前的方法中，我们讨论了当外部事件或错误的时间安排导致你的课程计划落空时，你可以使用备选计划。但如果是学生的行为导致你一次又一次地中断课堂教学，那我们应如何调整课程计划去解决那些干扰授课的行为呢？我们又该如何为那些在最后一分钟发生的改变做准备呢？

匮乏的课程计划会导致课堂资源传递的失败，而外部事件（比如极端天气）也会导致课程无法正常推进。但学生行为通常是破坏完美课程计划的主要原因。正向的师生关系，以及考虑每位学生需求的课程计划，能够帮助我们解决那些学生的不良行为带来的问题。尽管如此，即使是我们当中最优秀的教师也会承认，课堂之外的因素会悄然溜进我们的课堂并把我们努力准备的课程计划完全打乱。

案例学习

我记得曾经有一个学生（让我们称他为肖恩），他认为生活很辛苦，自己无法达到所有人的期望。他因行为不端多次被勒令退学。肖恩在学校的表现很差，他也不喜欢学校。

试想一下，此时此刻，如果你是一个在一所人数较多的初中上学的14岁学生，每当下课铃响起的时候，你都需要从一个教室转移到另一个教室。铃声响起，你结束了法语课的学习，平静地走在走廊上，几百个同龄的同学与你擦肩而过，然后你准时到达另一间教室，跨进班级的门槛开始上数学课。

如果我现在让你立刻放下手中这本书，然后要求你开始阅读另外一本与这本书毫不相关的书，并且直到下个星期的这个时候你才可以再次打开最初阅读的书，你的感受会是如何？你或许会感到非常沮丧。

这难道就是我们希望看到的10年甚至20年后学校教育的样子吗？这难道就是我的儿子在十年后所上学校的学习模式吗？正如大卫·普赖斯在《开放：未来我们要如何工作、生活和学习》一书中所说，学习者如今意识到自己掌握了学习的主动权，随着科技不断发展，他们可以选择学习的内容和时间。学校已不再是唯一可以选择的学习场所。普赖斯建议教育者，如果你希望学生参与到课堂学习中，那么你应该观察学生在校外的学习方式。

> 我们身处西方却更想了解东方，而东方的人同样也更想要了解西方。我们不能一方面希望学生可以迎接21世纪的挑战，同时却推荐教师使用19世纪的教学方法……这样做，只会让我们陷入无尽的困惑。

这段话不禁让我思考我们是否需要调整现行的学校教育模式。现在对新冠肺炎疫情在教育领域所带来的长期影响下定论还为时尚早，但疫情在许多方面已对未来教育产生了影响。作为校长，制定紧急情况预案，对教师进行远程培训，采用新的方式传递课堂作业，这为精进线上教学资源和发展线上教学内容提供了机会。疫情期间得出的一个结论就是，教学的质量远比它传递的方式重要得多。无论如何，我们必须对新的工作方式采取开放的态度。

事实证明，远程学习有它积极的影响，但关于远程学习的研究很少针对相对弱势学生进行调查检测。当有些学生可能无法上网或家中没有合适的电子设备时，我们应当如何保证他们可以参与到线上的教学中呢？当学生出现情绪或心理健康问题或可能表现出某些行为问题时，教师又应当通过什么方式提供帮助呢？

回到学生肖恩身上，他对你的课程感到非常厌倦并且不理解课堂的教学内容。学校之外可能存在着决定孩子心情好坏的决定性因素。对于肖恩和与他相似的孩子来说，教师对其行为的施压和高期望值，让学校变成了压力锅。

如果你是肖恩，你每天要承受多少这样的压力？如果是我，哪怕只是进行了一次不舒服的交流，也会影响我一整天的心情。而肖恩每天会遇到四到五次类似的情况，这自然会累积消极的情绪，使他变得十分沮丧。当这种情绪到达临界点时，任何一件小事都会把他推向崩溃的边缘，甚至是小伙伴在课堂上的一句评论，就是这么简单。

处在这个阶段，教师所说的任何内容对学生来说都是白色噪音。学生失去了看清事实的能力，更大的视野反而成为一个模糊图景，谈话变得沉闷，他们也更容易表现出挑战性行为。任何进一步的训斥都变成了噪音的一部分。学生关闭了自己与外界沟通的所有渠道。

经历了几次这样的事情后，肖恩的出勤率和学业表现都在不断下降。这时就需要专业人士的干预，对财政预算不断减少的英国学校来说，这无疑又增加了实施干预的难度。

行为干预和课程计划

作为任课教师，如果在课堂上出现的行为问题影响了课程计划的推进，我们应该做些什么呢？教师应该在课程计划中灵活地选择适合他们学生的行为干预方法。让我们一起看看英国教师标准提供的指导：

• 知道何时以及如何适当地进行差异化教学，使用对学生有效的教学方法。

• 对阻碍学生学习能力发展的一系列因素有准确的理解，并知道如何以最佳的方式克服它们。

• 关注学生身体、智力及社交能力的全面发展，知道如何在学生的不同的发展阶段调整教学。

• 对每位学生的需求有清晰的了解，包括有特殊教育需求的学生，以及能力较高或将英语作为第二语言的学生等。教师可以用差异化的教学和评估方法帮助这些学生更好地参与到课堂学习中。

我建议所有教师在制定教学计划时，都可以思考以上几点。通过有效的差异化教学和对课堂上每位学生的了解，你可以找到让学生融入课堂的方法，并帮助他们避免产生无聊和沮丧的情绪，以及由此引发的干扰课堂的行为问题。

然而，当行为问题突然出现在我们的课堂上时，教学通常不得不退居二线。当你发现自己突然需要将关注点放在行为上时，请尝试以下7个步骤：

1. 让行为回归正轨是一个十分复杂的过程。请冷静地面对任何可能发生的情况。

2. 将与学生进行一次和缓的对话作为目标。保证其他学生不要在你们谈话时插话或发表任何评论。

3. 在进行谈话时，选择中立的立场，控制学生强势的态度。如果必要，让这个学生转过身，背朝同伴。

4. 你需要和学生沟通发生了什么，确认你要和他们谈论的具体行为，给予学生表达自己感受和意见的机会。

5. 结合学校政策，向学生阐述你进行干预的原因，与学生展开一段鼓舞人心的对话。

6. 我发现向学生说明如何可以做得更好的最有效的策略，就是向学生阐释他们的行为会带给其他学生、教师，以及最重要的，带给他们的家人怎样的感受（通过解释和举例）。

7. 以一个问题结束这段鼓舞人心的谈话。问问你的学生，是否希望你为他们骄傲。每当我这样问孩子时，他们的答案永远是“愿意”。谁不想得到他人的赞赏呢？重要的是，你传递的信息要尽量简单且切中要害。

在此，我必须强调最后一点。在面对学生具体的行为问题时，我们应该敢于放弃课堂计划并不害怕被问责，因为我们需要为肖恩这样的学生提供及时的帮助。我们应该有能力调整我们为课堂安排的任务，在安静的走廊帮助像肖恩一样的学生回应他们的情感诉求，并在专业支援到达前为他们提供心理疏导，让其他学生在教室自习。我受益于这样的环境，我想对肖恩也会是一样的。

事实证据

相较于过去，现代社会对教师提供教学证据的诉求持续增加。神经科学的进步使思维研究（软件）和脑科学研究（硬件）得到结合，推动认知神经科学的发展。

认知主义是对精神分析方法的一种排斥，精神分析法是一种试图从虚构的角度对思维进行的理解，行为学方法则试图通过行为去理解思维。认知策略是一种让学生更有效学习的方法。例如，有效的解决问题的方法要求我们超越所提供的信息进行抽象思考。这包括组织新的语言，概括意义和调取记忆。

这种对教学证据的需求并不存在于我早期的教学生涯中（大概是20年前）。在那段时间，我也不曾有过证据的概念。然而，这并不是说教师现在不应该利用研究成果或事实依据来提升他们的教学，他们应该这样做。但我希望教育者坚持在有确凿证据支持的情况下才去尝试不同的方法提升教学质量。我同样希望我们一直抱有这样的信念：只有教师自己最了解他们的学生，知道什么才是对学生有效的课堂方法。只有保有这样的信念，教师才可能实现高质量教学。

我想说的是，教师应该坚持做对他们有用的事情，而不需要考虑提供教学的证据。但这也是要付出代价的，如果教师被高层领导要求做某些事情，是因为监督部门认为这才是“好的教学”应该呈现的样子，我们将会发现各种各样的课堂噱头继续在会议和互联网上传播，教师将会继续使用各种流行的小技巧和一次性的课堂活动去取悦“收割者”，尽管没有任何证据显示这样做会为学生的学习成效带来积极的影响。

接下页

虽然如此，一些事情还是在悄然发生着改变。我们必须相信我们的教师，相信他们可以尽其所能做到最好。我们真的需要教育联盟提供的那些表格吗？教师真的需要长达几页纸的教学计划吗？如果我们的回答是需要，那我真的为我们下一代年轻教师的心理健康状况而担忧。如果我们希望创造出一个让教师在课堂上拥有自主权的教学环境，那么现在的评价方式衡量与举证方式都需要改变。我们必须要杜绝模板的使用，不同地区学生的需求、学校整体的教学情况及环境背景都是截然不同的，因此允许教师在互动反馈的教与学的循环中拥有充足的空间，保持灵活度是很重要的。

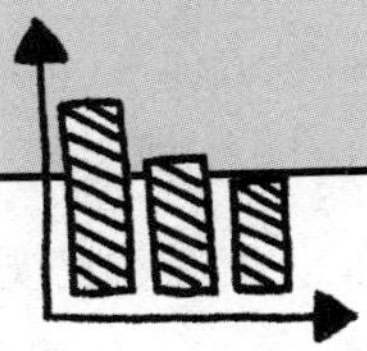

有关挑战性行为的心理学研究

当谈到“挑战性行为”时，我认为它是一种带给学校、教师及其他学生挑战的行为。应对“挑战性行为”，教师应找到可以为学生带来积极改变的解决办法，而不是将“挑战性行为”继续问题化，陷入心理学所说的死胡同中。

所有的行为都是一种沟通，而那些具有挑战性的行为可以被视作自身需求没有被看见或没有被满足的一种表现，原因可能是表现出“挑战性行为”的学生情绪上的沮丧或心理创伤，这也是我将着重探讨的。让我们首先思考产生“挑战性行为”的4个首要原因。挑战性行为的产生可以与其中任何一个原因有关，也有可能是4个原因的综合体现。

1. 请给我一些关注：人们用挑战性行为表达他们需要得到关注的需求。不管是何种类型的关注，有时，人们只是需要在某种程度上获得关注即可，不论收到的是正面关注还是负面关注。

2. 让我离开这里：“挑战性行为”有可能是想要逃离当下环境的一种表达方式，人们用行为表达他们渴望逃离这里的愿望。

3. 感觉不错：“挑战性行为”可能具有再现感受的功能。一些年轻人会做出“挑战性行为”，是因为他们认为在当下这样做感觉很好，尤其是那些在学校或其他环境中缺乏存在感的学生。

4. 我想要一个奖励：“挑战性行为”还和希望获得有形的奖励有关。例如，汽车后排座椅上哇哇大叫的孩子，他可能并不想要得到父母的关注，但他们知道如果持续尖叫，最终可以从父母那里得到他们想要的糖果。因为父母不想忍受这样的尖叫，所以会及时制止他们。

所有学校都应该结合他们自身的情况对“挑战性行为”进行界定，并找到解决它们的方法。为了帮助表现出“挑战

接下页

性行为”的学生，学校必须同样为正在寻求解决办法的教师提供相关的专业支持。

提姆·奥博朗教授

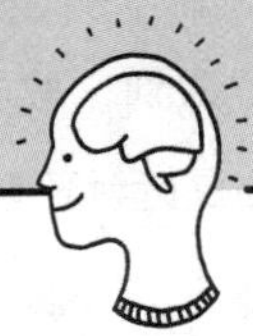

方法20 关注心理健康

方法快照

在本章的最后一个方法中，我想讨论在教育系统中最重要的几个问题。每位教师都应该意识到，教学是一个复杂的过程，仅仅有一个完备的课程计划是远远不够的。

在任教师时，我曾教授过未来的足球运动员、奥林匹克运动员和流行歌手，我同样也教过许多来自于毒品贩、小偷家庭中成长的孩子，也曾不幸目睹那些因为自然灾难或交通事故、房屋火灾和其他一些悲剧事件离我而去的优秀青年。当我们和孩子一起工作时，事情有时会偏离正确的方向，我们作为教师可以做的就是，通过课堂来改变他们人生的轨迹。尽管家庭环境在我们成长中扮演着重要的角色，但是教师对年轻人同样有着极为重要的影响，可以为处于弱势的年轻人的人生带来积极的改变。

在过去的几年中，关于培养孩子的韧性和性格教育的讨论非常多。成长过程中，每个人都需要通过对周围世界的探索和认知，学习如何变得更有韧性，塑造自己的性格，为社会做出贡献。很多学校已经设置健全人格培养课程，但孩子也可以通过身边的人，以及课堂之外更广阔的世界（包括游乐场）习得这些珍贵品质。这同样是一种教育。

教师必须拥有坚定的信念，在外部环境不受自己掌控时坚定自己的信念。埃玛·特纳在2019年出版的《像孩子一样领导》一书中分享了自己作为三岁孩子的母亲及学校的联合校长的经历："当你建立了信任的文化氛围时，你同样培养应对突发情况的较强适应力。可惜的是，很多领导者关注的是管理方面的检查，而不是领导力方面的评估。"

基于埃玛·特纳的观点，作为教师，我们应该思考以下两点：

1. 我们是否做好了失败的准备？

2. 我们是否存在过度计划，或过度依赖课程资源的情况？

当在课堂建立了基于信任的学习氛围后，我们同样可以培养年轻人的适应力。当事情发展走向错误的方向时，我们也应对任何可能发生的更糟糕的情况做好准备。尽管我们尽全力精进课堂实践，提高课程计划对学生的影响力，但内在的各种压力有时也会让最优秀的教师偏离轨道。

在一些非常极端的案例中，课程计划是教师日程安排中排在最后的一件事情，特别是当学生的安全问题是首要关注的事项时。当我在托特纳姆教书时，我衡量课程成功与否的标准就是，是否有椅子从教室的一头被扔到了另外一头！教师每天还是要去处理学生不同的挑战性行为，因此我们必须给予教师足够的支持。我们都有自己害怕面对的事情，而这些极端的情况让教师畏惧。这就是现实。

教师的幸福指数和心理健康

向你提一个问题：在整个学年中，你认为哪个时间段是教师最忙碌的时候？在众多有趣的研究中，艾伦等人调查了一学年中教师的工作时间分配。结论是什么呢？这里并没有所谓相对平静的学期或是暑假的休闲时光。教师全年的工作量基本保持在相同的水平线上。

英国教师没有周末空闲的时间，也无法做到下午5点准时关电脑下班。是什么让教师身心俱疲？为什么很多教师的职业生涯仅维持一年就戛然而止了？

英国教育部在2019年针对教师工作情况进行的全国性调查，有以下4点重要发现：

1. 教师和中层领导相较于2016年工作总时长有所减少，并且在学校之外的工作时间也相应减少。

2. 高层领导相较于2016年总体工作时间有所减少。然而困扰我的问题仍是经费不足，这使我无法减少学校领导在学校的工作时间。

3. 大多数调查对象表示对教师职业发展规划持积极的态度。

4. 大多数调查对象表示他们的学校正在努力改变教学政策和方法，减少教师工作量。

通过上面的调查我们可以看到，相较于2016年，我们的教育体系改革还是取得了一些成就。然而，大多数的调查对象表示他们仍然无法在合同约定的工作时间内完成工作，无法接受现在的工作强度，同时自己没有达到生活与工作的平衡。很显然，我们还有很长的一段路要走。

更令人担忧的是，一些学校领导试图通过政策及教学方法的改革来减少教师的工作量，但实际结果是69%的调查对象认为学校的领导为了减少教师的工作量确实进行了改革，只有10%的教师认为他们的工作量的确因此而减少，而26%的教师认为自己的工作量和之前相比并无差异，33%的教师则认为改革反而增加了他们的工作量。

为什么我们为教师做出的政策变革反而会让情况变得更糟糕呢？对于任何一位校长来说，不定期地改变教学政策是不明智的，为什么要引入让教师工作变得更艰辛的政策？

作为一个国家，我们要尊重教师并且给予他们足够的关爱。对于一份职业，学校领导必须要给予教师更多的支持。当然，金钱可以帮助改变很多事情，但仍有些事情不需要花费很多的金钱，是学校领导的一个决定或选择便可以推动的。

学生的身心健康

根据2019年心理健康慈善基金会的调查，英国有120万的年轻人存在心理问题，其中四分之三是患有心理疾病的5—19岁青少年，他们并未获得心理健康服务中的帮助。同时，英国教育捐助基金会指出，有47%的17—19岁的青年正经受精神失调的困扰，例如焦虑和抑郁及有自残或企图自杀的倾向。

年轻时参与社会服务的经历使我积累了丰富的经验面对学生的自我伤害

行为。但是，我从未有自信说自己可以提供专业的建议。教师的首要工作是教学，教师并不是心理健康领域的专家，同样他人也不应期望教师充当医生的角色去解决学生的心理疾病。不管我们如何精密地安排我们的教学计划并告诉学生应该如何表现，不可预知的问题仍会发生。每个和孩子们一起工作的成年人都必须对孩子们的安全问题高度警觉，并且尽自己所能为他们的成长保驾护航。

不仅仅是学校，同时也包括我们的医院和紧急服务部门，我们每一天都在进行艰难的斗争。国家服务部门每天都在面对疫情等一系列的重大挑战。在2019年12月女王演讲中，伊丽莎白二世女王说："心理健康的花费已经创下历史新高，在2018—2019年度达到了125亿英镑。为了保证每个孩子得到高质量的教育，我们将进一步提高每个孩子的教育经费。"但这是否足够呢？特别是在新型冠状病毒所带来的长期影响下，如何确保我们的孩子幸福健康地成长？

在学校生活中，教师总会面临非常多的挑战。他们不仅要去处理复杂的学业问题，同时还要尽其所能帮助那些处于弱势的孩子。我在想为什么还有学校的领导不断地苛责他们的教职工，强迫他们提供无尽的教学数据和证据，制定课程计划，把他们推向高质量教学的反面。我们必须互相支持，并且意识到衡量教学成功的标准并不仅是考试结果。衡量成功的标准也不是考上大学。对于一些孩子来说，接受教育本身就是一种成功。

我们不要忽视真正重要的事情。我们必须从教学就是为了考试这个怪圈中跳出来，让学生真正爱上学习。我们需要建立学校与家庭之间更好的合作关系，让学校成为社区的中心，而不仅是小时候大家都曾去过的一个地方。

自我伤害

被授予员佐勋章的娜塔莎·德文是一位作家和评论家，她建立了“闲谈身体”教育项目和“自尊小组”，为青少年、教师和家长提供有关身体与心理健康的教育。2015年8月30日，英国教育部任命娜塔莎为首位学校心理健康大使。一年后，她对政府制定的学校考试管理制度进行了批判，随即她的头衔被撤销。

“我听过很多有过自我伤害行为的人对我说，为什么自我伤害是一种情绪表达需要，特别是在他们生活最艰辛的一段时期。对于一些人来说，这样做可以分散情感的痛苦。另外一些人则认为，这是一种通过身体伤害表达自己痛苦感受的方式。很多人会将自我伤害与传统意义上的瘾联系在一起，他们在身体创伤的那一刻感受到了刺激，为了获得持续的快感，他们不断加重自我伤害的程度。

自我伤害的行为让心理健康、急救和保护的界限变得模糊，难以区分，因此教师的处理方式就显得至关重要。

我的建议是教师面对自我伤害行为不要展现出强烈的反对和震惊，而要发自内心地表达自己想要提供帮助的意愿。首先进行身体上的救助，然后给予学生心理疏导。我们需要记住，自我伤害行为就像吞咽障碍一样，具有私密性和竞争性，所以你很可能会遇到缄默和执拗的态度混合在一起。我们应尝试改变“孩子是在寻求关注”的观点，建立“孩子需要关注”的意识。

无论何时请记住，自我伤害在大多数情况下是一种反应机制，因此教师给予帮助的最终目的不仅仅是要阻止这一行为的产生，而是找到行为产生的根本原因。事实上，阻止自我伤害行为反而会增加年轻人自我伤害的风险，因为他们失去了自己可以掌控的，发泄消极情绪的出口。教师可建议有自我伤害行为的学生表达自己的感受，以及做一些促进产生内啡肽的活动，例如进行体育运动、创意写作、听音乐等。

最后请记住，无论你的领导或学生家长对你有怎样的期待，解决年轻人的心理问题并不是你的工作内容。你应当共情地聆听学生的需求，指引他们获得专业的指导和帮助，但你并不是心理健康领域的专家，给予学生专业的心理指导并不属于你的职责。

有关教师幸福感的心理学研究

罗斯在书中一直强调教学没有“一刀切”的完美解决方法。正因如此，教学才很容易受到潮流或独门秘籍的影响。在寻找一个普遍适用的解决方法时，不同的方法相互竞争都想成为唯一的方法。教师尽其所能让这些方法在工作范围内发挥作用。当一个方法遭到批评逐渐被大众遗忘时，在激发性的心理状态下，空虚必定会被填补，于是又产生新的方法，这个过程循环往复。幸运的是，随着对证据和事实的重视程度不断提高，教师能够以更加批判的眼光看待问题，并向那些如常识一般不容争辩的实践方法发起挑战。

几十年来，教师一直致力于执行政府强加给他们的教学政策，现在又出现了问责的方案。我认为当前严格的问责制将教师置于一种紧张的气氛中，容易使他们产生焦虑、内疚和压力感。

以上描述的问题都会对教师的幸福指数产生不可避免的影响，教师对幸福的需求已经被忽视太久了。然而，衡量教师幸福感是一个复杂的过程，因为幸福本身就是一个没有确切定论的概念。幸福可以从很多方面理解，包括身体健康、心理健康、精神健康等。幸福一方面可以从可衡量的维度理解，同时，它可以被看作文化构建的产物，有着可变的意义。我们需要考虑教师的幸福感是否存在独特的意义，如果是的话，它是否与其他职业的幸福感有着本质的区别，原因是什么。

我曾尝试思考“不幸意味着什么？”，进而反向理解获得幸福的方式。你认为缺少了哪些因素自己的幸福感会降低？是自主决定权、乐趣、个人价值的体现、协作，还是达成目标的成就感？

提姆·奥博朗教授

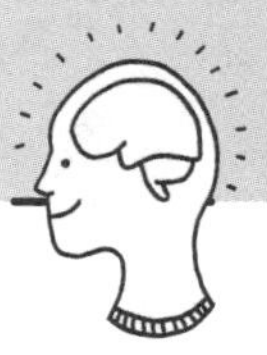

小结

计划被精心设置在批注、计划和教学闭环的中间位置，因为我相信这是每位优秀教师在教学的闭环中最重要的一环。通过教学评估给予学生反馈，可以帮助你检查学生对自己学习内容的理解。如果你定期这么做，那么教学评估可以为制定短期、中期和长期的计划提供重要的依据，同时它可以帮你调整课程节奏（既可能是精心设计的，也可以是需要当场处理的）以满足学生的需求，使他们更好地参与到课堂学习中。当与学生交流时，你可以看到他们的进步（或是不足），这可以为你今后的教学提供更多参考信息，甚至可以帮助塑造未来工作体系及差异化需求与干预机会。

计划在批注、计划和教学这一闭环中起到了支柱性的作用，为批注、反馈和教学提供支持。

作为小结，下面是本章的内容摘要，即用于辅助批注和教学，对学生学习产生重要影响的10个课程计划的方法。

1. 清晰且明确地阐述想要学生学习的知识和掌握的技能，而不是那些想要他们完成的事情，尤为重要的是，把关注点从课堂活动转移至我们正在学习的内容以及学习的原因上。只有这样，教与学才具有实质意义，也只有这样学生才会获得学习和进步的机会。

2. 对所有教学活动进行“为什么”测试，包括家庭作业。设计教学计划是用来方便学生学习，而不是让他们每天保持忙碌的状态。确保自己可以清晰地向学生解释学习这个知识、方法及技能的原因，这样做才可以真正加深他们的理解，提高学习参与度。

3. 在课程中结合富有想象的教学策略，例如讲故事，使学生沉浸在课堂氛围中。但需仔细斟酌使用何种故事以及在什么时刻使用它们，以确保这个方法可以对学生的学习产生积极的影响。请记住，讲故事可以使课堂变得生动且有助于学生形成长时记忆。

4. 让课程更有黏性。思考学生应掌握的学习内容，以及你希望学生牢记并可以在下节课回忆起来的关键点是什么。传授学生学习策略，包括复习训练、阶段性复习及穿插练习，帮助学生将学习内容转化为长时记忆。

5. 在课程计划中设计让学生进入“纠结区”的任务，在没有使学生感受到压力或焦虑的前提下，确保给予他们足够的挑战。例如，在你的课程计划中结合提问等评估方法。

6. 通过课前活动开始教学，能帮助学生在短时间内有针对性地投入学习。快速启动的活动并不需要教师过多的准备，但成效显著，为在课程计划中嵌入阅读理解和知识复习环节提供了极佳的机会。

7. 我们应该不断地审视自己是否以实现高质量的差异化教学为目标，是否考虑到了每位学生的不同需求。基于对每个学生学习情况的了解设计排座计划，计划同样可以最大程度发挥教室中其他教学参与者的作用，不要忘记在助教进入教室之前与他们事先沟通排位安排。

8. 在教师职业发展方面投入充足的时间。你可以与教研部门或学校的其他教师一同协作，紧跟最新的研究进展，加入或创建一个你可以依赖的课程智库。

9. 在处理学生的挑战性行为时应注意，你可能需要调整课程计划。了解每位学生的需求、他们特殊的生活环境及可能在课堂表现出的行为动机，这些都可以帮助你在正确的时间采取正确的干预措施，同时学校赋予教师干预的灵活度至关重要。当你发现需要立刻把焦点放在学生行为上时，试试我们在此方法中介绍的7个步骤。

10. 最后，当提及课堂计划时，我们还需要考虑教育的现状，关注外部的问责制对学生的心理健康及教师的幸福感的影响。教学绝不仅仅关乎考试的结果，有时候，仅仅有一个完备的课程计划是远远不够的。

第三章　促进深度学习的教学策略

世界上没有所谓最完美的教学风格，教学风格总是随着时间在不断发展。那些给予我们指导的前辈，或是那些给予我们启发的人都希望我们可以找到最适合自己及学生的教学方法，而不是沿袭特定的风格或一成不变的方法。

每个人都遇到过好教师，同时也在学校碰到过个人魅力不强的教师。每个人都有自己判断教师素质与能力的标准。但是所有教师，在不同环境下有着不同的教学方式。如果你是一名教师，在阅读本书，我希望自己的理念和方法会给你带来改变。你会开始思考并观察那些与你一起工作的了不起的教师，记录下他们精彩的教学瞬间。同样，你对那些需要额外帮助的教师也会给予关注，通过观察了解到真正的问题所在，在恰当的时机向他们提供帮助。

教学是一项团队合作的工作。没有一个人可以独立处理好教室中发生的各种复杂问题。然而，这需要多方的平衡，确保教师在职业发展中具有自主性，对课堂实践进行思考创新，自由地教学。对于学校领导来说，建立一个既提供无微不至的帮助又充满挑战的教学环境尤为重要。

平衡团队合作和独立作业的关系向来是一件棘手的事情。足球运动员埃里克·坎通纳是一个以特立独行的风格闻名的足球巨星，他是足球的天堂和地狱。一个天赋型运动员，以超越生命的奇迹闻名于世。强壮的身体，勤奋努力且性格顽强。他的技术结合了创造性、技术性及完美的射门能力。尽管他有着非凡的能力和格局，但他却因为“飞踹事件”声誉扫地，给自己及团队带来了负面影响。

我们会选择具有冒险精神、创造性以及颠覆传统等特质来定义一个人是特立独行的。我相信大家都会记得那些在学校打破传统模式的人。有些读者可能会认为，自己在某些方面也是特立独行的。

对我自己来说，在从事教学工作的第三年就得到了晋升。当时我只有26岁，对教学并不算精通。在我出任学校中层领导的时期，也就是6年或7年之后，我变得更富有创造力，并认为自己也是个与众不同的人物。我自信，是个十足的实验主义者，认为可以克服教学中的所有困难，但同时我也是一个远离高层领导政策的人。尽管我领导着一个13人的团队，自己也是学校领导成员中的佼佼者，但我对拥有学校整体视野还差得很远。我很少观察本部门以外的同事，当时所有学校都在给课程进行评分，但教师每学年却只有三个小时的课程观察时间。这是近二十年发生在我身边的事，但如今这样的事情在很多学校仍是常态。

观察其他教师的教学通常是自愿行为，因为它会占用你仅存的课余时间。在全校范围内使用观察他人课堂这一方法培训教师的简直凤毛麟角。我也未曾遇到必须向那些经验丰富的教师给予支持或发起挑战的情况，他们的教学方法可靠、全面、扎实，但他们的个人自信有时会弱化学校的整体目标，因为经验丰富的教师有时会忽视政策和程序。我曾经没有认识到，这些行为可能会影响学校整体取得成功。

如今，我积累了数千次课程观察的经验。从一个单词都听不明白的外语课到精心准备细沙、水源、土壤讲解人类早期发展史的历史课。作为一名高级教师，我被置于可以观察、支持及挑战其他同事的特殊位置上。这些同事可能对于其他同事或领导观察自己的课堂教学心存不满，这并不是因为他们富有教学冒险精神或使用了独特的教学方法，而是因为他们忽略了一些刻板的流程或步骤，或者他们是被“做这个”“填写这个”“完成那个”“这次这样做”等要求包围。

当然，学校领导应当运用他们的智慧和专业知识引领教师教学。但对于我来说，真正的力量来自同事间分享遇到的困难及成功的经验，以及共同找出问题解决方法的过程。正如我之前所说，在我曾到访过的学校中，没有一所学校完全达成教学一致性的标准。不管它是被评为“优秀”等级的小学，还是采用“特别措施”的中学，或是学费高达10万英镑的国际学校。这并不是说我们不应追求某种程序上的一致，但我想我们可能选择了错误的表达方式。过分强调教学一致性使我们陷入失败，一致性并不鼓励特立独行的教师。它让那些失去优势的教师停下前进的脚步，同时让那些没有经验或是经验丰富但面临退休的教师放慢了脚步。因此，学校领导真正寻求的应是清晰、连贯的教学，而非一致的教学。学校领导应尽力让所有教师对学校愿景和教学政策，以及从基层建立起的教学文化有准确且清晰的理解，并通过每周一次的简短谈话使这种文化延续下去。

通过大量的课程观察，我可以非常自信地说“一刀切”的方法是行不通的。学校领导必须努力采用能够支持教师发展的可靠评估方法。教学是具有自动适配性的，这也是它复杂且难以理解的原因。尽管外部监管者和学校领导清楚地知道，我们不能判定某种特别的教学方式优于另外一种，政府执着于寻求一种特定的教学法，这注定是失败的。

基于上面的内容，让我们再回到本书开篇关于卓越教师应具备的特质的思考中去。把浮现在你脑海中卓越教师应具备的特质写在一张纸上，并和你的同事探讨。现在，看着你的清单，回想当你把这些特质写下来时，哪位教师浮现在你的眼前？他们是特立独行的人吗，他们有多少年的执教经验，你发现自己从他们身上学习到了什么，他们有不断学习的态度吗，与仍须努力的教师相比，卓越教师具备哪些与众不同的特征呢？

按照学校政策进行教学

按照学校政策进行教学，是我作为一名高级教师及中层领导在跌宕起伏的学习过程中得出的结论。精进教学这门艺术的同时履行中层领导的职责，这对我来说是一段难忘且艰难的旅程。不过，随着教学改革的不断推进，我的信心也在不断增加，更加敢于冒险，同时我的学科教学质量也有了质的飞跃。在我的教学生涯中，担任中层领导的岁月是我最快乐的一段时光，这使我可以超越课堂，拥有更广阔的视野和角度。很快我意识到，应给予每位教师同样的机会，在结合学校教学政策的同时，站在高层领导的角度与家长委员会和政府工作人员合作。

想要达到这样的高度，首先需要同事间的协作，更重要的是，让学生清楚地意识到在任何课堂都是没有空隙和漏洞可钻的。我们在自己课堂的言行标准和相邻课堂，甚至是与教学楼的另一侧的另一间教室的课堂言行标准都是别无二致的。你的学生会经常向你引用学校的规章制度吗？如果这种情况经常发生，那说明学生对学校的规章制度了如指掌并也在这样执行。他们有时引用这些规章制度可能是因为教师做得还不到位。以更高的视野和全局角度了解学校，就会清楚地明白按照学校政策展开教学的重要性，但这对于没有机会观察其他教师的课程的教师来说，很难产生这样的共鸣。就我而言，只有在我作为一名年轻的中层领导有机会对同事的课堂进行观察时，我才意识到学校政策的重要性。

我相信一位卓越教师是拥有教学自由的教师，这样的教师可以找到真正适合自己和学生的教学方式。一位卓越的教师应勇于冒险，富有创造力，热爱他们所教授的科目，并可以让他们的学生爱上学习，同时他们理解在教学中需要保持一定的边界感及对学校更好发展的期望的重要意义。只有这样，教师才可以达到完美的平衡，实现自主教学，就像下面的表格所展现的一样。

问责制	自主性	缺失表现
服从	高效能	没有对话
频率	定期的专业发展规划	没有兴趣
领导力驱动	研究为导向	没有勇气
外部压力	开放、包容	封闭、固执

我们应如何提高教学质量

在这个部分，我提供了一系列的教学方法，帮助你把第一章和第二章所讲的内容付诸实践。通过清晰的讲解，教师可以让学习更有黏性（参见第三章，方法21、方法22），在学校文化、高期望及常规教学的共同影响下，教师可以让学习流动起来。为了满足学生的需要，教师可以自信地调整课程安排（参见第三章，方法23），同时使用问题检测的方法评估学生对学习内容的掌握情况（参见第三章，方法25）。

戴维·韦斯顿提认为，如果我们想让孩子们得到最好的，那么我们首先需要为我们的教师提供最好的。我们需要思考如何通过课程观察而非评判教师的方式营造教师专业发展的文化。学校应给予教师足够的时间对彼此的课程进行观察，取长补短并对自己的教学方法进行反思（参见第三章，方法28），科学的培训体系同样可以鼓励教师完善自己的课堂实践。归根结底，我们应相信教师为帮助学生拥有更美好的生活所付出的一切。

方法21 直接而明确的指令

方法快照

在第二章，方法12中，我和大家讨论了让学生理解“为什么学习”的重要性，阐述了如何在课程计划中融入“为什么”小测验加深学生对课程的理解，提升学习的参与度。教师明确阐释学习成果、优秀的标准和构建课程基础的关键词至关重要。综合使用直接指令、自我调节反馈及助推理论，能帮助学生理解你希望学生掌握并应用的知识、技能及语言表达方式。

直接指令是由西格弗里德·恩格尔曼和卡尔·贝莱特在20世纪60年代后期提出的一种方法，在发展读写和计算能力方面得到了大量研究的支持。它有着非常强大的证据依托，约翰·哈蒂教授评定它的效应值为0.59①。直接指令是明确教学的基础。换句话说，教学是有结构且有顺序的，由教师主导。所有相互关联的教学框架都应包含直接指令，然后通过教师把这些课程计划结合有效的教学手段变为现实。简单地说，教师必须要建立学习目标并确保学生掌握必备的知识。通过系列课程的学习，以及教师对课堂活动的举例回顾，思考并提供实用示例实现学生对知识的深度理解。直接教学与学生自我构建对世界的理解和认知的教学方法截然相反。

直接指令的关键就是要对学习成果有明确的阐释。要做到这一点，经常采取的方法就是在课程开始前，把学习成果的关键词写在黑板上与学生分享。然而，并不是每节课都需要以这种方式作为开始，还有很多成熟的可操作方

① 效应值（effect size）：在比较平均数的情况下，效应值常指实验结束后，实验组与控制组之间“标准化后的平均差异程度”，效应值的绝对值越大表示效应越强，意味着现象越明显。依照惯例，效应值0.2等级为较小，效应值为0.5等级为中等，效应值为0.8等级为较大。——编者注

法，你甚至可以通过它们帮助学生提升长时记忆。在课程中穿插简单的回顾性练习同样重要，针对学习目标，我有以下3点建议：

- 让学生提醒你上一节课的关键词及学习成果。给予学生时间对本节课的关键词及学习成果进行思考和预测。

- 在完成课程计划中的第一个课堂活动后，让全班同学思考今天课程的关键词及学习成果可能是什么。

- 在课程的尾声，给予学生时间思考并总结本节课的关键词和学习成果。

当提到关键词时，把它们嵌入在课程及教学语言中向学生传递至关重要。在刚开始上课时引入关键词，为后续的课程做有目的的指引，如果在教学语言中没有紧扣关键词，那么学生将不会理解关键词的重要意义，而解释它们（告诉学生如何使用关键词）的过程是课程中非常重要的部分。按照定义，你在介绍关键词时，应根据认知负荷理论考虑关键词的数量，以及这些关键词可以通过何种语境教授给你的学生，这样做可以避免给学生的工作记忆带来过重的负担。高阶的教学技巧可以通过围绕几个关键词来构建和延展你的课堂教学（第二章，方法16）。

教师明确

约翰·哈蒂教授说过，“教师明确”对学生取得成绩有着积极的影响。将“教师明确”定义为，对学生的学习有系统的组织，清晰的阐述，准确的例证，以及附有指导的实践……清晰的语言是“教师明确”的先决条件。我认为“教师明确”强调了对学习目标、课程标准、教学内容关键词，或者说针对所有直接指令、教师主导的学习进行清晰说明的重要性。无论课程是否涵盖直接教学，教师都需要确定自己传递的指令是清晰的。只有这样，学生才能对课程每个阶段要做的事情心中有数。在我的教学实践中，MINT策略是实现“教师明确”的有效方法。

MINT策略

在很长的一段时间里，我都在课堂活动中使用MINT教学策略，同时我也把它带进了教师培训和生活的其他方面。MINT教学策略是对课程中使用直接指令体现“教师明确”的完美示例，它帮助你确保自己传递的指令都是清晰且简洁的。让我们看看它是如何发挥效用的。

首先，这四个缩写字母分别代表：

M：使用的材料。

I：在座位上或离开座位。

N：教室中噪音的强度。

T：时间。

为了进一步做出解释，我们将利用MINT策略进行一次课堂教学：

所使用的材料：简单地说就是课堂上所使用的教学资源，不需要过多的准备，若盒子里有5个物体，对盒子进行整体说明，不需要分别介绍5个独立的物体。

坐在或离开座位：即使是在实践型科目中，也并非每节课都需要包含离开座位的课堂活动。同时，在很多理论型的科目中，例如数学，学生同样可能会需要在教室里走动，与同伴们一起解决问题。

教室中噪音的强度：可接受的音量范围。

- 量级1：不允许说话，学生独自、安静地工作。
- 量级2：小组讨论。
- 量级3：全班自由讨论。

时间：对学生完成课堂活动的时间有清晰明确的规定，包括最后倒计时提醒。

虽然我并不喜欢用噪音测量仪来监测教室的噪音水平，但它的确在小学课堂中发挥着重要的作用，同时可以帮助11—14岁学生学习如何管理自己在教室中的讨论。

下面的例子展示了我如何在课程的不同环节使用MINT策略，它可以作为直接指令的应用框架：

M：“你需要一张A3大小的纸、一支铅笔、一把直尺和一个A5大小的粉红色工作表。”

I：“你可以离开座位，在教师走动，观察展示的各种教学资源。”

N：“音量要控制在小组间安静交谈的范围内。”

T：“你将有7分钟的时间完成这个活动。我会在结束前的最后一分钟做出提示。”

自我调节型学习

作为教师，其中一项重要任务就是要帮助学生学会掌控自己的行为，自我调节学习，成为自我调节型学习者。达成这一目标的关键在于使用直接指令的原则，以及建立学生自我审视，主动调节学习及行为的反馈闭环。戴维·尼科尔和戴布拉·麦克法兰迪克提出的积极反馈的7个原则（参见第一章，方法9），同时巴特勒和温妮也提供了一个具体的实例。就此，我设计了一个7步反馈计划：

第1步：教师在设定任务、描述成功标准和举例时使用“我来做、我们做、你来做”的直接指令（参见第三章，方法22）。基于学生已掌握的知识，发挥他们的能动性，学生可以针对任务设定自己的目标。

第2步：在学生完成这项任务的过程中，教师主动提供自我评估和同伴互评的策略，帮助学生判断任务的进展程度。

第3步：学生取得进展时，教师应通过简短但高质量的对话及时给予学生反馈。这可以是一个非常简单的问题：“如果……会怎样？”或是“你可以跟我描述一下为什么……”

第4步：提供反馈后，教师应鼓励学生与同伴沟通。学生在与班级中其他三个同学针对作业进行讨论后，再与教师交谈。

第5步：在完成任务的过程中，学生会经历一系列的成功与失败。教师应通过让学生阐述自己所学到的内容及自我评估下一步计划的方式，鼓励学生发挥主观能动性，通过努力，获得成就感。在这一步，提倡教师在实践中结合元认知策略。

第6步：为学生创造提升知识储备与技能发展的机会，鼓励学生不断接近成功标准。对教师而言这是最困难的部分，你需要结合每位学生的不同需求考虑应采取哪些干预措施，以及在何时、何地进行干预，并且评估干预后的效果。

第7步：教师应评估自己和学生下一步的计划。

作为反馈闭环中的一环，我强烈建议教师结合直接指令给予学生无条件的积极关注并使用助推理论，具体情况及环境十分关键，所以请仔细思考哪一种方法最适合你的学生。

无条件积极关注及助推理论

与“教师明确”及直接指令相关，“无条件积极关注”这个概念第一次引起我的关注是在海韦尔·罗伯特《哦，帮助学生在偶然间学习》一书中。这一研究由心理学家卡尔·罗杰斯提出，它描述的是我们不应把考量孩子的行为方式作为第一要务，而应该首先对孩子表示接受和支持。不论是最爱挑战权威的学生还是最谦逊的学生，都需要通过“教师明确”和直接指令获得教师无条件的积极关注。那些没有接触过“无条件积极关注”的孩子可能会以消极的方式看待自己。明确且直接的“无条件积极关注”可以帮助学生建立自我认知，学会对自己负责，让他们在顺其自然地成长的同时不必过分担心会失去他人对自己的关注与尊重。

然而，助推理论则侧重讨论了使用积极强化和间接建议这两种方式。该理论认为，这两种方式比直接指令或试图说服他人做某事更加有效。助推理论第一次被提及是在理查德·塞勒和卡斯·桑斯坦的《助推》一书中，助推理论指出，花大量时间告诉学生去做什么或制定规则并不是有效的方法，并且这样做产生的效力会随着时间的推移不断减弱。

让我们来看看，使用助推理论实现良好的行为管理的具体实例。例如，与其斥责孩子，我们可以通过表扬孩子身边同学的正确行为助推孩子自主的改变。我在许多行为场合使用过这个方法并成功地将积极行为方式传递给行为不端或扰乱教学的学生。这需要不断地尝试和练习，但它真的有效。

另一个关于助推理论的实践方法是在我们的教室通过桌椅摆放的方式推动学生遵守课堂要求。教师可以通过表扬学生正确行为的方式加以“助推”，比如系好领带走进教室，在开始上课前把他们的计划书放在桌上。

接下来教师通过设置奖励的方式，参考最初正确行为的定义，将他们希望学生具备的行为标准嵌入在课程设计中。

在我看来，直接指令和助推理论在每个课堂都有存在的必要，教师应向学生提出明确的要求，而不是不断地告诉他们应该做什么或制定何种规则。你需要在课堂上分享学习目标和关键词，用大约一周的时间强化直接指令和“教师明确”，接下来，你可以使用助推理论让学生独立解码学习目标和关键词。强化直接指令和“教师明确”可以帮助学生对课程的学习内容以及为什么需要掌握这部分内容有更深入的理解。

事实证据

直接指令并不是唯一有效的教学方法，但它相较于其他教学方法来说确实有其独到之处。直接指令以教师为中心，不要求教师取悦学生，但也与死记硬背的方法截然不同。像其他教学方法一样，它需要学生具有坚持不懈的精神，通过付出努力获得奖励。

教育发展基金会和英国牛津大学科尔等人的研究阐释了直接指令的价值所在。大量的证据表明，以教师为主导的教学方法对学生取得成就，特别是对于年龄较小或处于相对弱势背景的学生来说，产生的积极影响更为显著。研究同时指出，直接指令对小组及团队合作也很重要：

> 在课程的大部分时间里把学生作为一个整体组织起来，有助于最大程度地增进他们与老师的交流，这样每个学生都能从持续的教学与互动中受益。

这个建议也适用于人数较多的课堂，直接指令或许是最有效的课堂教学法。

更重要的是，研究发现如果教师传达的指令陈述清晰，大多数学习者的学习速度会大幅提升，这也进一步说明在直接指令中“教师明确”原则的重要性。我们回到约翰·哈蒂教授的效应值评级，直接指令在学生学习和成就中的效应值为0.59，教师明确的效应值更高达0.75。

为什么教师明确地给予学生直接指令会对学生的进步和成就有着这样深远的影响？我认为这是因为直接指令来自自信且言行一致的教师，他们具备专业的学科素养，并且对学生的课堂学习行为有着明确预期。

方法22 建立模型

方法快照

建立模型是教师有效传达直接指令的重要途径之一（参见第三章，方法21），教师可以采用多种建模的方式帮助学生提升读写和计算能力。

任何学科的教师在教学中都会涉及读写和计算。学生的书写能力和语言表达能力，即他们是否可以敏锐、精确和有条理地对事物进行描述、解析，以及所使用词汇量的程度，是衡量学生学习成效的重要指标。而深厚的计算功底同样会让学生在科学、技术、工程、数学，以及地理、计算机、艺术、体育、经济学等学科有出色的表现。

谈及提升学生读写和计算能力，建立模型是十分有效的策略。通过清楚地向学生解释你对他们的期望（请保持高期望值），学生才更有可能对你布置给他们的任务做出更加有效的回应。现在，让我们一起看看那些提升学生读写和计算能力的建模方法。

阅读

在处理内容较长且具有挑战性的阅读文本时，交互教学通过学生间的互助学习，可以使学生对阅读的文章有更加全面的理解。交互教学是一项指令性活动，学生可以在小组中担任教师的角色，带领组内同学进行阅读理解，同时可以实践一套简单明了的阅读理解模型：

1. 总结：重点概括文章的中心思想。

2. 提问：基于文章进行提问（例如，是否有些地方不清楚或还有疑惑，这篇文章如何与之前所学的知识产生联系）。

3. 澄清：确定文章中存在困惑的地方并回到第二阶段再次提问。

4. 预测：思考接下来故事会如何发展，或者猜测作者在文章的下一章节可能会写些什么。

教师可以向学生示范如何使用上面介绍的四步阅读模型。之后，学生被分成小组，开始阅读文章并展开内部讨论。在小组讨论中，可以由一位学生引领整个讨论，也可以建议学生按照四个步骤分工合作。学生若需要帮助，教师应提供相应的协助。

写作能力

在为写作任务做准备时，学生进行口头排练是很重要的。特别是对于将英语作为第二语言的学生来说，可以通过与同伴分享自己的写作想法来进行协作排练，这不仅可以丰富写作的内容，同时也可以帮助学生提高读写能力。

思考—结对—分享

你可以使用很多提升学生思考、表达与写作能力的教学策略，例如小组讨论和口头汇报，但其中最有效的一个模型就是思考—结对—分享。在这个模型中，学生首先需要独立思考应该如何完成任务，比如：怎样搭建写作框架，或者如何有条理地把想法变成文字。在这之后，学生两两结对，讨论彼此的想法并可以根据对方的建议完善内容。最后，教师组织课堂讨论，以小组为单位分享他们的讨论成果。使用这个范例可以让学生对如何完成他们的写作任务有一个完整的思路，同时也可以增强他们将想法转化为文字的信心。

请注意这个简单有效的教学方法会涉及一个关键问题，那就是你需要确保学生真的在思考你的提问。想验证这一点，可以首先提出一个问题，给学生一段独立思考的时间，然后让他们写下几个关键词并向你展示。这样做可以让你收集到更多的反馈，帮助你判断是否有必要重新讲解某一知识点。

我来做、我们做、你来做

另外一个简单有效的模型称为“我来做、我们做、你来做”。当你希望学生完成延展性写作时，可以使用这个模型。“我来做、我们做、你来做”模型是由一个脚手架模型组成，它包含的内容有：

- 直接指令：教师对学习活动及任务完成的模板进行举例说明。
- 指导型指令：教师和学生同时完成学习活动，教师在举例和建立模型的同时检查学生的完成进度，并在必要时提供帮助。
- 独立练习：学生独立完成学习活动（或以结对、小组合作的形式），这时教师不必提供任何指导。当学生完成工作内容时，教师针对学生的作业成果给予反馈（参见第三章，方法27）。

计算能力

学生往往意识不到计算能力的价值，但作为教师，我们的工作就是帮助学生了解它的重要性。计算能力不仅是我们在数学学科应具备的重要能力，也是在完整的学习体系及现实生活中使用数学解决问题的能力。

实际上，计算能力在许多领域都发挥着重要的作用：

- 推理
- 问题解决
- 决策
- 图形设计
- 空间规划
- 测量
- 计算
- 数据处理
- 数学学科的各个分支

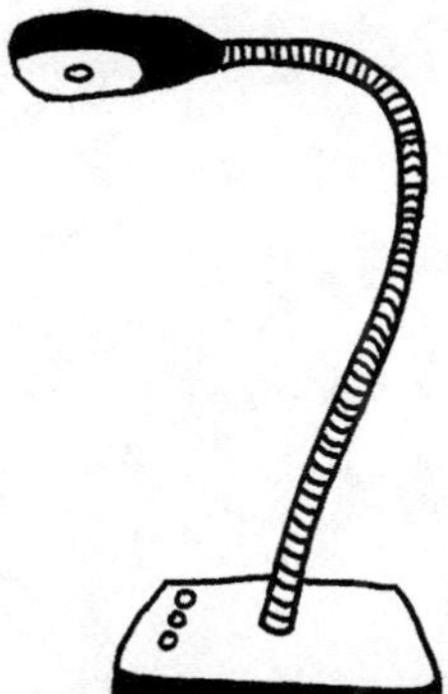

当我们提出涉及计算的问题时，首先都需要针对问题进行明确说明。你可以使用视觉效果器、视频截屏或互动式黑板解析问题计算，进行举例或展示解题思路，这样学生便可以直观地看到这些问题与所学的数学概念

的关联。这样做不仅可以帮助学生看到不同科目间的联系，同时使学生意识到数学在完整的学习体系及现实生活中的重要地位。

展示成果的过程可以让学生独立完成或以小组为单位合作完成，这样可以让学生将知识应用于实践，巩固所学的知识和技能。当然，首先要结合实际情况，充分考虑学生的年龄、所教授的科目以及所处的教学阶段等。实践应用同时也可以帮助学生感受到所学知识与技能的价值所在，这将不仅局限于在本学科中，这些知识和技能同样可以被应用到完整的学习体系和现实生活中，提高学生的参与意识，推动他们的进步。无论是针对专业课程内容还是跨学科内容，记忆（参见第一章，方法6）在学习过程中扮演着重要角色。

有关记忆的心理学研究

记忆是复杂的，它主要分为：自传体记忆、情景记忆、语义记忆、短时记忆、长时记忆、陈述性记忆、非陈述性记忆、语境记忆等。

让我们先从自传体记忆开始介绍，进而论述其他和学习相关的记忆。当形容几年前发生的事情时，我们通常会说：“我清楚地记得那件事，它仿佛就发生在昨天。”但我们的记忆并不是这样运行的。我们可能会这样认为，记忆是在我们回顾的事件时，相关的那段记忆在脑海再现的过程。但事实并非如此，记忆并不是你生活经历的完美档案。记忆是一个过程，它是头脑中储存的信息的组合。记忆是可塑且不断变化的，如同一部自导自演的作品。我们会根据过去发生的事情重构记忆，而不是根据真实发生的事情检索记忆。

学习需要记忆，记忆知识和遗忘知识组成了学习的两个部分。在谈论出现错误和接受错误时，我提到了在学习过程中有四个认知阶段。认知模板揭示了短时记忆不可避免地容易受到认知负荷的影响，这提醒我们过度负荷会对一个人的学习能力产生负面影响。同时长时记忆的认知模型提醒我们，所学的东西可能会在记忆中变得越来越模糊，最终归于遗忘。然而，通过认知过程，我们可以把较早所学的知识从无意识状态转化为有意识状态。在学习过程中，长时记忆的功能是通过一系列的记忆线索再次将不熟悉的知识转化为熟悉的内容。

可塑的概念化记忆提醒教师和学生，遗忘不仅是学习的一部分，它同时也可以促进学习，鼓励教师以积极的态度设计教学计划和互动反馈，让学生参与到构建意义的认知过程中。

提姆·奥博朗教授

方法23 跟随学习的节奏

方法快照

教师应该对跟随学生学习的节奏进行教学保持信心。这句话的意思是，在教学中，保持内容传递的流动性有助于推动学生取得更大进步。授课的自由远比按部就班地遵循课堂计划重要。允许教师犯错，并从错误中学习的文化应在全校范围内得到鼓励和支持。想象一下，当湍急的水流遇到巨大的岩石时会发生什么？它最终会找到一条新的路径继续奔流向前。

在问责制管理愈加普遍的背景下，教师对于教学冒险是比较畏惧的。但通常情况下，允许教师尝试冒险，从错误中学习才是提高教学最好的方法。

2015年约翰·哈蒂教授提出教师集体效能作为对学生成就产生巨大影响的第二大因素，他将教师集体效能定义为“学校教师共同拥有的信念，无论在何种教育环境下，他们都会尽其所能积极地推动学生取得更卓越的成就。”如果学校希望施行“一刀切”的方法进行教学，最好的结果是学校的每位教师都达到一样的优秀水平。但我认为，这种统一标准的优秀是很难做到的。只有在那些不过度强调检查清单、评估结果，允许每位教师犯错，给予教师在错误中进步的空间的学校才有可能实现整体的高质量教学。

我曾经在颇具挑战性的学校工作过，那里的压力让你喘不过气来，而“一刀切”的教学方法看起来是最好的解决方法，但在实际操作中我们发现这个方法并不如我们期待的一般有效。如果

学校及课堂教学想取得真正的成功，那么我们必须要让教师和学生认同，学习的过程应跟随自然的节奏流动起来。

对我来说，流动蕴含着跟随学习的节奏的意义，顺其自然地推动教学取得更大程度的进步。跟随学习的节奏可以确保在学习真正发生的情况下，允许教师脱离他们的教学计划。它重视教师的直觉，支持教师依据学生的表现，了解学生对课程内容和知识要点的掌握情况。授课的自由远比机械地执行教学计划重要得多。教学计划的整体性固然重要，因为它是教师连贯的、全面思考的过程体现，但教师能否拥有偏离教学计划，即兴发挥的空间呢？我认为即兴发挥对于有经验的教师来说具有一定的可操作性，但从长期专业发展的角度来看，即兴教学并不十分可取。

我在这里提供几个关于跟随学习的节奏的技巧：

• 在跟随学习的节奏之前，教师应对想要学生在本节课掌握的知识和技能有清晰的认知。在制定课程计划时，我们应该将关注点从想要学生完成的课堂活动转移到学习内容和学生的学习动机上（参见第二章，方法11）。

• 确保你对课程起点与教学进程，以及每个学生的具体状态情况有着全方面的了解和掌控（参见第一章，方法1）。这可以帮你及时调整课程计划，满足学生具体的需求。

• 当学生在完成一项任务时，你可以驻足在每个学生的课桌旁，与他们近距离一起工作，关注整个课堂的动态。你需要做的是倾听，而不是交谈。这样你可以了解学生此刻的进度，及时对需要提供帮助的学生进行辅导，决定下一步应如何使教学最大程度满足学生的学习需要。罗森珊建议与每位学生的互动的时间应控制在30秒之内。

• 批注是课堂教学的一部分，教师应随时给予学生反馈，走到学生身边，了解学生的进展，以及他们在什么地方需要改进（参见第一章，方法3）。这样做能够帮助你判断是否可以进行下一阶段的学习，或者是否需要重新讲解某一部分的内容。

• 在课堂中有规律地使用提问的方式评估学生的学习黏性，按照学生的知识记忆情况调整教学计划。你抛出的问题越多，那么你为接下来的教学收集的研究数据也就越多（参见第三章，方法25）。

• 和同事一起建立以研究为指导的教学策略，这样做会帮助你识别并强化学生尚未牢固掌握的知识点（参见第二章，方法18）。

很多课程并不会按照预先的计划执行。有些时候，由于学生没有牢固地掌握知识和技能，需要教师理解记忆原理，并通过复习练习、双重编码练习等技巧进行再次教学。课堂教学中出现意外中断的情况意味着你应按照不同于以往的规则，缩短或延长完成课程的时间长度。教学的关键点是要实现学习效率的最大化，而不是传递计划，相较于完成计划列举的所有活动，学生掌握关键的学习内容更为重要。要想做到这点，教师应跟随学习的节奏，让传递知识内容的过程流动起来。

有关心流的心理学研究

罗斯提到的“流动”出现在各种不同的教学语境中。“心流”也是一个被广泛研究的心理学概念。心理学家米哈里·契克森米哈赖，以定义和研究“心流”的心理结构而闻名。

米哈里·契克森米哈赖认为心流是一种意识状态，在这种状态下，注意力转化为一种能量，促进意识与行动的融合并产生深层次的精神享受。处于心流的状态中，我们会有意识地沉浸在自己的感受中，忘记时间，甚至会忘记自己。心流创造了一种经历，这种经历可以让我们完全忘却由于自身不足产生的担忧，全身心地专注于此刻的活动。当我们经历心流时，我们不再纠结于自我审视，因为这样做会转移注意力，自然也会打破心流的状态。因此，保持专注是优化体验、创造心流的必要条件。

米哈里·契克森米哈赖的研究表明，特殊的外部环境对推动个体进入心流的状态发挥着重要作用。当我们认为一个活动充满挑战，但意识却告诉自己现有的技能能够完成这项挑战时，心流就会产生。当你意识到现有技能与挑战不匹配时，这项挑战就会带来焦虑和压力。而当这项活动的挑战不足以发挥你所拥有的技能时，你就会产生无聊感和距离感。

在这里分享“心流”理论，是因为它也许可以和你的教学进行关联。比如：

- 在教学过程中，是否有创造心流的可能？
- 在音乐、体育等学科创造心流是否比在物理或西班牙语等外语学科创造心流更容易？
- “心流”的定义在幼儿园、小学、初中及特殊教育等不同环境中是否有差异？

接下页

• 教学方向是否影响“心流”的状态？

• 教师对“心流”研究的理解，是否能够帮助那些经历社交、情感及心理问题的学生克服学习的障碍？

提姆·奥博朗教授

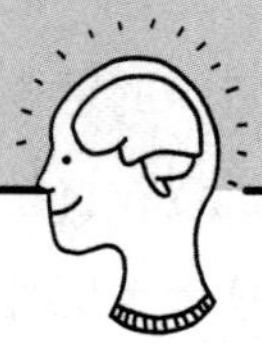

方法24 掌握记忆与学习的科学

方法快照

在学科专业知识及学生的行为管理之外，每位教师都需要了解记忆的工作原理。试想一下，如果所有教师都系统地了解过学习的科学，而不是沿袭传统的授课技巧，那教学会发生怎样的变化？

“衣柜比喻”是一个很重要的比喻，它解释了记忆是如何工作的。杰弗里·卡皮克、特里西娅·泰勒和亨利·勒迪格三世使用了这个比喻解释记忆的工作模式，亨利·勒迪格三世在1980年说道：“记忆就像是在空间中存储的物体，对记忆进行检索类似于在一个实际空间对物体进行搜索和查找。”我想进一步对这个比喻进行说明，把它想象成一个放袜子的抽屉。抽屉里面，你有一堆各种材质面料的袜子。有些已经两只一对放好，有些上面可能有了破洞，而有些袜口已经松了，还有一些找不到另外配对的一只。不论你放袜子的抽屉是怎样的形态，你都需要在抽屉里翻找想要找的那一双，这个过程与你需要在长期记忆中翻找储存的特定信息一样。

放袜子的抽屉也是一个理解记忆模式的直接比喻。记忆模式是我们在概念、规则和事实间建立联系的工具，帮助我们感知周围的世界，将接受的信息进行分类与阐释。当我们把袜子进行凑对时，不管是按照条纹、波点、大小、材质或颜色，实际上，我们都是通过一种思维模式将它们进行归类，与我们处理信息的方式一样。我们的思考结构与抽屉的组织结构类似，是一个吸收和组织知识的体系。建立记忆模型会产生认知负荷。我记得我的侄女在青少年时期甚至是成年后，还经常穿着不配对的袜子。一天，当我问她为什么总是穿错袜子时，她的回答是，我每天已经有太多需要思考的事情了，为什么还要浪费时间在袜子配对这件事情上呢？尽管我很难接受她的理由，但我理解她这样做的原因，减少不必要的认知负荷，让生活更简单！

理解记忆

了解记忆科学的教师往往会是更优秀的教师。记忆的三个关键领域分别为：短时记忆、工作记忆和长时记忆。

长时记忆

长时记忆包括对显性（有意识的）知识和隐性（潜意识的）知识的记忆。在回忆如何使用一个概念、规则、事实，以及采取何种应对方式时，我们会从长时记忆中获取这些信息，例如，骑自行车。骑车这项技能存在于隐性记忆中，是潜意识的知识输出。我们可以不假思索地骑上自行车。但如果，我们是在思考如何骑车，或是在教别人骑车时，隐性知识就转化成为陈述性的隐性知识（我们已知的），可以直接产生行动（我们是如何做到的）。

工作记忆

工作记忆保存着我们当下使用的知识信息，但我们的工作记忆空间十分有限。随着信息量的不断增加，我们的认知负荷也在不断增加，这就是众所周知的认知负荷理论。简单地说，将你的工作记忆看作一个水桶，当你在学习某些新的知识，倍感压力时，水桶中的水就会溢出来。这就是我们的工作记忆，它有容量的限制且容易受到情绪影响。

请注意，学习通常被理解为对新知识进行记忆编码。有效的课程测验技巧，不能视作学习发生的依据。杰弗里·卡皮克在2016年指出，用检索的方法进行练习的学习效果优于使用其他编码技巧。因此，教师必须在他们紧张的课程计划中设计图示，为“检索”提供机会，这将极大地提升教师和学生测验时的表现。

短时记忆

当我们在接收新信息或从长时记忆中把潜意识存在的信息调动出来时，

短时记忆发挥着最为主要的作用。这如同你第一次学习乘法表时的情形。我猜你在上小学时便已熟知七次表了，但如果今天让你按照从1到12的顺序回忆七次表，你可能也会犹豫片刻。当进行测验和回答问题时，相关知识会在我们的工作记忆中运作，我们在长时记忆中将信息提取出来，再将它们转移到我们的短时记忆中。

周围的环境也会影响信息检索的过程。每个孩子都有其独特的成长环境，拥有一个安全稳定的学习环境对学生尤为重要。教师应及时调整教学的侧重点以满足孩子的需求，调动他们的感官注意力，同时教授学生保持专注学习及回顾新知识的方法与技巧。

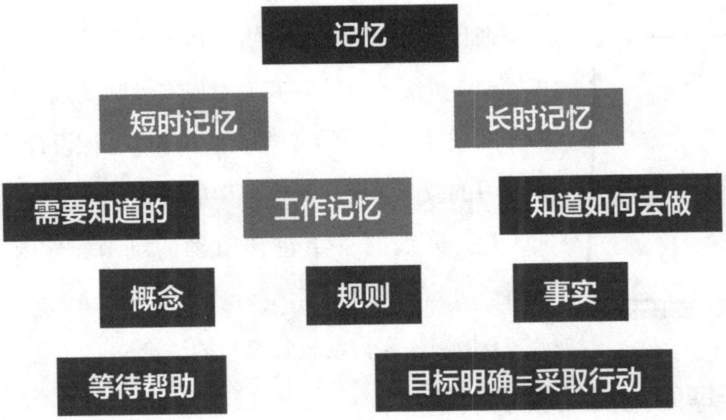

实践记忆的方法

结合现在我们对记忆的了解，思考如何将记忆的方法嵌入在课堂教学策略中至关重要。为了使记忆效能最大化，以研究为导向的技巧应引入整个教学过程之中，从而推动每位学生的进步。请记住，根据约翰·哈蒂教授的论述，在组织中发挥“教师集体效能”可以让全体学生取得更卓越的成就（参见第三章，方法23）。因此，教师应如何帮助学生取得进步，有哪些方法可以在积极地推动学生学习进程的同时减轻教师的教学压力呢？

在与亚历克斯·托马斯校长的交流中，我第一次听到“通用语言”这个词。对亚历克斯担任校长的学校的访问经历，在许多方面奠定了我最初用于调整学校框架的教学政策基础。通用语言推动了我对高效能教师具备的普遍特质的研究，并发现了高效能教师广泛使用的基于研究的教学策略。我想知道，这些基于研究的策略是如何在教师间的提问与交谈中发挥作用的。同时，我也想知道如何可以将这一问题的答案简化为指导方案，使教师在对其他教师进行简短、有重点的课堂观察时使用通用语言。

运用通用语言阐述一个精简的教学政策，使它可以在全校范围内推广，是这本书的初衷。我们每周都会针对教学框架展开讨论，倾听每位教师的想法，不断完善其内容，并与每位教师交流意见。最终，一页纸的总结模式被固定下来，用于沟通教学期望，保持教学一致性。

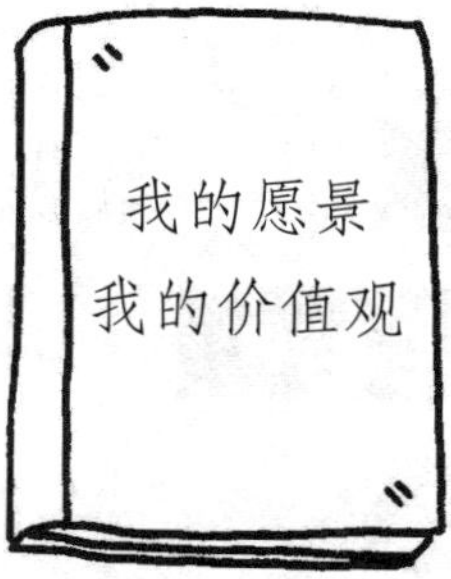

通用语言可通过三种方式传递：

- 一页纸的总结：我们对所有教师实践“高度参与的作业设计、聚焦学习结果的多维度备课设计、促进深度学习的教学策略”教学框架的期望。
- 一页纸的总结包含明确的细节、定义及范例素材。
- 培训、咨询及教师参与的讨论。

最易于理解的高效教学政策

高度参与的作业设计：给予学生有规律且有针对性的反馈，确保对学生目前的学习情况及学习进展有全面的了解。

聚焦学习结果的多维度备课设计：课程计划应该是清晰的，充分考虑学生为什么而学，质量至上的教学方法可以满足每位学生的需求。

促进深度学习的教学策略：教师以明确直接的语言传递指令，推动学生根据反馈采取行动，并通过检索练习将需要记忆的信息嵌入长期记忆中。

很多教学方法的执行目标都围绕着以上3点，你在本书中会发现我在教学职业生涯中一直使用的有效教学策略，它们都可独立发挥效用。但我在思考，如果我可以将这些教学策略整理为一个集合，会对学生的学习产生怎样的影响呢？如果这个策略集合能广泛地被学校教师接受，并作为课堂设计的最低限度的要求，又会对整体教学带来哪些改变吗？

对于我来说，教学策略集合可以有效地应用在我的教学过程中，同时适用于我教授的学生，符合我所在学校的实际情况。这些教学策略以记忆的研究为基础，汇总整理为简明且具有实操性的集合。每位教师都可以在需要的时候直接应用。但前提是，教师需要充分理解这些策略背后的事实及研究依据，并知道如何有效应用。

以下就是我的教学策略集合：

- 区域反馈（参见第一章，方法3）
- 检索练习（参见第一章，方法9）
- 思考—结对—分享（参见第三章，方法22）
- 我来做，我们做，你来做（参见第三章，方法22）
- 提出问题、暂停、指定、立刻行动（参见第三章，方法25）

现在，轮到你了。你在课堂上使用了哪些重要的教学策略？它们与学校的整体期望一致吗？当你总结出自己的第一个策略集合时，你认为其中有哪些策略会有助于实现教学的一致性？推动学生达成目标的策略应作为课堂设计最低限度的要求，分享给每位教师。

如果你（或是学校的领导团队）可以制定适合整个学校的教学政策，并可以帮助每位教师将策略直接用于实践，那么你便走在了发挥教师集体效能的道路上，在积极推动学生学习进程的同时，减轻教师的工作负担。

事实证据

基于我们现在对记忆的了解，如果我只能推荐你一个教学策略，那将会是检索练习。2011年杰弗里·卡皮克和奥尔西娅·鲍恩施米特通过学生学习外语单词的案例说明为什么检索练习是提升学习和记忆能力的有力方法。学生在电脑屏幕上看到一系列的外语单词，同时看到它们对应的解释。然后，向学生展示刚才看过的单词，让他们选择相应的解释，下面是实验发现：

- 仅学习一遍单词，学生在没有复习的情况下，测试结果极差，平均记忆留存率仅为1%。
- 让学生反复练习直到牢记每个单词及对应解释是比较有效的方法。
- 集中检索，在完成初步记忆后，学生立即将所有单词的解释重复三遍，并没有获得更多额外的收获。
- 重复性检索练习只有在重复记忆存在一定的间隔时才会有效提升记忆。
- 简单地做一下调整，把间隔检索练习融入完整的记忆过程中。从最初信息留存率较低的学习开始到一周后持有80%的记忆正确率。

实验结果明确显示，被动阅读对学习的影响极为有限。有些时候记住了某个知识点并不代表你真正掌握了它。简单的知识检测，例如课堂提问或短时间的复述，并不意味着学生接收到的信息已转化为长时记忆。杰弗里·卡皮克在2016年曾说过，很多学生认为“完成即学会”，“如果当时可以记住一些事情，学生便认为自己已经掌握了这部分内容，然后便将它们抛之脑后不再做进一步的复习练习。”

我们不能让学生重复过时的复习策略。在杰弗里·卡皮克2016年的论文中，他重点强调了建立概念地图与检索练习

接下页

这两种不同的复习策略对学习的影响。研究结果显示，当学生使用检索练习时，学习表现结果提高了近两倍。而同时使用两种策略的结果也值得关注，研究显示，相较于机械地对信息进行陈述或复制，学生用检索的方式创建概念地图所呈现的表现结果大幅提升。研究同时指出，闭卷测验比不需要进行信息检索的开卷测验更有效。

以上提供的这些技巧都不需要资金的支持，它们不需要任何高级的软件或高深理论的支持，每位教师都可以掌握这些教学技巧。你需要的是设计短期测验的创造力，帮助学生掌握记忆的技巧。

方法25 问题矩阵

方法快照

教师每节课必须仔细、系统且高效地检测学生的学习黏性，这样才能做到及时给予学生反馈，优先考虑他们需要加深理解的知识点，以及确定下节课需要重新讲解的内容。使用问题矩阵是达成这一目标最敏捷而有效的方法。

教师常常会做这样一个假设，如果这一个知识点我已经讲过了，那么学生就完全掌握了它。但事情并非如此，教师持有这样的假设是很危险的。如果课程的计划紧紧围绕着学习（参见第二章，方法11），那么教师可以使用问题矩阵评估学生的学习成效。但它也并不像听起来这么简单。学习有时是在潜移默化中发生的，且很难被察觉。教师都曾有这样的经历，重复在每本书上写下相同的批注，指出学生在每次考试中出现的同样的错误。存在这样的情况是因为教师没有高效地评估学生对所传授的知识和技能的掌握程度。因此，对于教师来说，使用教学技巧确定学生的学习状态，判断学生是否陷入瓶颈或遇到哪些困难至关重要。

当然，你可以通过直接向学生询问的方式得到答案，例如利用“竖起拇指”和“拇指向下”，“红色”“黄色”“绿色”的教学闪卡，或在课堂上举手提问等方式来表示他们对课程内容的理解程度。教师可以提出很多问题，提高课堂整体的回答比例，同时通过讲述思考过程给予学生认知支持。好的课程计划是基础，如果你认真制定了教学计划，便可以在课堂上掌握学生学习的进程。

我认为评估学习成果最有效的方法就是使用问题矩阵。正确应用问题矩阵可以让教师精确、系统地检查学生是否完全掌握所学内容。问题矩阵形成的反馈闭环可以视作完美的教学设计，帮助教师把握学生目前阶段的学习进度，给予处在弱势的学生辅助支持，同时减少教师的工作量。此外，问题矩阵也有助于学生进行自我评价和同伴互评。

问题矩阵

问题矩阵是一个工具，帮助你更有效地进行提问。它以苏格拉底问答的概念为基础，提问主要包括以下6个步骤：

1. 明确问题并评估学生对问题的理解程度。
2. 挑战假设。
3. 审核用于支持论点的依据。
4. 收集观点及意见。
5. 预测结果及影响。
6. 向问题发问。

问题矩阵可以帮助你以准确的语言提出有价值的问题，同时确保问题的挑战难度适合你的学生。

我曾经教授并观察过无数的课堂教学，其中薄弱的问题并不是那些内容质量不高的问题，而是那些框架设计糟糕的问题。通常情况下，错误的提问方式会导致学生拒绝回答，或敷衍地给出错误答案。例如：

- “让我问你们，什么是……？”（面向全班同学提问可能会得到学生未经深思的大声回应。）
- “有谁可以告诉我……？”（学生可选择参与或不参与。）
- “这个物件的用途是什么？”（全班大多数学生都会举手。）
- “如果我……它会失效吗？”（只有一个固定答案的引导性问题。）

采用以上方式提问互动完全是在浪费时间。

请尝试使用问题矩阵展开深层次提问，从一开始就设计正确的问题架构，激发学生的深度思考和积极反馈。在制定课程计划时构思关键问题，牢记课程目标与评估标准。问题矩阵将根据学习目标，帮助你设计出低、中、高三个难度级别的挑战问题，从你希望学生掌握的知识点出发，而不是为了填充课堂时间，提出一系列问题。

言归正传，让我们一起来尝试使用问题矩阵吧。

	现在	过去	可能性	观点	概率	预测	想象
什么/*事件*							
在哪里/*地点*							
何时发生/*时间*							
哪一种/*选择*							
谁/*人物*							
为什么/*原因*							
如何发生/*途径*							

提问的窍门

在计划问题时，每个教师都要首先向自己发问，思考我希望培养学生批判性思考的能力还是要加深他们对学科知识的理解？这两个目标都可以实现，它取决于你设计的问题的类型以及如何向学生进行提问。例如，“我们现在使用什么样的制造工艺，它相较于另外一种制造工艺如何？”这是一个非常好的帮助学生进行批判性思考的问题范例。

所有封闭式的问题，即只要求简单回答“是”或“不是”的问题，都应该跟着一个附加问题，即便是简单地选择“是”或“不是”，也需要学生思考这样选择的深层次原因并发表自己的观点。询问学生是否同意其他同学的回答也可以加深学生对问题的思考。

在任何讨论过程中，提出一个过于复杂的问题经常会得到错误的答案，这会使学生感到疑惑或失落。请尝试通过渐进型的提问方式逐步加深问题的难度，这样做不仅可以帮助学生梳理之前所学的知识，同时可以使学生相对容易地通过课堂讨论得出答案。试着先提供一个答案范例，这样可以帮助学生引发自己的思考，从而提高学习能力。

在课堂讨论中，最好一次只提出一个问题，当问题多于一个时，学生会对先回答哪个问题产生疑惑。但这并不是固定的原则，因为你才是课程的主导，只有你最了解自己的学生。所以，请不要让这一点限制了你为延展的学生的能力、帮助学生巩固知识并将知识付诸实践所做的尝试。

无论选择何种提问方式，提问的效果取决于问题的质量。如果教师可以用心构思和设计问题，那么这些问题将有助于提高学生的课程参与度，实现真正有效的学习。因此，为什么不尝试在下节课使用问题矩阵的方式提问呢？

提出问题、暂停、指定、立刻行动

很多年前，我发现“提出问题、暂停、指定、立刻行动”是十分有效的提问策略，这个方法的提出是受到了学校顾问帕姆·费恩利在教师培训活动上的启发。它是一个简单有效但经过精巧设计的方法，可用于梳理课堂学习内容，支持差异化教学，同时它鼓励教师敢于冒险，尝试多样化的提问技巧。

1. 提出问题：向全班同学解释这个方法。在这个过程中，不要让学生举手提出问题。向学生完整地提出一个或一系列问题，确保你的提问能够启发学生的思考。

2. 暂停：这是比较有难度的部分。在学生给出答案前，给予他们尽可能长的暂停时间，让学生反复思考。如果学生沉浸于思考，可以打破规定的时间，并试着延长暂停时间，营造沉浸思考的气氛。

3. 指定：指定一个学生回答提问。确定而直接地选择学生A回答问题，当然，在选择学生之前需要考虑作答人选。让学生A完整地阐释自己的答案，在这个过程中不要改变人选。如有可能，教师不要打断学生作答的过程，保持课堂安静。这将会让你看到一个不可思议的场景，你可以听到、看到、感受到大家被问题和回答深深吸引。但我们也都曾有过类似的经历，在学生A设法回答或答案还不明朗的时候，教师便主动提供支持，或者让其他学生给予帮助。

4. 立刻行动：在学生A结束回答后，立即请另一位学生针对学生A的回答，提出自己的观点并阐述理由。教师可以继续征询第三位学生的看法，而不必考虑学生A最初提供的答案是否正确。

事实证据

证据显示，提问与学习评估、学生学习成效及教师教学质量都具有关联性。我非常有幸在职业生涯中拥有大量课堂观察的机会。在最成功的课堂教学中，教师的指令得到直接、清晰与准确的传达，任何被错误理解的模糊知识点都可以被有效识别，教师继而进行有针对性的再次教学，或与个别学生单独讨论。

教师通过回顾所学内容、建立记忆模板及复习练习来确保学生牢固掌握知识及技能，并监测每位学生的学习进展。如果这一流程没有成为常规教学的一部分，那么学生可能不会在课堂保持专注，因为他们没有意识到知识测验可能在任何时间发生。

让学生在每节课上都保持专注是课堂成功的关键。如果教师可以使用提问的技巧有效地主导学习，那么提问将会成为你提升学生课堂表现的强有力工具。夏洛特·丹尼尔森在《提升专业实践力：教学的框架》第2版中写道，支持性的深度提问能够帮助教师培养分析教学实践的习惯。

提问是非常有效的教学策略，它可以启发学生创造性思考。例如在解决问题时，可以使用提问作为干预活动，把偏离正确方向的学生及时拉回来。我人生中最美好的工作时光集中在教授富有创造性的学科的那段时间，首先我视自己为一名学生，其次是一名成年学习者，最后是一位教师。我相信提问是提高学生学习质量不可缺少的课堂实用工具，但要想成为使用提问技术的高手，教师还需要在课程中融入大量创新元素。“创造性”通常会被误解，2013年肯·罗宾森爵士给前教育部秘书长迈克尔·戈夫写了一封公开信，题目为《亲爱的戈夫先生，为了鼓励创造，你首先要理解它是什么》。教师应如何设计灵活的干预活动，支持学

接下页

生创造力的发展呢？随着认知心理学研究的发展，我们对创造力的理解也在不断加深。现在，创造力被认为是具有关联性、流动性与适应性的过程。

在针对设计学习的研究中，有着近20年教学研究和专业发展经验的理查德·金贝尔和凯·斯特布尔斯认为：

> 设计很少通过一系列清晰且可识别的阶段，最终获得一个简洁而完美的解决方案。因为在设计中一直存在可以改进的可能，以及解决问题的更佳途径，或者为了更简单有效的技术，修改最初的设计意图。

教授富有创造性学科的教师，需要调和可能出现的两种矛盾。教师可以选择给予学生最大限度的自由，让他们发展自己的想法，选择适合自己的方式，达成合理的结果，或者在学生准备好进入到下一阶段时，由教师决定和设计流程。教师必须要准确判断哪种方式更适合学生，然后循序渐进地鼓励所有学生向这种方式靠拢，这样每位学生才可以有足够的空间拓展自己的想法，培养创造性解决问题的能力。

在一个30人的班级中，每位学生的学习成效各不相同，教师应该如何确定每位学生都保持在正确的学习方向呢？美国心理学协会基于小学及中学阶段有效教学的心理科学研究，提出了20个基本原则。包括：有效使用指令、评估、教室环境等。根据美国心理学协会的观点，课堂提问不仅可以检测学生对知识的理解程度，同时“可以培养学生自我调节学习节奏的能力，提高他们的专注力、组织力、自控力、计划与记忆的能力，这些能力都极大地推动着学生自主学习的进程”。

如果我是你，我会从现在开始，计划每节课要向学生提出哪些关键问题，预设学生可能会提出的问题，通过提问启发学生创造性思考。

方法26 高效能教师的7个特质

方法快照

高效能教师可以改变学生的人生轨迹，甚至对当地社区、社会的发展也发挥着重要作用。那么，如何成为一名高效能教师呢？我认为有7个特质是每位高效能教师都具备的。思考一下，你已经拥有了其中的哪些特质，又有哪些特质是你可以尝试培养的呢？

《人与超人》是英国剧作家萧伯纳1903年写的一部四幕戏剧。尽管《人与超人》融入了一些轻喜剧色彩，但萧伯纳旨在引发人们的深度思考。正如这部戏剧的名字一样，它来源于弗里德里希·尼采关于超人的哲学思想。超人，就像萧伯纳翻译的一样，是人类为自己设定的目标。

> 有能力的人，去做。没有能力的人，选择去教。”这句话出自《人和超人》中的《革命者准则》，“能者，做。不能者，教。”这句话有很多变体，例如：“那些不会教学的人，去培训教师吧！

在我看来，每一位教师的导师都肩负着提高教师教学质量的责任，这并不是件容易的事，教师培训者的专业水平必须要位于行业的顶端，那么，我们要如何确保自己保持作为一名卓越教师的专业素养，为学生和社区提供更大的价值呢？就像杰夫·巴顿所说：“如今的年轻人还像他们曾经那样对优秀教师充满敬畏与感激，但是他们对平庸教师的容忍程度却大大降低了。”

这些年我一直在剖析卓越教师的特质，从尼采的超人角度去思考，什么样的教师可以视为所有教师学习的榜样？前英国督学长迈克尔·威尔肖爵士坚信：

所有卓越教师都有一个共同目标：为儿童及青少年创造拥有更好生活的机会。然而，实现这一目标的方法依赖于提升教学质量的有效策略。

简单的答案可以归纳为，优秀教师应根据他们身处的具体环境以提高学生的生活质量为最终目标。我们知道教师对在较差环境中成长起来的学生有着更为深远的影响，教师的出现可以改变学生的生活。

社会流动性

社会流动委员会，是一个由政府出资的机构，它旨在促进英国社会的流动性。社会流动委员会指出，在过去的二十年，政府为提升社会的流动性所做出的努力未能真正弥合英国高收入背景家庭与低收入背景家庭之间的差距。在富有挑战的环境中工作的教师面对更为复杂的情况和严格的时间限制，但他们同样能够为整个社区带来巨大的影响。公立学校能够通过教育推动社会各阶层的流动，然而在目前的政策环境下学校体系支离破碎，改革的希望看起来十分渺茫。

在英国，学校体系的复杂结构对推动社会各阶层的流动没有任何帮助。纵观我的职业生涯，我遇到过无数对英国的学校结构感到困惑的家长、同事及社会公众人物。我们有综合学校、现代中学、社区学校、专业学校（有10种专业选择）、城市技能学院、国家拨款支持的学校、工作室教育、大学技术学院、专业学院（资助或交换）、托管学校、免费学校、教学点、国家支持学校、州立寄宿学校、特殊教育学校。我们甚至还有多专业托管学校、虚拟学校、医院学校（为生病儿童设立），以及专门为英国军人家庭设置的学校，我相信我在这里罗列的还不是全部。当我们无法理解现在的教育体系时，我们又该如何参与其中，思考和决定什么才是对教育最有利的事情呢？复杂的政策使有效的解决方案难以实施。约翰·哈蒂教授在2009年的研究中认为，学校的结构对年轻人取得成就所产生的影响微乎其微。那什么才是发挥影响的根本因素呢？教学的质量。是时候应该把我们的时间和金钱投入到正确的地方了。

遗憾的是，我们做的还远远不够。英国记者、教育活动家、前教育政策制定顾问及《给孩子最好的》一书的作者菲奥纳·米勒在2018年指出：

> 曾经教学系统始终以高质量教育和公平为目标，让每一个孩子无论背景如何，都有平等获得成功的机会，如今我们似乎不像以往一般追求这一点了。

然而，当下的学校体系是每天在教室中授课的教师或学校领导没有权力改变的。我始终梦想有一天这种情况会改变。但与此同时，我们必须将注意力转向那些日复一日，在富有挑战的环境中工作的教师，给予他们足够的支持，让我们的学校尽可能做到最好。卓越教师都具备怎样的品质呢？我们可以学习他们的哪些特质，提高自己的教学影响力呢？

高效能教师的7个特质

我认为高效能教师普遍具备以下7个特质。思考一下，其中哪些是你已经拥有的特质，而哪些是你可以进一步培养的特质。具备这7个特质不仅可以提升教学影响力，让学生受益。同时，能够帮助提升社区的整体素养，最终推动社会各阶层的流动。

1. 激情

首先，教师要热爱教学，并对他们的学生、教授的学科及教学充满热情。一个高效能教师应是对教育富有热忱的，这并不意味着他们在工作的每时每刻都要保持激情，他们的心态也会受到课程压力及各种条件制约的影响，有些时候，他们也会流露出这种波动的情感。高效能教师清楚地知道，教师注定是一个非常有趣且有意义的职业。他们知道有时需要在课堂上融入一些新鲜的元素，让学生感受到课堂原来可以这样有趣！毕竟，如果教师不热爱教学，学生是会有所感知的。丽塔·皮尔逊曾说："孩子不会向他们不喜欢的人学习。"当我对记忆和认知负荷理论有了更加深入的理解后，对于师生关系我有两个想法。首先，不可否认，师生之间良好的关系有助于实现更好的行为管理。其次，高效能教师知道，教学本就是一个复杂且艰难的过程。但不论身处顺境或逆境，高效能教师都难掩他们对教学的热情。

2. 计划和组织

高效能教师往往有着非常强大的组织力，他们通常会记住同事和学生的时间表，这样做可以预先对可能发生的情况进行准备。高效能教师的课程计划，无论长短都是经过深思熟虑的，尽可能满足所有学生的需求；他们综合考虑学校政策及自己的工作量批注教材；他们细致地组织好各种课堂教学资源，用托盘、抽屉、杯子和罐子进行展示，使整个课堂充满活力。凡是你能说出名字的，高效能教师都已经准备妥当。还会有哪位学生忍心破坏这精心设计的教学环境呢？我相信他们不会这样做。

3. 反思意识和开放的思想

高效能教师知道，校长、同事、家长、学生会时常对自己的教学进行评估。与其被动或消极地等待评估，他们反而会乐观地面对教学的挑战，并对反馈保持开放的态度，精进教学。高效能教师知道人无完人，自己总会有进步的空间，反思对于提升教学质量至关重要，他们会思考每节课的亮点及下一次可以做得更好的地方。

4. 从容面对风险并迎接改变

在教学过程中，课程有时并不会完全依照计划进行，所以这就需要课堂保持足够的灵活性，可以根据学习的节奏进行调整。高效能教师知道他们必须要根据学生的需求，并结合当下的情况，调整课程要求和评估标准，两三年前的教学方式也许对今天来说已不再有效。高效能教师坚信自己是所教授学科领域的专家，因此他们要求自己走在本学科知识、技术及教育方法的前沿。

5. 协作意识

高效能教师用自己独特的方式将积极的能量传递到每天的课堂教学中。我们每个人都会面临来自校内及校外的不同挑战，但高效能教师在他们站上讲台的那一刻便将挑战与困难抛于脑后，他们在课堂上做的，就是将知识、学习方法，以及自己的所思所想和经验分享给学生。这种积极的能量同样会传递给周边的同事。高效能教师不会低估学校教师的整体专业水准，亦不会忽视通过快速讨论或观察评论等方式与同事分享有效教学方法的重要性。

6. 突破障碍

大部分教师认为自己每天需要面对和克服各种教学障碍，但是高效能教师认为学生的读写基础、语言及成长背景并不是学习的障碍，也不应成为影响教师和学生推动学习进程的借口。高效能教师认为质量至上的教学（参见第二章，方法17）才是影响学生学习最重要的因素，其他干预活动可以作为辅助支持。高效能教师会为自己和学生设定可达到的高标准教育和学习目标。

7. 持之以恒

高效能教师始终坚持全身心地投入自己所做的事情，在学校政策的框架下严谨教学，他们的声誉和成就便是最好的证明。高效能教师是值得信赖的，因为他们热爱教学，而不是被迫教学。

事实证据

2014年萨顿信托基金会发布了名为《什么造就了优质教学》的研究报告，报告基于超过200份研究，探索哪些教学元素对提升学生成就有着决定性的影响。

在报告中，提出了三个关键问题：

- 什么造就了优质教学？
- 哪些工作框架或教学工具可以帮助我们实现优质教学？
- 反馈如何推动学生的学习进程？

让我们分别看看每个问题的回答。

什么造就了优质教学

报告中对“优质教学”的定义是，提升学生学习成就的教学。报告基于研究分析总结了六个实现优质教学的关键因素，六个因素根据证据的可靠程度分为三类：强相关证据、中等程度相关证据、部分相关证据。

强相关证据	（教育学的）内容知识
	指令的质量
中等程度相关证据	课堂氛围
	课堂管理
部分相关证据	教师信念
	职业行为

接下页

哪些工作框架或教学工具可以帮助我们实现优质教学

报告建议教师的教学质量应采用以下三种方式进行评估：

- 同伴、学校领导或外部评估者的课堂观察。
- 附加值模板（评估学生综合成就）。
- 学生分数。

这份报告同时指出三种评估教师素养的方式，但目前关于它们所产生的效力的研究还十分有限：

- 校长（或负责人）的判断。
- 教师自我评估报告。
- 对课堂产出和教师作品集的分析。

反馈如何推动学生的学习进程

报告指出反馈闭环有助于推动教师自身的学习和专业发展，同时在一定程度上对学生的学习成效发挥着积极的作用。作者基于分析概括了6点有关教学反馈的建议，确保教师进行可持续的专业学习。

1. 反馈应该针对提高学生学习成效及产出。
2. 反馈应该为教师提供清晰、具体且有挑战的目标。
3. 反馈应针对学习本身，而不是个人，教师之间不应进行相互比较。
4. 反馈应该鼓励教师成为持久的独立学习者。
5. 反馈应该在信任和互助的环境下由导师传达。
6. 学校领导应改善教师专业学习的环境，并提供必要的帮助。

这个报告提及了一个特别针对教师专业发展的方法——课例研究，在过去的五年时间里，我一直在尝试这一方法。课例研究包括教师一起研讨、计划和教授课程然后进行课程观察，分析每个人的想法是否能够在实践中取得良好的效果，这是一个强有力的渐进协作过程。课例观察的过程和指导的方法与导师制相似，聚焦教师或学生的具体需求，通过一系列辅助的对话和观察去解决实际问题（参见第三章，方法30）。但可惜的是，学校投入时间与资金的不足，限制了课例研究的进一步发展。在学校给予课程计划和教学范例足够的财政支持之前，短期内，课例研究在公立学校中很难得到进一步的发展。

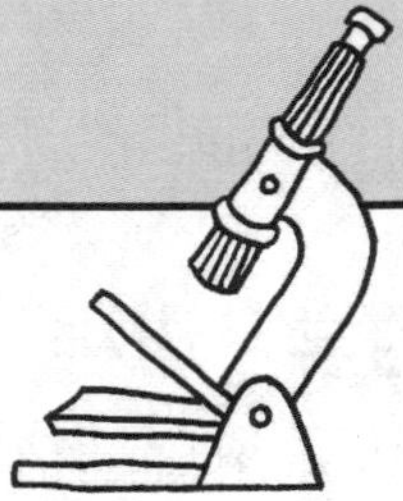

方法27 有效指令的10个原则

方法快照

许多的教师曾阐释过自己对巴拉克·罗森珊关于有效指令原则研究的理解。现在看来，有效指令在学校的基层已颇具影响力，这对于我们来说是一个极好的消息。这一节，我将分享自己对这项研究的总结，并指导大家将有效指令应用到实际教学中。

巴拉克·罗森珊是美国伊利诺伊大学厄巴纳–香槟分校教育心理学院的名誉教授，他出版了大量有关学习指令、教师表现及学生成就的著作。通过对四十余年的课堂观察的研究，巴拉克·罗森珊总结了高效能教师与低效能教师之间的差别，他列举了高效教学的关键原则，这10个原则基于以下3个方面的研究：

1. 在认知科学方面的研究。
2. 卓越教师的课堂实践研究。
3. 学生在进行复杂项目式学习时，教师提供认知支持的研究。

接下来我将逐一介绍罗森珊的有效指令的10个原则，以及它们可能在课堂中呈现的方式。如果你想深入思考这10个原则，建议阅读原始的研究报告。但遗憾的是，部分学校没有准确且完整地理解这份报告内容，将它转变为课堂观察的项目清单。而有些学校结合自身情况，将10个原则与自己的愿景和价值观进行匹配，建立符合学校整体教学政策的通用指令策略，这才是坚持有效指令的10个原则的正确方式。

1. 回顾上一节课

研究发现：罗森珊的有效指令研究中第一个建议就是回顾。对上一节课的内容进行回顾是指令的重要组成部分。回顾可以加强已输入信息间的联系，帮助学生产生新的思考，巩固记忆。

课堂方法：在教学中引入检索练习，利用每节课开始的前5—8分钟的时间复习上节课的内容。

2. 展示新素材

研究发现：我们会使用工作记忆去处理不断输入的信息，但我们的工作记忆十分有限。教师一次向学生展示太多新的内容可能会使学生感到困惑，因为这些信息会淹没在他们的工作记忆中。因此，高效能教师不会一次性向学生灌输太多新的信息和知识。

课堂方法：通过一系列简短的演示教授新的信息和知识，演示中可融入大量的范例和指导练习。

3. 提问

研究发现：学生必须学会应用所学的新内容，提问与讨论是学生实践新输入的知识及练习所学技能的重要方法。表现最出色的教师会花费超过一半的课堂时间进行内容讲授、分析论证及提问。

课堂方法：增加有效问题的数量，并在指导练习中逐渐提升问题的难度。

4. 提供范例

研究发现：为了学习如何解决复杂问题，学生需要认知层面的帮助。例如，教师可以使用范例，或在验证解决问题的方法时把思考过程清晰地讲述出来，帮助学生理清解题思路。

课堂方法：首先给予学生一些提示，并针对每个提示举例，然后引导学生自主思考。例如使用“是谁”“在哪里”“为什么”以及“如何做”这些提示词启发学生思考。

5. 指导学生实践

研究发现：没有足够的训练，知识就会被遗忘。因此，教师不能只是简单地把新知识传授给学生。只有学生投入足够的时间和精力对新知识进行自我理解转化并有效输出，例如重述、总结，才能将新知识留存在长时记忆中。

课堂方法：教师确定一次只向学生传授少量的新知识。在每次简短的演示后，为指导学生练习留出充足的时间。这样做效果如何呢？学生受益于充分的准备，成功率得以提高。

6. 检查学生的理解程度

研究发现：检查可以帮助教师掌握学生学习新知识的进程，确定学生是否将所学内容转化为长时记忆。同时通过检查，教师可以了解学生对新知识的理解程度，判断学生是否对知识点存在误解。高效能教师会在课程教学中融入高频率的检查，实时掌握学生对正在学习内容的理解程度。

课堂方法：停止定期的固定检测。采用提问的方式，鼓励学生总结知识点。请尽量避免提出这种问题：“大家还有什么问题吗？”若学生没有回应，那么教师便认为所有学生已经理解所学的内容。但事实往往并非如此。

7. 获得高成功率

研究发现：学生成绩的最佳成功率应维持在80%左右，这说明学生既成功地掌握了新知识，同时也感受到了足够的挑战。这可以通过学生口头回答问题的质量和个人作业完成情况进行判断。这个成功指标可以通过单元教学实现，熟能生巧。因此，不要再采用死记硬背的学习方法了，重复的测验和提问绝对不能算是优质的练习。

为获得高成功率，巴拉克·罗森珊认为教师应提供系统的反馈和更正，这是高效教学中最为关键的一点。我们必须要保证学生不是在重复错误的练习。我们知道反馈是推动学生学习进程的必要环节，但如果学校的领导和监察人员没有准确地理解反馈的运作原理及意义，而只是单一地关注教师在学生课本及作业上批注的分数，那反馈的真正效用并不能得以体现。更重要的是，如果一个学生对教师的反馈无动于衷，那么反馈也是无意义的。请记住，并不是所有反馈都需要记录下来留作证据。

课堂方法：教师应确保学习的节奏和课程内容的难度水平适合课堂的每位学生，通过单元教学、检查理解程度、提供学生充足的练习时间，以及口头反馈的方式，让学生在取得高成功率的同时得到足够的挑战。

8. 提供脚手架

研究发现：高效能教师为学生的学习提供及时的帮助。这包括教师展示范例，讲述解题思考。当学生能力有所提升时，教师的辅助支持会逐步从脚手架中撤出。

课堂方法：在进行段落书写练习时，朗读范例，展示你确定写作主题的完整思考过程并进行总结，同时预先考虑可能出现的主题偏差。

9. 要求学生独立完成任务，并给予相应的指导

研究发现：在学生独立应用新的知识及练习新的技能的过程中，高效能教师会提供一系列的指导练习。

课堂方法：制定课堂及学生家庭作业的拓展练习计划。为提高学生课程参与度，教师可走到学生身边关注学生的学习进程，教师在每位学生的课桌旁停留约30秒即可。

10. 让学生参与每周和每月的课程回顾

研究发现：模块化的知识仅占工作记忆中很小的一部分空间。高效能教师会给提供学生大量扩展阅读与练习机会，加强新知识与长时记忆的联系，

释放学生工作记忆的空间。

课堂方法：尝试每周对上周所讲述的内容进行复习，并在每个月的最后一周回顾上个月的知识点。研究发现，每月定期进行课程回顾的学生，期末考试分数明显高于仅在学期中进行两至三次复习的学生。有些教师认为，当课堂讲解需要覆盖所有教学内容的时候，他们没有充足的时间进行知识回顾。但研究结果明确显示，没有得到充分练习和回顾的知识是很容易被遗忘的。因此，请增加回顾与复习的频率吧！

事实证据

2020年6月循证教育研究与剑桥国际教育评估项目联合发布了《高效教学实用工具》，回顾了值得教师学习和借鉴的提升教学影响力的证据。研究者系统地回顾了已完成的研究，并提出大量的问题。在实用工具的附录部分，汇总了回顾研究的学术研究报告清单，对于教师来说，这是非常好的阅读资源。这些研究摘要也让教师第一次有机会接触重要的学术论文，我认为每一位教师都应尝试了解学术论文，融入前沿的教育研究。

基于证据，作者分享了四个提升教学影响力的关键要素：

• 教师应充分理解自己教授的内容，并清楚地知道如何让学生掌握这部分知识。

• 创造一个可提供帮助的学习环境。

• 通过有效的课堂管理推动学生深度学习的进程。

• 通过多样的内容展示、活动设计及互动等方式激发学生的思考。

接下页

为了实现上面四个先决条件，卡尔等人列出了17条方法，教师可以在这些方面投入更多的时间和精力，提升教学影响力：

1. 对于你所教授的学科内容有丰富的知识储备。
2. 对课程结构有完整的知识储备。
3. 更新课程及评估任务的储备。
4. 了解学生的学习策略、学习难点和知识盲区。
5. 以相互尊重为基础，促进建立更为稳固、亲密的师生关系。
6. 营造积极的学习氛围。
7. 通过增强任务的挑战性和关联性，提升学习者的自主学习动力。
8. 营造高期望值的学习氛围。
9. 有效利用时间和资源。
10. 清晰地阐述自己对学生行为表现的期待。
11. 预判可能出现的问题。
12. 科学地安排任务的顺序。
13. 高效地与学生沟通自己的新想法。
14. 使用提问引发学生思考。
15. 对学生提出的问题或想法给予及时且恰当的回复。
16. 给学生布置回顾及复习所学知识的任务。
17. 帮助学生制定计划，并定期检测他们的学习进程。

结合自己的专业发展，思考以上哪几点是你认为应优先完成的事项。

方法28 课堂观察

方法快照

每个人的时间都无比珍贵，如果学校领导相信以研究为导向的实践方法，那么学校各年级的课程设置、课程观察及教师绩效工资中都应以研究为依据。课程观察的最终目标是提高教师的教学质量，而不是检查教师教学的一致性，或对教师进行严苛的考评。教师及学校领导应做的是要求自己进行更为专业的课堂观察。

在攻读博士学位期间，我发现了一种新的课堂观察的形式，帮助观察者做出更为可靠和更有根据的判断。在发现这种方法前，我自认为掌握了所有有关培训、反馈及课程观察的知识。但现在，我要向大家介绍另一种可供选择的方法，以研究者的角度进行课堂观察。我曾使用这种方法帮助教师更深入地理解课堂观察。以研究者的角度进行课堂观察取得的成效是，教学质量和教学评估效率得以提升，课堂的开放程度也有所提高。

课堂观察会带来的影响

我坚信学习走访与课堂观察应达成一个目标，通过监督与检查（例如展示内容及关键词）建立教学一致性，但其最终目标是提升教师的教学力和学生的深度学习力。

我曾召集几位教师坐在一起，采访他们，“你是否处于学校领导的岗位，并有机会观察其他教师的授课？答案如果是肯定的，请举手示意。”大部分的教师举手表示自己有课堂观察的经历。“你曾接受过正式的教学培训吗？”很多人把手放了下来。“你是否有专业的课堂观察的培训经历？”这时，房间里无一人举手。我理解这种情况发生的原因，但我们为什么不用更加有效的方法进行课堂观察呢？特别是在观察较为复杂的系列课程时。

我想改变这一现状。

更具体地说，我想提高课堂观察的真实度与可信度，营造开放的教学氛围，这是在目前课堂观察中缺乏的。

我们需要怎样做

以下4个步骤能够帮助教师提升课堂观察的技能，同时有助于加强外部观察者对教师授课过程的理解。

第1步

观看一段3分钟的教师教学视频。在理想状态下，这应该是你知道的某位教师的视频，但如果你没有相关资料，那么就从网上节选一段3分钟的教学视频。简单地观看视频，不考虑其他环境背景。3分钟结束后，把你的想法记录下来。有可能的话，与他人分享你的想法。

第2步

再次观看相同的片段，使用“半结构”的方法。半结构的意思是，在观看相同的脚本前，你确切地知道要关注哪些方面，比如提问、行为管理，或是开启课程的模式，并且第二次观看意味着你已掌握了视频中的教师和学生的信息。因而在第二次观看这段视频时，很重要的一点是记录下教师和学生正在做的事情。可以在视频中选择插入时间帧，每隔30秒一帧，确保你在精确的时刻把发生的关键事情记录下来。

观看完成后，可以将自己的记录和同样收看这一视频的同事的记录进行对比。“半结构”的方法可以使对比更具体、有效，评估你们是否观察到了相同时刻发生的重要的事情、教学策略及学生的反应，又分别得出哪些结论等。你也可以将自己第二次“半结构”的观察结论与第一次无结构自由观看视频得出的结论进行比较，对比分析两次的记录点，这是一种简单的研究方法，可以确保得出更可靠的结论。

第3步

第三次观看这段视频，带着一个具体问题，观察教师和一位学生的课堂行为。例如："我要如何制止学生打断我提问的行为？"当然，提出什么类型的问题取决于你对前两次视频观看的思考。如果你是一位负责教师培训的导师，连续三次观看同一个视频可以让接受培训的教师学会拉近他们的镜头，选择一个特定的关键帧进行观察，观察者应详细地记录在这个关键帧教师在做什么，学生在做什么，聚焦课堂细节。

第4步

现在，请思考你如何将上述观察方法应用到课堂观察的实践中。这种课堂观察方法不仅可以帮助教师掌握课堂观察的技巧，支持教师专业发展。同时，有助于课堂观察者改变固有偏见，聚焦观察的范围，使用特定的方法、策略和干预活动满足教师具体的需求，而不是仅仅提供空泛的反馈和建议。

事实证据

英国教育与青年中心2016年7月发布的研究报告显示，教师及学校中层领导者投入在课堂观察和支持教师专业发展方面的时间十分有限。在117位参与调查的中层领导中，只有3%的人表示他们每周会投入超过4个小时的时间用于课堂观察，而只有11%的人表示他们每周会投入超过4个小时的时间用于教师专业发展和职业培训。

对于中层领导来说，充分发挥同事和学生优势的关键是建立一个高效的团队，通过科学而完善的系统和流程，推动团队发展。同时，中层领导还可以采用协商和咨询的方法管理团队，加强与上层领导的沟通。在这一部分的事实证据中，我将聚焦有关团队领导的方法论及相关的研究细节。

教育与青年中心基于对超过200个英国中学教学部的表现分析，以及一系列采访和案例研究，识别出推动中层领导成功的行为、性格等方面的因素。

报告显示，高效能领导有以下六点特征：

高效能领导在团队管理能力方面的测评分数非常高。

高效能领导将成功归于团队的协作，及其他团队整体层面因素。

高效能领导相信计划和资源管理至关重要。

高效能领导保持开放的合作心态，乐于提供咨询与帮助。

高效能领导有着卓越的沟通与协商技巧，清楚地知道如何建立、维护和发展一个团队。

高效能领导能够从专业的角度出发处理问题，并做到以身作则。

这份报告说明，一位高效能领导应营造一个促进团队合

接下页

作、鼓励团队成员分享最佳实践方法的工作环境。我认为课堂观察为达成这一目标提供了很好的机会，它并非观察者以苛刻的眼光审视教师的课堂教学，而是通过教师间的协作互助，实现提升每节课教学质量的最终目标。

如何提升学校管理者整体的领导力水平？我的建议是发挥经验更为丰富的领导者的影响力。中层领导者往往会在与团队成员进行深度谈话、向团队成员提供帮助或安排富有挑战性的任务方面遇到阻力，他们可以通过向经验更为丰富的领导者学习的方式，例如，观察高层领导与学生、家长或政府官员的谈话过程，提升自我领导力。

方法29 合作式学习

方法快照

合作式学习可以促进学生参与学习意义建构，帮助学生更加牢固地掌握教师传授的知识和技能。在这一节我们将介绍将合作式学习嵌入课堂的方法，并思考学校如何为教师创造推动合作的教学环境。

合作式学习指的是，学生以两两分组或是多人分组的形式一同完成项目任务。学生有两种协作方式：第一种是小组成员以合作的方式共同完成任务的每一个步骤；第二种是小组的每位成员独立完成自己负责的部分，将个人产出的集合作为团队整体的成果。

根据英国教育捐助基金会2017年的报告，合作式学习所需的外部投入极少，但在一定程度上对学生的学习成效有着积极的影响。这项报告的证据收集跨越四十年，包括大量的系统回顾和大数据调查。同时，教育捐助基金会发现，为了充分发挥合作式学习的效能，教师需要以结构化的思维设计教学任务。

背对背

背对背，是一个适用于任何学科，简单有效的合作式学习的活动方法。充分考虑学生的能力和需求的背对背活动，有助于学生快速融入课堂。背对背活动的设计应紧紧围绕课堂目标，它的应用方法如下：

1. 学生两两一组背对背坐下。

2. 向学生展示一幅图片。

3. 让小组中的一人描述图片展示的内容。
4. 背对图片的学生尝试画出同伴所描述的内容。
5. 根据画作的呈现情况，进行小组互评。
6. 同伴两人调换位置，展示一张新的图片，或根据学习目标选择图片。

背对背活动对学生学习成效有着积极的影响。活动结果证明，学生参与度越高，倾听的专注度越高，则更有可能牢固地掌握所学的知识和技能。同时，这样做可以训练学生表达与倾听的技能，营造更为包容的学习环境。这让我联想到了管弦乐队的运行模式，每位音乐家必须留心聆听自己和他人的演奏，在同一时空，通过彼此间的交流和协作共同完成一个音乐作品。这种交流与合作可能是不易察觉的，但无比真实，无比重要。学生与学生之间、学生与教师之间的合作学习亦是如此。

教师协作

在教学气氛轻松快乐的学校，领导者建立了更为完善的专业发展机制，例如每周的工作研讨会；鼓励新教师表达自己的想法；利用工作时间完成专业发展培训及参与学术研究；教室的大门向本学科的其他的教师敞开。这些培训及教师协作的方式不仅可以提升教师专业素养，同时有助于营造所有教师一同分享、成长、发展的环境。随着教育伦理道德理念的不断延展，如果我们希望所有教师可以坚守自己的承诺，教师专业发展应在关注技能训练的同时，聚焦教师对教学意义的深度思考。

2019年研究员曾、戴以上海和英国城市的中小学教师为研究对象，展开了一项有关合作式专业发展内容、目的及实践情况的调查。探究教师在教学技能和态度方面的专业发展水平。他们将教学技能定义为课程计划、教学资源应用及评估的技巧，将态度定义为教师专注度及能动性。研究的结论是，相比英国城市的教师，上海的教师对专业发展有着更积极的态度，他们拥有更多协作的机会。

你的学校是否为教师协作提供了充足的条件，你领导的团队还可以做出哪些努力？请思考以下几点：

1. 你的学校为教师创造了专业发展的条件吗？

2. 你如何应对挑战，你曾得到过哪些支持和帮助？

3. 你所在的学校是否建立了以信任为基础的教学环境。

4. 学校领导如何解决教师表现不佳的问题？

5. 新教师是否拥有话语权吗？

6. 学校是否鼓励知识分享？

7. 学校是否将教师的时间视为最宝贵的财富？

8. 学校是否会精心组织教师培训，学校的发展计划是否考虑到教师的个体需求？

9. 当教师遇到困难时，他们是否能够没有顾虑地寻求帮助或提出自己问题？

有关参与的心理学研究

刚刚提到的管弦乐队和罗斯写到的协作，启发了我对教育中参与、领导及包容的思考。

参与并不是一个固定的概念，我们不能假设每一次的参与都会推动学习的进程，或认为一个安静的课堂就意味着每位学生都在进行深度思考。同样，我们不能假设一个充满讨论和互动的课堂参与可以引发学习。学习的发生是在每个人的头脑内部，它是无形的、不确定的。学生参与一项任务，并不意味着学习行为真实地发生，学生在重复相似的活动时，或参与不需要进行知识转化的活动时，并没有进入学习的状态。而真正明确指向学习行为的参与对培养学习者坚毅品质和心理韧

接下页

性有着积极的影响。

管弦乐团的运行模式是学校领导可以借鉴的有效的工作参考范例。指挥家需要与音乐家联结，尽可能使整个乐团展现最好的演出状态，领导者同样需要与团队成员进行情感联结。指挥家将自己的感情融入音乐作品，领导整个管弦乐团的演奏，而领导者可以通过实践指引成员将愿景变为现实。从观众的视角看，指挥家是在整个乐团的正前方引领演奏，而从乐团表演者的角度看，你又会感觉指挥家位于整个音乐厅的中央，掌控着整个空间的音乐氛围。因此作为一个领导者，你可以选择在团队的前方或中心位置给予成员指引和帮助。

管弦乐队同样也是一个展现团队包容度的工作参考范例。包容是一个变化而非固定的状态。2001年我曾阐述自己对当下制度的争论度可能远远超过制度本身的包容度的担忧，包容不仅仅体现在个体数量范围的扩大，它需要我们从容忍差异转变为接纳多样性。管弦乐团的运行模式帮助我们建立了适用于教育领域的包容的概念，它代表着每一个独特个体的融合。在团队协作中，我们尊重差异，认可每个人的付出都是有价值的贡献。

提姆·奥博朗教授

方法30 教师专业发展

方法快照

每位教师都希望提升教学力，给予学生积极的影响，成为一名卓越教师。学校需要为教师提供专业发展的支持，而不是通过课程观察衡量教师表现，或要求教师提供检查清单中列举的教学证据，这些因素在一定程度上会增加教师的工作量，对教师的心理健康产生负面的影响。

《最后的演讲》是我一直钟爱的一本书，这本书以文字的形式记录了卡内基梅隆大学计算机科学教授兰迪·波许的遗愿（兰迪·波许2008年因胰腺癌去世）。“最后的演讲”是位于宾夕法尼亚州匹兹堡的卡内基梅隆大学的传统，即将退休的教授会在演讲中与听众一起分享自己的人生旅程，演讲者和听众都需要思考以下两个问题：

1. 如果这是我们最后一次分享，我们会传授哪些智慧留给这个世界？

2. 如果我们明天就会从这个世界消失，我们会希望把什么作为自己留给这个世界的遗赠？

对于我来说，如果把本书看作是我的最后一次演讲，我会如何回答那些与教育相关的问题？我会写下怎样的建议作为自己留给教育事业的馈赠呢？第二个问题其实很难回答，你认为作为一名教育者，你可以为这个世界留下些什么？当你离开时，你的同事会以怎样的方式谈论你？我想也许只有旁观者才可以相对客观地回答这个问题，倘若让我刻意地去总结，我想我留给学生和同事的礼物就是我们一同在课堂、学校走廊上和办公室创造的那些美妙联结。我曾与许多教师有过难忘的对话，有些可能是正在阅读本书的读者或刚刚参加入职培训的教师，我想这可能是我给予教育事业最好的馈赠。

我将回答第一个问题。本本杰明·迪斯雷利曾说："在生活中，一个人成功的秘密在于当机会来临时，他已经做好准备。"这句话是我的座右铭。经历了职业生涯中的各种沉浮，升职、机遇、挫败。我们都需要从自己的经历中学会如何成就更好的自己，思考什么可以持续地激励我们成长。为什么你会选择成为一名教师，你每天起床的动力是什么，我的回答是，因为我的学生。

教学动力无关数据、报告和评估。当你被告知教授的课程还不够好，或是你因为迟到一分钟而遭到领导训斥时，不要让这些因素影响你的教学。教学动力只与你在意的学生和身边的同事有关。我们都希望传递自己的智慧，让每位学生爱上学习。我们教学是出于对学习的热爱，激励年轻人发掘自身潜能。对我而言，过去的二十五年时光与学生紧密相连，而现在，我每天早上起床的动力，是与我一起工作的，来自世界各地的教师。

作为学校领导，我有一个遗憾，在组织教师进行教学探讨方面我没有投入充足的时间和精力，帮助教师精进教学。过去的三年我试图做出改变，我走访了世界各地的学校，尽我所能邀请学校领导定期带领他们的教师来我校交流访问。

我依旧有很多未完成的事业，每当我想放弃教师工作转行从事其他职业时，我总是会想，与学生在一起学习，影响他们的成长轨迹，教师这份工作给予我多么大的特权呀。我用近三十年的时间学习如何更好地为教师提供帮助，特别是在课堂观察领域。每位教师都有自己独特的优势，因此我鼓励学校支持每位教师走出教室，观察其他教师的课堂，从而获得更多启发和指导。而如今，观察他人教学在有些学校仍是不被提倡的，普及课堂观察不能仅靠一个人或一小众人的努力，有许多心系其他教师发展的卓越教师，他们一直在为推动课堂观察做着积极的尝试。

如果我们不建立有助于学校和教师可持续发展的模式，我认为我们可能不会打破在英国学校存在近二十年的个人问责制壁垒。在过去的二十年里，教师保留率基本保持不变，但我想知道，由于问责制和日益严重的心理健康问题，我们会失去多少卓越教师？

2014年国民医疗服务体系发布了一份关于英国国民心理健康的调查报告。报告的调查对象为5,000名成年人，其中26%的受访者表示他们至少有一项确诊的心理问题。这份报告同时发现女性相较于男性，更愿意公开她们患有被诊断出的心理疾病（33%：19%）。与此同时，英国教育捐助基金会在2016年11月的报告中指出：在英国学校中，有将近四分之三的教师为女性，学校教职工女性占比为五分之四。正念协会发布了大量有关教育界教师心理健康和幸福指数的研究。仅在十年前，相关的报告还很难找到的，越来越多的证据显示表现力优秀的团队是建立在每位成员心理健康的基础之上的。

每所学校都应重视教师的工作量和幸福指数。我们必须从注重数据、以测验成绩为主的教学模式，以及需要向监察部门提供教学证据的现状中摆脱出来。如今情况逐渐发生着转变，然而，外部问责制的变革进展缓慢，监督体系必须转向以更丰富、更稳定的模式评估学校的教学质量。当外部问责制没有提供帮助且带有一定偏见时，学校领导应向外部问责制发起挑战。

我希望介绍一种教学策略，它可以在全国范围内真正帮助学校支持教师的专业发展，而不是简单地衡量教师的表现，让教师一成不变地跟随检查清单的要求教学，这个方法是建立教师培训体系。

教师培训

不论参加培训的教师处在职业的哪个阶段，教授哪一学科，教师培训都会为教师带来积极的改变。一名在职教师对教育学的研究及学习的科学所掌握的知识是十分有限的。但令人开心的是，现在有大量的学术文献提供给教师，大众传媒也可作为一种教师专业发展的辅助工具，教师可以通过各种软件开展非正式会议。我通过自己的社交平台与教师进行网络互动，这并不需要学校的帮助，它依靠的是我寻求新方法，以及提升课堂技巧和领导力的决心。但遗憾的是，社交媒体并不是教师获取丰富教学研究的解决方案，它并不适合每个人，也不应该期望教师在空闲时间通过网络查找研究。学校应该在工作时间给予教师专门的研究时间和学习资料。过去的几年，大量的学术论文向教师袭来，在社交媒体和学校中，大家都非常希望接触最新的研究成果，这是一件好事，可以让教师获得分享前沿学科知识、精进教学技巧的机会，找到最佳课堂实践方法，提升教师的专业水平。

分享知识和最佳实践方法可以启发对自我培训的思考。参与培训的经历改变了我的实践，在过去的十八个月中，我对教师专业发展的兴趣愈加浓厚。我受到了道格·莱莫夫《像冠军一样教学》的启发，设计了各种培训项目，同时我还受到了保罗·班布里克-桑托约《构建杰出学校的7个杠杆》的启发，把我从评估发展的角度转换到关注课堂观察。我相信，如果学校希望充分发挥教师优势，应尝试采用这种机制。

以下是我认为适用于任何学校的培训方式：

1. 废除课堂打分制度。我们应使用多元的综合资源，评价学校的集体教学质量，而不是通过一节课的教学质量判断教师的能力水平。

2. 停止每12周一次的课堂观察。

3. 支持每位教师得到培训。

4. 首先确定一组愿意为同事进行培训的教师，担任教学导师。然后学校组织面向教学导师的专业培训，给予他们指导其他同事教学的支持，推动教师间的互助合作。如果你的学校可以获得资金支持落实这件事情，最理想的情况是让每位教师都参与进来，体会给予他人培训和接受培训两种不同的感受。

5. 学校应保证所有新入职的教职工参与培训，发挥教师集体效能，鼓励教师协同应对挑战。请记住，只有当每位教师都接受并落实某项策略的时候，这项教学政策才可以说是真正有效的。

6. 尽可能减少教师培训过程中的书面文案工作，使用通用语言作为每个学校的培训对话模板（参见第三章，方法24）。

以下是培训者与受训者有关课堂观察的一次对话范例：

教学导师："我的观察聚焦哪些方面能够帮助提升你的课堂实践？"（这应

是每位观察者在进行课堂观察时考虑的首要问题。培训导师应与接受培训的教师在课堂观察前确定一个具体时间交换反馈意见，确保双方有充足的时间讨论课堂教学的细节。）

接受培训的教师："我想我需要提高……"（明确进步目标）

教学导师："好的，我会在课堂观察时特别关注你希望提升的地方。"（导师应明确观察重点，而不是盲目地观察课堂教学的各个方面。）

课堂观察结束后的反馈环节应包含以下三个模块：

• 表扬：培训导师应对教师课堂教学中的闪光点给予明确的肯定，并阐述赞赏的原因及评估的标准，之后，培训导师通过一系列有针对性的提问对课程进行梳理。

• 提问和建议：培训导师通过提问与授课教师一同探索、分析、计划解决方案。

• 行动：培训对话的最后一步是确定受训教师认可的行动方案。教学导师可以这样问教师："你对实现这个进步目标有多大决心？"对自己许下口头的承诺更有助于使参加培训的教师意识到，达成目标是对自己负责，而不是对领导或导师负责。

培训通用语言		
作业批注	课程计划	课堂教学
全局掌控	清晰明确	教师的读写与计算素养
构成要素	激发深度学习而非呈现结果	成功标准
有针对性的反馈	为什么	关键词
在课程时间安排中的占比	目的	跟随学习的节奏
	差异化教学	理解记忆的原理
	质量至上	学习的黏性
	快速启动检索练习	

为了在培训中融入有效的指导策略，学校应做到以下几点：

• 指导将代替正式的观察。

• 教学导师每周与接受培训的教师进行一次面对面的沟通，每次的指导持续15分钟且仅专注于一个进步目标。指导结束后，双方在24小时内，提供时长不超过30分钟的反馈。这种每周一次的课堂观察与指导应在一个学年中累计至少6个月的时间。

• 每种培训关系应是跨学科和跨年龄阶段的。如果教师需要提升明确的学科知识储备，应寻求学科专家的帮助。

• 当教学导师与接受培训的教师结对时，评估和垂直领导关系不应作为考虑因素。

• 在培训末期，项目有可能会被微调。教学导师可在新学年之初根据接受培训的教师的需求回顾整个培训过程。

• 教学导师无需对参与培训的教师的表现进行打分评估，他们的职责是帮助教师达成进步目标，参与培训的教师的能力考核应按照学校正式的流程去评定。

如果学校可以做到以上几点，我相信教师培训会是一个提高学校整体教学质量的有效方法。

事实证据

教师很少拥有相互观察和学习的机会。所以当教师获得这样的机会时，他们通常不知道应如何有理论依据地对他人的教学结构或教学语言进行分析讨论。为什么会这样呢？因为教师很少进行系统的课堂观察，教师90%的工作时间都被自己的课时所占据。

我非常感谢我们学校的前任校长肯尼·弗雷德里克。是她将我提出的高度参与的作业设计、聚焦学习结果的多维度备课设计、促进深度学习的教学策略作为她在布鲁奈尔大学博士论文的研究课题。她研究课题的主要目标是检验当教师观察作为教师职业发展项目的一部分时，会产生怎样的效果。教师观察为教师协同合作和专业发展提供了机会，它与我刚刚提到的教师培训类似。但二者还是存在一些明显的不同。

教师观察发生在真实的课堂，它的目的是帮助教师以小组方式进行实践并从彼此的实践中有所收获。它不是一种教学评估，也不需要评分。教师观察小组中的每一位成员轮流作为主讲教师进行课堂教学展示，大家一同识别出教学实践中的问题是观察活动的重点。这个过程包括在课程观察前，小组成员进行简短的圆桌会议，由主讲教师表述课程的内容，讨论可能遇到的实践的问题，并分享课程计划。在课堂观察后，大家再通过课后圆桌会议，反思主讲教师的教学过程。

教师观察的方法借鉴了医生巡房的模式，一组医生围绕在一起对病人进行诊断。我在23岁时曾住过一次院，每天早上8点及晚上服药的时候，这种场景都会发生。每次我都努力让自己保持清醒，注意医生间的对话。在这种情况下，主治医生的医嘱不仅传递给患者，同样也传递给围绕在你身边的其他医生，每位医生都会分享各自

接下页

的观点，为进一步讨论治疗方案收集信息。这在很大程度上体现了通过协作实现迭代的过程。

然而大多数经济合作与发展组织成员国的学校建立的协作模式是脱离真实课堂环境的，在没有学生真正参与的情况下，教师聚在一起对课程进行反思。如果我们总是在课后进行评估，而不是在课堂进行中及时给予反馈，应如何精准地识别实践中的问题呢？教师观察是一个多角度观察教学实践的方法，具体来说，教师观察小组一般需要3—7位教授不同学科或经验不同的教师参与，每位成员通过多元的角度观察学生的行为、参与度及学习成效，给予主讲教师反馈，并反思自己的教学。

教师可自愿加入或建立观察小组，每位成员遵循协同工作的要求和流程，在研究阶段结束后分享自己的思考与收获，使教师观察成为一种可持续的专业发展模式。

有关培训的心理学研究

培训在教育领域是教师专业发展的一种方法，而在商业领域中，执行力培训更为普遍。我是一名执行力培训导师，因此我有机会接触到许多有关培训提升员工的工作能力、优化工作表现、激发员工潜能的案例资料。在大量关于培训有效性的研究分析中，提布姆等人在2014年指出，培训对自我效能、个人幸福指数、目标导向及行为表现都有着积极的影响。

我想提出一个与性别相关的潜在问题。在组织中，女性可能会遇到性别刻板印象，以及有关处事态度与行为方式的性别假设。执行力培训最初是由男性主导的活动。我设想任何一个组织在对女性进行培训时，培训者会对女性面对的挑战有所察觉，特别是处于领导位置的女性，她们可能与处于同样位置的男性领导者所面临的问题不同。反之亦然。

从心理学角度出发，每个培训者都将会遇到这样的挑战：理解事件的重要性等级。在《内在故事》一书中，我描述了我们的大脑是如何根据事件的重要性等级处理信息的。明确什么对我们来说是重要的，这是一种让我们的世界变得有意义的方法。

培训者很重要的一项工作是理解接受培训者看待世界的角度，从他们的角度给予参加培训者需要的帮助。作为一名培训者，当有人向你提出他们的挑战或问题时，这些问题和挑战会立即在你的脑海中形成一个重要性的等级排序，你需要做的是将这个等级消除，因为提问者头脑中的重要性排序等级才是真正需要被关注的。

培训者与接受培训者之间的关系对培训效果有着决定性的作用。倘若培训者沉浸在以自我为中心的状态中，接受培训者则很难达成自己的目标，参与培训的双方应该是一种合

接下页

作关系，而培训应是一项具有探索性和拓展性的活动。作为一名培训者，我见证了教育领域中真正有效的培训能够帮助学校整体与教师在不同方面获得提升。

提姆·奥博朗教授

小结

教学并不需要完全根据课堂计划进行，也不需要让学生参与到各种你能想到的课堂实践活动中，更不是让每位学生处于掌控之下。教学是帮助学生在学习上取得进步，并找到适合学生的教学方法。基于学习的科学制定高效的教学计划，同时也有足够的信心为了满足学生的需求调整计划，教学是可以通过科学的批注和评估反馈影响课程的整体走向。

在《从作业设计开始的30个创意教学法：运用互动反馈循环实现深度学习》最后一部分，我主要的目的是分享帮助教师提高教学质量的策略。我知道每个学校的每位教师都想让他们的学生变得更好，但我同时也了解到教师的专业发展的现状仍令人感到沮丧，“一刀切”的教学方法被推崇，专业发展培训被用来向教师灌输新的教学指令或僵化的学校政策，但这种情况正逐渐发生改变。对于教师来说，掌握自己职业发展规划至关重要，教师拥有自主权，可以决定什么类型的继续教育培训对自己才是适用的，并且结合自己工作的环境，使教师培训的关注点更加深入且有意义。

学校应给予教师充足的时间用于反思和提高教学实践技巧。培训和高质量的个人发展机会应平等地提供给每位教师，而不仅仅是新手教师，这应成为学校常规活动的一部分。我们都应更新自己的学科知识储备。作为教师，持续的学习是我们的职业要求。我认为学校应根据自身情况精心策划教师专业发展，与教师分享以事实为依据的实践方法，使全校教师在保持教学的一致性的同时，勇于开拓适合自己的实践方法，提升教学创造力。

现在让我们一起来回顾第三章提出的以事实为依据的10个教学方法吧：

1. 明确学习成果和教学内容的关键词是课程的根基，结合直接指令、自我调节反馈及助推理论。

2. 在教学过程中使用范例模板，比如交互教学、思考—组对—分享，以及“我来做、我们做、你来做”的教学策略，帮助学生提高读写和计算能力。

3. 跟随学习的节奏进行教学，而不是按部就班地执行教学计划。学校领导不应仅依靠检查清单和评估打分考核教师，而是应当允许教师犯错，从错误中学习的文化应在全校范围内得到鼓励和支持。

4. 确保自己对记忆的原理及学习的科学有相对全面的了解，建立以事实为依据的教学政策，实现集体教师效能，减少教师的工作量并最大化学生的学习效能。

5. 在对学生进行提问时，使用问题矩阵。问题矩阵的架构可以让你更加系统地对学生知识的掌握情况进行有针对性的检查，同时给予学生精准的反馈，定位你可能需要再次教授的知识和技能。

6. 培养高效能教师的七个特质可以帮助你提升教学的影响力，你可以改变孩子的生活，甚至对整个社区的发展及促进社会的流动性做出贡献。

7. 深度思考巴拉克·罗森珊提出的有效指令的十个原则，并应用到教学实践中。同时，在自己的职业发展的优先项及提升教学影响力方面投入更多的时间与精力。

8. 通过使用课堂观察的四步法，提高教师整体的课堂观察能力，减少课堂观察存在的偏见，增强课堂观察的可靠性，营造开放、愉悦的互助教学氛围。

9. 优先考虑协作。在课堂中引入合作式学习策略，例如背对背，帮助教师在提高学生课程参与度的同时，营造包容的学习环境。学校应为教师协同合作提供实际的支持，这样做才可以真正提高课堂实践水平，教师专业发展应在关注技能训练的同时，聚焦教师对教学意义的深度思考。

10. 在学校建立一套完善的培训系统，支持每一位教师的持续专业发展，提升教学质量。

写在最后

我们这一代教师受到了许多外部声音的影响，针对教师如何进行教学这一主题，“收割者”、政客、部门领导、学校领导、教育专家及智库都发表过许多观点。教师不断地被观察、监管、评判、打分，并得到反馈自己在哪些方面需要提高。教师感觉他们已不再是自己课堂中的专家。

试想一下，你被不停地告知要比之前做得更好会有何感受。教师甚至已经开始接受这种默认的模式，有做不完的任务清单，带着这节课必须比上节课更优秀的期许，学生这次的考试结果必须优于上一学年的压力开始每日的教学。

但遗憾的是，教师得到的指导通常来自那些与自己几乎没有共鸣的人。我们需要充分信任优秀的教师。同时，如果实力较弱的教师忽视同事和管理人员提供的支持，与学生、家长和同事的关系变得日益紧张，也会对他们未来的专业发展产生负面的影响。

毫无疑问，教学这份职业是有着高要求且十分辛劳的，甚至有时会让人感到沮丧。但既然选择成为一名教师，那肯定是因为我们想做出一些改变。我们选择成为一名教师不是为了去买荧光笔、订书机、胶棒，沉浸在无休止的作业批注中，多数教师承受着比其他领域的从业者更高强度的工作和较低的收入回报。然而，我们没办法选择的是绩效管理目标或大量的数据收集带来的压力，这耗尽了我们对课堂的所有热情。

我们在学校之外都有自己的生活，而个人生活在某种程度上也会影响我们的职业选择。同样，在我们国家教育体系或工作的学校中也可能存在某些具体因素影响着我们对这份职业的感受。但为什么有些教师的专业得到持续的发展，而有些教师却未能在教育领域有所建树？为什么有些教师感受到了教师这份职业的意义，而有些教师仍处于迷茫之中？

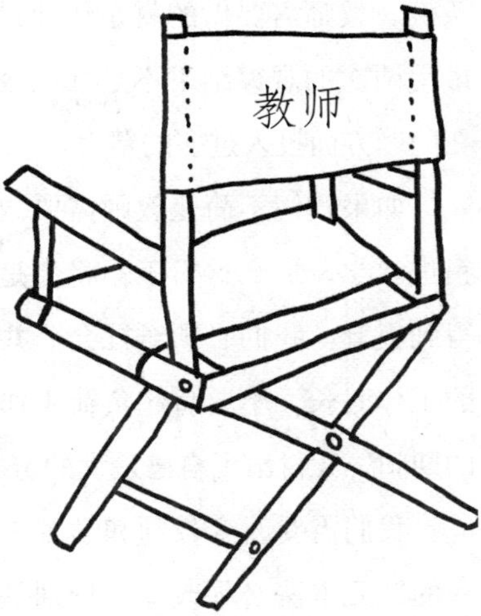

我们总会有写不完的作业批注、报告和需要出席的领导会议。当然，我们都希望在下班的时候把自己的孩子接回家，和朋友们一起聚会放松，而不是在教室的课桌前不停地批注，在开会的时候打瞌睡。无论如何，我相信我们有能力改变现状。如果我们能够对大量的数据收集、评分、课程计划和冗杂的书面反馈表达自己的不同意见，那么教学环境会变得更好，这不仅是为了我们的学生，同时也是为了教师职业的健康发展。如果我们可以消除外部的施压，我们或许可以把学校塑造成一个让学生和教师更加快乐的地方，同时提升学校的整体教学质量。布里恩和杜伯里在《教师幸福指数是学校成功的关键》一书中说道：

> 如果我们希望提升学校的整体表现，那么我们应从现在开始关注教师的幸福指数。

我认为改变是一件积极的事情是受到了理查德·杰弗的启发。在《改变：学习爱上它、让它成为主导》一书中，理查德·杰弗描述了他离开教学岗位，走出校门那一刻的心情：

> 你或许也曾因担忧未知的改变停止了前进的步伐，然而我们担心的改变往往是自我想象出来的结果而非真正的现实。

理查德·杰弗认为我们不应停止改变，我对此也深信不疑。但当改变是由基础做起的时候，它确实是一件具有积极效应的事情。我们当然需要教学系统和政策的支持，但绝不是那些会影响我们日常工作的政见分歧和冗杂的条例。教师需要做的就是作业设计、备课、课堂教学。他们不应只是因自己最后两次的观察结果不是那么令人满意，便需要在数据收集、行为管理及潜在问题方面投入过多的精力。

如果我们不简化教师需要做的事情，没有为教师提供充足的时间和资金精进教学，那么这份工作将会是枯燥乏味的，教师的保有率和招聘率仍不会得到提升。我们必须对社会公共服务有所投入，改变教师每周超过60个小时的工作时长，不要将超负荷工作看作是一种常态化的工作模式。在我当教师的期间，我付出了自己最大的努力，而且我相信你也是如此。

我们需要改变教师和学校永远做得不够好的观念，用于评估学校整体效率的二元方法必须改变，特别是以相同的标准衡量具有挑战性的学校和全国最富裕地区的学校是不合理的。《泰晤士报教育增刊》的一项调查发现，在2014年至2017年的三年中，英国没有一所学校的检查结果被推翻。《泰晤士报教育增刊》引用了学院、大学及领导者协会秘书长杰夫·巴顿对此的回复：

“这暴露了在投诉过程中一个长期存在的问题，太多的学校领导仍然对检查的不一致性及复杂的投诉程序表示担心。”

作为多次投诉过程的参与者，我理解你抱怨评判的流程，但不是全部的评判。这有点像在收到停车罚款后和停车服务人员的争论。你必须接受自己被给予的罚单和罚款的事实，但你可以抱怨处罚的操作方法。“亲爱的停车管理处长官，我不喜欢你在我的车窗上贴罚单”，或者更好的表达是：“亲爱的停车管理处长官，我知道自己的确非法停车，但当你开罚单的时候我并不在现场，你在我不在场的时候做出这个决定，但却没有给予我解释的机会。”这特别像课堂的监察者和学生在教师不在场的情况下单独谈话，这与信任或教师担忧沟通的内容无关，这关系到第三方会面和问询的重要性。

学校对某位教师和他们的授课表现进行单

独评估也是同样的情况。试想一下，教师也会抱怨他们被观察的方式，却不能决定观察者的主观观点。这是一个在成千上万所学校普遍存在的问题，评价者享有最终决定权，即便他们的判断有可能是错误的。

这一点使我对自己所热爱的学校产生了一些消极的看法。如果学校忽视教师的职业和个人发展目标，那么谁还会选择在具有挑战性的工作环境中教学呢？采用“一刀切”的方法衡量教师的表现，会让教师产生无论付出多少努力去做对社会有意义的事情，仍无法达到优秀的标准的挫败感。更糟糕的是，尽管学校的标准提高了，但衡量的标准也在不断变化，这会使教师彻底陷入消极的工作状态。

终有一天，当我们回顾当今国家的学校监察过程时，我们会对它作为教育系统的一部分而感到诧异，它需要巨大的改革。我将自己教学的经验和思考以及阅读的大量教学研究的收获倾注在本书的创作中。但这本书是否准确地传递了我希望阐述的全部内容？它涵盖了我教育生涯的每一个细节吗？也许并不是。你或许会需要两天以上的时间才可以读完这本书。那么，为什么我们可以接受学校监察者在不足两天的时间内对学校教学质量做出的评估呢？学校监察者所做出的判断都是正确的吗？有太多的问题需要解释，评估者草率的结论会对我们的学校、教师及社区发展产生消极的影响。学校监察者很难在短时间内做出合理的决策，我知道自己无法做到，这也就是为什么我拒绝参与学校监察的原因。

杜伦大学的罗伯特·科教授指出，有证据显示我们低估了课堂观察的难度。针对观察的可靠性和有效性，他分享了许多令人诧异的统计数据，证明培训教师在课堂观察后采用的评估和判断的方法既不可靠又收效甚微：

> 大量的研究报告关注课堂观察评分的可信度。例如高效教学测评项目指出，针对同一课堂教学，第二观察者的结论与第一观察者的结论存在差异的概率在51%—78%之间。

更值得我们注意的是，罗伯特·科发现，有证据表明如果你的课堂教学被判断为“不够充分的”，那么第二个观察者有90%的可能会给予你不同的评分。我们目前的教学体系选择忽略这些研究，这样不仅会打击优秀教师的信念，还会使很多教师因为很难享受工作的快乐而选择早早结束教师的职业生涯。我在剑桥大学的博士研究方向是调查“收割者”对学校的评级的可信度，以及监察机构是否真正提升了教学标准。我们需要寻求一个更有力的学校监察实例，实现研究对一次性的课堂观察方法的准确了解，但我们能够在一天半的时间内完成对如此复杂的监察机构的测评吗？

统计数据就是证据。英国教育捐助基金会发布的年度学校工作报告展现了英国公立学校员工工作情况。报告显示，在2013年开始从事教师职业的教师中，只有74%在3年后仍坚持从事教师的岗位，也就是说有超过25%的教师在有机会掌握教师的基础要求前就已离职。在新冠疫情封城期间，2020年春季教师申请人数大幅增加。

呼吁

读到这里你可能会惊讶地发现，在我的职业生涯中也曾有过焦虑和挣扎。在写这本书时，已经是我在教育领域的第27个年头了，我在18岁时接受教师培训，23岁正式成为教师。这是一段非常精彩的人生经历，但在此期间我也有过低落的时刻。

每个职业都有它面临的挑战，也会有自然的人才流失。但如果年轻教师步入工作岗位后没有明确的前进方向，或陷入无穷尽的工作，继而被每两至三年招聘的新教师取代是可接受的常态，那说明我们的教育系统在某些方面存在着问题。作为一名教育者，我们有责任根据我们的经验帮助改变这一现状，消除没有依据的说法，只有这样才能把优秀的教师留在教学岗位上。

尽管如此，我仍对教育事业的发展保持乐观的态度，因为我看到依旧有成千上万的人选择教育作为自己的事业。他们希望和学生一同努力让自己变得更好。教室是一个有吸引力的地方。有许许多多愉快的瞬间，细腻的情感发生在教室，这里包含着每位学生独特的性格、情绪和声音。教师学习如何关爱自己的每一位学生。教师具有共情的能力，能够将不良的行为管理看作学生学习的机会，教师认为没有所谓的坏学生，有的只是受到影响的学生。他们知道教学中将会遇到很多挑战。有些时候会因为个别学生的行为中止课堂教学。但这并不是课堂教学的常态。孩子并不是一个排名或一个考试结果能够代表的。他们是我们的下一代，我们未来的领导者、我们的未来。

我们会记得每一位激励过自己，帮助我们取得成就的教师。因为有优秀教师的存在，英国的孩子接受了在这个国家提供的最好的教育。通过这本书，我分享了一些优秀教师的工作方法，以及在州立学校系统中优秀的教学案例。通过社交媒体及互联网传播平台，教师有机会分享最好的实践案例，消除政策制定者、会议演讲者与视察团成员提出的没有依据的说辞。总而言之，我们可以挑战政府政策，质疑那些毕业后再也没有踏进过教室的政客撰写的白皮书。我们可以通过发出自己的声音，塑造属于我们的教育版图。在媒体猛烈的抨击和政治哗众取宠之声中，我们必须掌控自己的命运。我们需要做的是相信自己并从此刻开始有效地组织起来，让改变发生。

我们需要关注的第一件事就是如何定义我们在自己的工作岗位承担的角色。我们都需要有韧性，但这并不是我们在课堂生存的唯一解决方案。如果不能修正工作和生活之间的平衡，那么我们仍无法很好地解决教师招聘和人才留存的问题。具体到实际工作中，教师是否可以在下午4：30走出学校，是否能够从无尽的批注和教学计划中解放出来，拥有属于自己的周日，是否可以在下班后不理会电子设备的日程提醒，不需要7天24小时全天候都要接收邮件，这些问题都与实现工作与生活的平衡密切相关。

我们不需要用如此高强度的方式工作。没有什么事情是如此急迫的，不是吗？没有人可以让教师一整天都坐在办公桌后关注教学的方方面面。如果有一个整体规划能够改善教师的工作和生活间的平衡，那么规划应包含以下这些方面。

- 教师在工作日能够在作业批注与反馈，以及制定课程计划方面投入更多的时间和精力。

• 随着教师在学校服务年限的增长，教师可以拥有一周的年假。

• 未来的每一任教育部长都应拥有课堂实践的经验（这样政府制定的政策才可以在一定程度上得到教师的理解）。

• 教学监督者在进行评价时，减少“优秀”“良好”“要求提高”“特别措施”等评语的使用频率，用简单的“不错”和“仍须努力”代替即可。更好的方法是，取消政府对学校的监察，朝着学校间相互监督的程序迈进。

你的职业整体规划清单包含哪些内容呢？

提升教师的教学幸福感，这绝不是一件次要的事情。但我们也应注意，当幸福指数在学校成为一个可衡量的因素时，它意味着现实情况可能朝着与预期目标完全相反的方向发展。随之出现的一系列举措可能会使人产生一种学校将教师的幸福指数作为工作的第一要务的错觉。但所谓的“周五蛋糕日”和“年度员工评选”只是为了掩盖现实存在的裂缝。试想一只天鹅平静地划过湖面，双脚在水面下以令人难以置信的速度摆动。这是表面的幸福。它没有解决核心问题，而是掩盖了真实的问题。

对于我来说，解决问题的方法显而易见。问题的关键是保证每位教师都能够富有热情地给予学生高质量的作业与反馈，聚焦学习结果的多维度备课设计，以及运用促进深度学习的教学策略。教师应拥有自主的时间和空间与学生一起做好这些事情，同时定期与其他同事交流课程内容和课堂实践的有效方法。不要让我们的课堂教学因外部监管者和政策制定者的要求和指示变得过于复杂。教与学胜过校园里其他的一切活动，我们的政治家、学科专家和学校领导越早记住这一点，越有利于我们的学生、教师及教育事业的发展。

让我们舍弃那些无意义的赘述，回到工作中，给予学生高质量的作业与反馈，聚焦学习结果，制定多维度的课程计划，实践促进深度学习的教学策略，这是每位教师都应做到的。

附 录

简介

附录部分精美的思维导图附录由奥利弗·卡维利奥利绘制，我诚邀奥利弗绘制思维导图有两个主要的原因。

首先，我十分欣赏奥利弗·卡维利奥利的视觉设计。他是一位掌握图表设计技术的杰出教师，因此，我请奥利弗·卡维利奥利使用双重编码的方式将30个创意教学法用文字和图表相结合的方法呈现出来。

其次，我的网页有超过1300万读者，我在偶然间学习到有关网络分析与数据传播的知识。尽管已写下超过200万有关教学的文字，但统计显示，读者在网页的平均浏览时长为一分半钟。这一发现告诉我，教师投入在深度探究教学方法上的时间其实非常有限。在过去五年中，我一直尽我最大的努力清晰且简明地表达我认为行之有效的教学策略，帮助教师更高效地获取有价值的信息。

每位教师都希望得到实用的工具包，附录部分的30个创意教学法思维导图以简明、清晰、易于理解的模块形式呈现。从长远来看，我希望它可以成为转变课堂实践和学校文化的工具。这些图示可以帮助你快速了解本书所讲述的内容。倘若附录中的思维导图引起了你的兴趣，激发了你的想象，你可以翻阅正文的对应章节，更加深入地探究具体的实践理论和教学策略。

罗斯·莫里森·麦吉尔

附录一 高度参与的作业设计

方法1 把握全局

方法快照

在制定评估体系前，首先要考虑你目前处于教学的哪个环节，结合每位学生的出发点、进程和具体情况，思考这份作业进行批注的具体意义和目标是什么。把握全局的方法可以帮助你有效地进行作业批注，进而提升教学和评估的质量。

更全面的视角

试想面前有一幅地图，它提供了很多条抵达目的地的道路。在进行作业批注和评估时，教师拥有更加全面的视角是至关重要的。

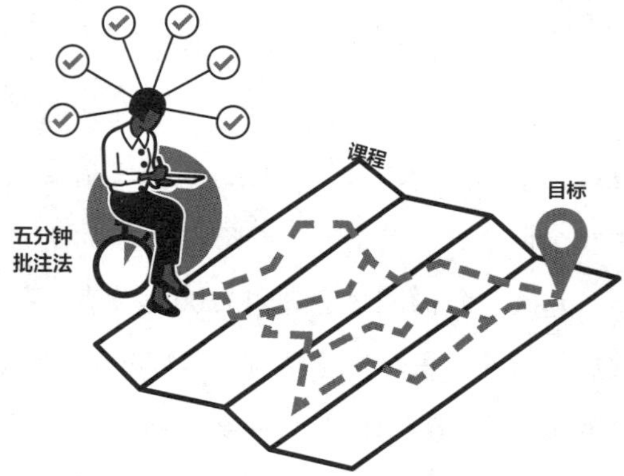

了解你的学生

❶ 学生以往的考试结果和作业完成情况。

考试结果/读写能力测验/计算能力测验/学习需求

❷ 学生目前的课程进度。

优势和弱点/课堂跟踪/小组目标

❸ 管理你的课堂，了解你的学生。

课堂行为/出勤率/喜好和兴趣

❶ 香蕉女皇乐队原则

重要的不是你做什么，而是做事的方式。

❷ 金发姑娘原则

把平衡掌握在刚刚好的尺度上，既不太多，也不太少。

❸ 马太效应

如何帮助相对落后的学生，弥合学生间的成绩差距?

方法2 开放式评语

方法快照

在你的批注中使用“仍须努力”这个颇具力量的词语可以帮助你从复杂的评分系统中抽离出来，形成简单易行的评价框架。这可以激励你的学生提高学习质量并进行深度思考。

诊断重点

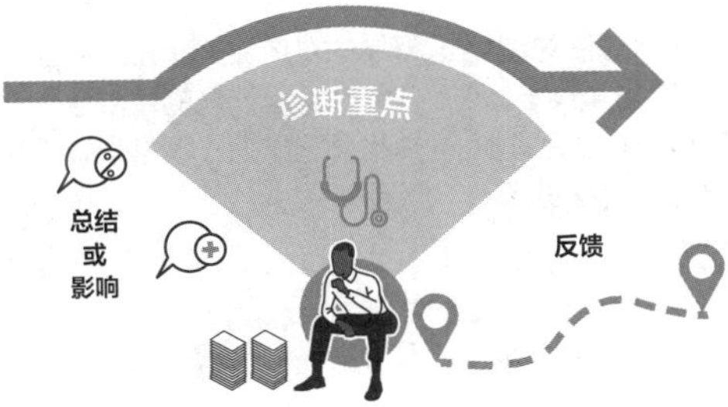

无论是总结性的还是表格化的批注，都需要有针对性，我们应让学生明确，如何针对一份作业，或整个学习过程进行自我完善与调整。

仍须努力

“仍须努力”的方法可被用于书面反馈。用于口头反馈，它同样可以起到很好的效果。如果学生收到的评价是“仍须努力”，那么他们会明白在未来的学习之路上，自己还有需要攀登的阶梯。

变得更好

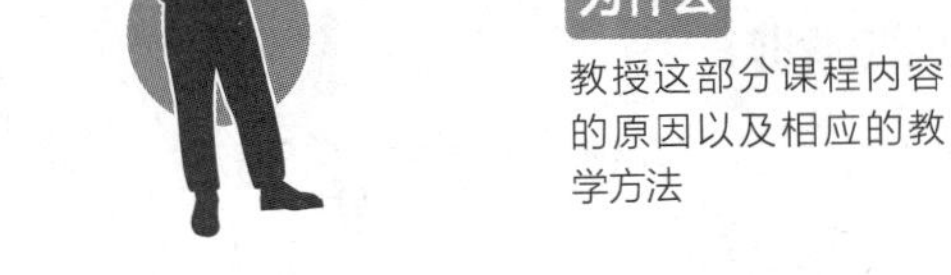

在新学期伊始使用“仍须努力”的批注是一种非常好的针对性批注方式。

我要在什么地方进行作业批注

你可能想在学校完成你所有的批注工作，这可能是在教室、在一间没有人的办公室，或许你感觉在家批注作业更容易。

方法3　现场批注

方法快照

在最近的几年里，我一直使用“现场批注”的方法，利用课堂时间，面对学生进行批注，这既可以让我的批注深入人心，又可以减轻课后的工作负担。为什么不尝试一下呢，看看这个方法是否能提升你批注作业的质量与效率。

纠错/更正

局部反馈是一个对具体目标进行现场批注的方法。它可以让教师和学生聚焦作业的细节。

❶ 仅选择一处进行批注。
❷ 在旁边画出批注框。
❸ 仔细批注但不提供评分。
❹ 提供精准且完整的反馈。（书面反馈或口头反馈）

建立对话

清晰且有针对性的对话对现场批注有着积极的影响。它可以帮助学生提升作业完成质量。试着按照这个流程进行：提问—建议—行动。

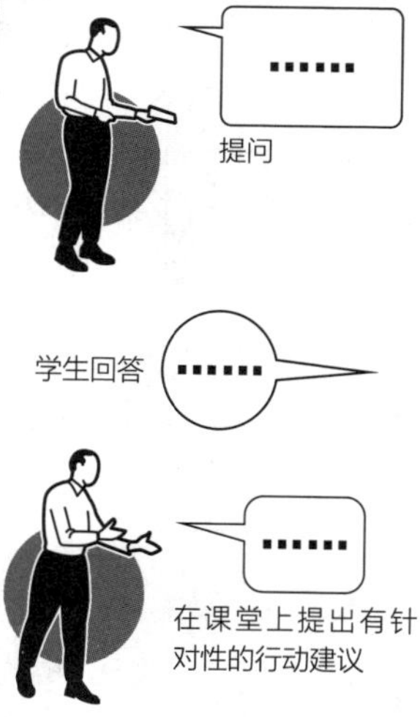

频率和速度

将学生对作业的修正及完善作为你课程计划的一部分，并且把它作为一项常规教学活动。

现场批注的利弊

- 减少课堂之外的工作量。
- 鼓励有针对性的精准反馈。
- 通过对话推动学生针对反馈迅速采取行动。

- 一次只能与一个学生或一小组学生进行沟通反馈。
- 针对作业细节的反馈可能会占用过多课堂时间。
- 双向反馈及行动回应可能会拖延课程进度。

方法4　创造性批注符号

方法快照

为了确保学生可以理解评估重点，需要使用明确且简单的批注符号，帮助学生更好地理解并根据你的反馈进行相应的改进，提升学习质量。

约翰·哈蒂教授：“教师与学生交流课程目标，以及达成目标的途径至关重要。”

排名

提供给学生几份不一样的作业，让学生按照自己的标准对作业的优先级进行排序，并说明这样排序的原因。

评分

同学互评作业，根据同伴的作业完成质量进行打分，并写明评分的标准或理由。

模考

给予学生参加模拟考试的机会，然后让他们根据成绩的判定标准，评估自己的表现。

批注符号	✓ 正确/好的观点/书写工整	✗ 不正确/错误观点	Sp 检查拼写错误
? 这里说得通吗？是否需要提供更加详细的解释	^ 添加词汇	// 另起一行	e.g. 举例说明

有意义

使用批注符号能帮助你更专业地提供作业反馈，将你与学生的学习成果可视化。

可管理

使用批注符号批改作业，请尽可能确保你的批注符号明确且简单。

有动力

学生高度参与的作业批注及评估方式，有助于推动学生取得进步。

方法5 如果错了，恭喜你

方法快照

我们都能从错误中收获有益的经验。错误可以帮助我们学习新的事物，建立自信心，培养我们的冒险精神。同时，也教会我们什么时候应表达谦逊及歉意。在课堂中，教师应给予学生机会，鼓励他们敢于接受挑战，同时让学生学会应如何回应他人提出的反馈，这些对培养学生自信心、适应力及提升他们的作业质量至关重要。

从错误中学习

从错误中学习，需要学生有足够的自信。使用批注的教学策略能帮助学生建立这种信心。

延迟批注

不要进行任何打分和评分排名。教师应根据评估标准对作业质量做出书面评价，引导进步。

再次批注

教师只有在学生投入更多的努力完善第一次提交的作业后，才能对新提交的作业再次批注。这样做的意义在于让学生理解批注，并学会针对反馈进行自我修正或调整。

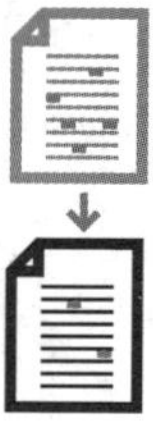

对批注做出回应

学生针对教师的批注反馈做出回应，在特定的区域更正错误或重新提交作业。教师与学生可根据批注反馈展开深层次的交流。

精英批注

只有学生的作业质量有明显的进步时，教师才给出全方面的最终评价。这样做有助于激发学生潜能，通过持续的调整与完善，使学生展示出他们的最佳水平。

等号、加号、减号

使用相应的符号代表作业质量的变化情况：与之前作业质量水平相近或持平使用等号，作业质量有明显提升使用加号，作业质量呈下降趋势使用减号。

方法6 识别知识漏洞

方法快照

重温知识重点，对所学知识进行回顾是课程计划中必不可少的部分，它包含学生没有掌握的模型、主题或课程内容。不必担心，每位教师在教学过程中都会遇到这些问题，我们应关注的重点是通过作业批注和学生学习成效的评估，准确捕捉并弥补知识漏洞，缩小学生间的理解差距。

赫尔曼·艾宾浩斯的遗忘曲线：艾宾浩斯在1885年发表的研究指出，如果没有有意识地留存信息，那么信息将受限于记忆遗忘曲线的制约。

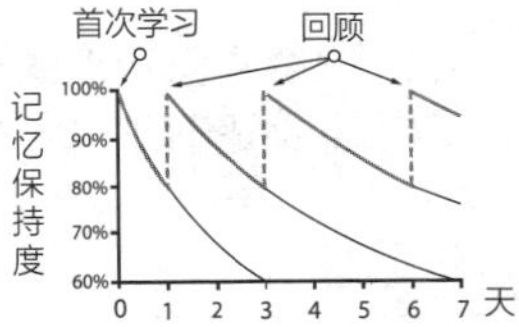

有重点的反馈

把反馈的关注点集中在一至两个具体的考核标准上，这样做能帮助你掌握学生对重要知识点的理解程度。同时，帮助你识别学生的知识漏洞。

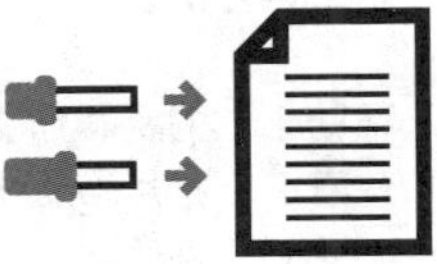

查漏补缺

为了弥补漏洞，确保学生牢固地掌握重要知识点，教师可采用提供范例及直接指令的方法。这里提供10种有效的方法。

❶ 向学生提供范例，告诉学生范例的每一个步骤是如何发挥作用的。

❷ 与学生讨论哪些是你决定要做的，哪些是选择放弃的。

❸ 说出你的想法。

❹ 不要担心犯错，学习过程中最难掌握的一项技能其实是修改。

❺ 学生不知道应如何修正时，向他们演示正确的做法。

❻ 不要在课堂伊始就用掉所有的教学技巧。

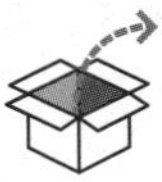

❼ 投影仪是你得力的教学助手。

❽ 不要对学生是否掌握所学知识与技能做出假设。

❾ 发挥想象，尽可能为学生提供多样化的学习范例。

❿ 以终为始，将课程目标放在首要位置。

方法7　查漏补缺

方法快照

尽管对于教师来说，识别学生在学习过程中的知识漏洞非常重要，但更关键的是鼓励学生独立在作业中找到问题，发现自己需要进步的地方。教师在课堂上为学生留出查缺补漏的时间。

独立工作

给予学生独立反思作业的机会，思考自己的作业哪些方面符合评估的标准，哪些方面还需要提高。

查找与修正

帮助学生们反思作业的有效方法，就是给予学生时间自主完善作业或重新提交作业。

学生批注

帮助学生明确作业评估的标准，指导学生通过自我评估及同学互评的方式批注作业。

着色

指导学生根据评估标准，对作业中展现不同学习技能的部分，用不同的颜色进行标记。

聚焦下一阶段的目标

学生将自己的作业与范例进行比较，确定下一阶段提升的方向与进步的目标。

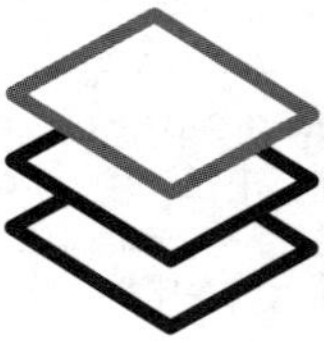

交通信号灯

学生在作业中使用红色、黄色和绿色的圆点，分别标注他们存在困惑的地方、需要教师给予帮助的地方，及已达到评估标准的地方。

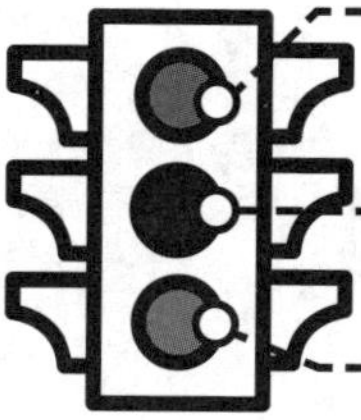

红色：学生存在困惑的地方。

黄色：需要进一步理解或巩固的地方。

绿色：作业中已达到评估标准的地方。

方法8　明确评估点的作业反馈

方法快照

对于教师、教研部门及整个学校来说，定期评估学生的学习成效对制定教学计划、评估教学情况，以及衡量学生的学习态度和进展十分重要。教师在评估学生学习成效时，应考虑每位学生的不同学习目标和需求。

教与学的差距

反思自己希望达成的教学目标与学生真实的学习成效之间的差异。

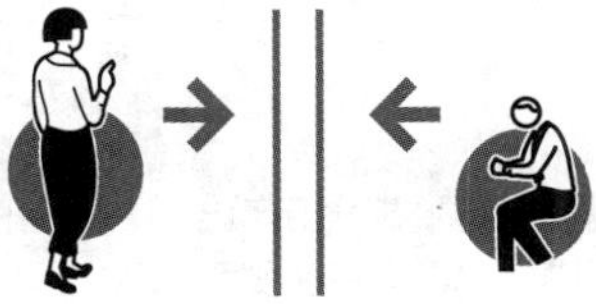

与其花费大量时间批注每一份作业，不如将学生目前的作业完成质量与之前的作业完成质量进行比较观察，判断学生的学习进展。

作业样本

如果作业样本可以代替观察评估，那么我们需要充足的证据来验证样本的可靠性。在没有结合实际情况和与教师进行交谈的前提下，随机抽查学生课本或作业而得出的结论不具备参考价值。

解决办法

抽查作业样本要在适当的条件下进行，学生与教师必须要参与其中。

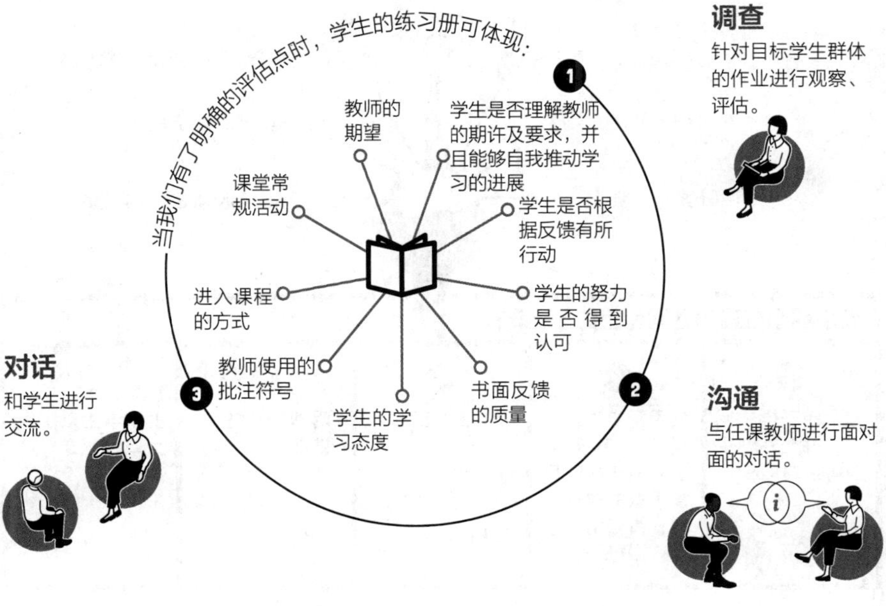

方法9　更加智慧而不是更加烦累

方法快照

引入自我评估和同伴互评的方法可以让学生在日常批注环节投入比你更多的努力。在开学之初花费一些时间教给学生如何有效地进行自我评估和同伴互评后，你会在本学年接下来的时间中减少自己的工作量，同时让你的批注更加智慧。

复习练习

在普贾里·阿加瓦尔和帕特里斯·贝恩2019年出版的著作《有力的教学》一书中，他们分享了复习练习，作为一种知识转换的方法提供了有意义的反馈和评估。在这里要强调的一件非常重要的事情就是：复习练习不需要进行评分，当排除了总结性评估时，才会减轻学生的压力。复习练习应该与自我评估相关联，而不是为了完成。

复习练习是为了让我们接受并修正错误，而不是用来强调完美的。

《有力的教学》

推荐

在戴维·尼科尔和戴布拉·麦克法兰迪克的文章《教学评估和自律性学习：优秀反馈实践的模板和七大原则》中，他们研究了教学评估和反馈之间的关系。

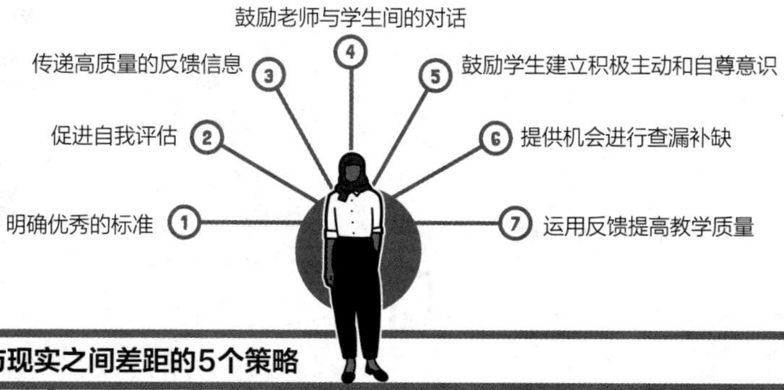

缩小期望与现实之间差距的5个策略				
1	2	3	4	5
教师给予学生反馈，并允许学生重新提交作业。	使用两步法进行反馈，基于学生对第一次的反馈采取的改进措施，教师给予学生第二次反馈。	提供任务范例。	明确行动的关键点。	要求学生以小组为单位制定行动方案。

方法10 口头反馈

方法快照

在之前提供的方法中，我们可以看到反馈是提高教学质量最有效的方法之一，但我们同时也要意识到不是所有内容都需要被批注。为了达到批注数量和质量的平衡，接下来我们看看哪些作业是不需要被批注的，以及口头反馈的价值。

不应该进行批注的方面

第三次批注

你应该避免第三次批注，高效的批注方式是教师首先对作业进行批注，学生基于教师的反馈采取相应的改进措施，然后教师再次进行作业批注或是再次根据学生的行动给予反馈。

评语

不要在学生作业上使用类似“好”“不错”这样空泛的评语。你可以在交还学生作业时口头反馈自己的直接感受，在书面反馈中提供具体的行动改进方案。

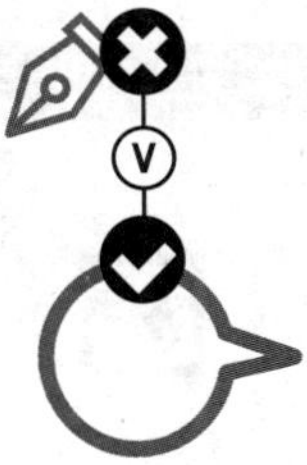

频率

不要向学生、家长或同事承诺自己的批注频率。这样做意味着你是根据日程安排，而不是学生的实际需要进行作业批注。

逐页批注

避免对作业的每一页都进行批注。在作业上适当地留白，有针对性地告知学生哪些方面是评估的重点。

反馈的印记

在学生作业上盖章只能证明你已批注作业，但未能向学生提供有价值的互动反馈。

小结

1 把握全局

在开始评估作业前，掌握课程进度及每位学生的实际情况，并针对每一份作业做出有针对性的反馈和评估。

2 仍须努力

在你的批注中使用“仍须努力”这个强有力的词语，可以激发学生的主观能动性，推动学习的进展，培养学生的成长型思维。

3 现场批注

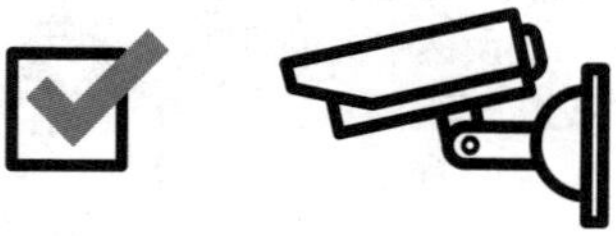

在课堂建立现场批注的学习氛围，使学生及时获得反馈，取得进步，同时减少你的工作量。采用局部反馈的方式，给予学生明确且具体的改进建议。

4 批注符号

结合学校的相关政策，使用学生易于理解的批注符号。明确且简单的批注符号在帮助学生改进作业的同时可以最大程度地节约你的时间。

5 重新修改

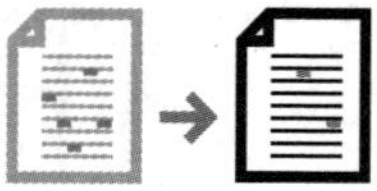

在课堂建立鼓励重新修改的学习氛围，让学生意识到提交完成的每份作业不是无法修改的最终成品，每一次错误更正都是学习的机会。

6 识别知识漏洞

使用评估和批注的方法识别学生的知识漏洞，再次教授学生未完全掌握的知识要点。

7 查漏补缺

要求学生自主识别自己的学习成效与目标或标准之间的差距，并给予学生范例，指导学生弥补漏洞，弥合差距。这样做可以帮助学生学会从错误中学习，加深理解，培养坚毅的品质。

8 定期评估

定期评估学生的学习成效，对教师、教研部门或整个学校制定教学计划、评估教学情况，以及衡量学生的学习态度和进展至关重要。教师在评估学生的学习成效时，应考虑每位学生的不同学习目标和需求。

9 智慧批注

向学生介绍自我评估和同伴互评的标准和方法，更加智慧地做出你的批注，确保学生在批注反馈环节比你投入更多的努力。

10 质量至上

不要给予每位学生大量的书面反馈。恰当地使用局部反馈与口头反馈给予学生有针对性的高质量评估。

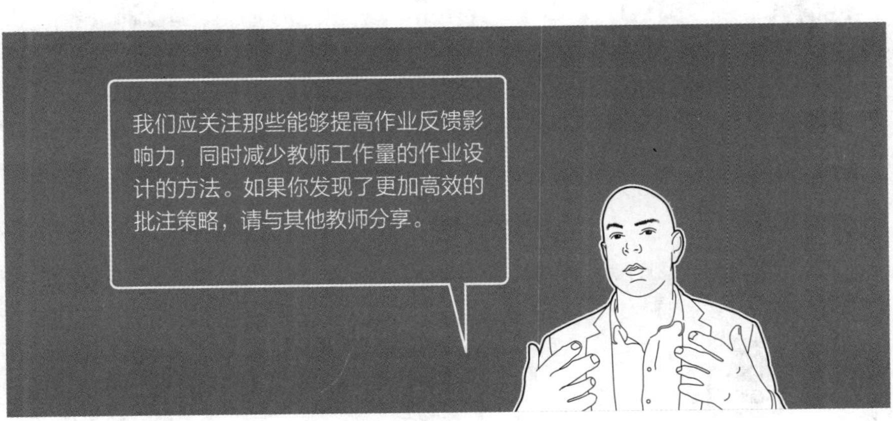

方法11 反思已完成的备课计划

方法快照

制定课程计划是一个认知与反思过程，它并不是一个填空练习。教师以更大的格局进行思考是非常重要的。你的课程计划如何适应你的工作安排和课程内容？学生对于你所教授的知识有何了解？你希望他们上完课学到些什么？

制定备课计划是为了帮助你做好教学准备，而不是为了展示。

派普斯 · 麦克雷《精益课程计划》

什么是你不应该做的

基于活动的计划

你遇到（或者试图寻找）一个好的课堂活动或者课程资源，然后尝试将活动融入到课程中，让课程目标配合教学活动。这样做的结果，只是让学生在课堂上保持忙碌状态而已。

基于覆盖范围的计划

基于覆盖范围的计划开始于广泛地借鉴其他教师的课程目标，而不考虑自己学生的实际需求。这使教学计划成为教师完成课程的一项练习。

过度计划

计划中包含过多的课堂活动、知识点及课程目标且教师没有对课程目标进行有效的分解。过度计划会对学生的学习成效产生负面影响。

三步法

派普斯 · 麦克雷在《精益课程计划》一书中，将课程计划过程精简为3个行动指示标识

扎实的根基

介绍了支持精简课程计划的教学方法、思维模式及习惯。

习惯做计划

详细介绍精简计划的核心习惯。

习惯成长

为不断提升课堂实践提供具体的操作策略。

方法12 “为什么”小测验

方法快照

在确认学生需要掌握的学习内容后，你需要将关注点转移到如何帮助学生到达所期待的目的地。针对所有安排的课堂教学活动，你都应该问一句：“为什么？”这样做可以确保每一个教学环节与学生达成的学习目标紧密连接。

使用“为什么”小测验

当你在执行课程计划时，对自己设计包含的每一个课堂活动都要问上一句：“我们为什么要这样做？”并向学生阐释这样做的原因。

每一所学校的教学目标都是以“目标”这个词开始，然后是“我们今天学习的是”，紧接着是“我发现了……”。

德布拉·基德博士《教学：来自前线的笔记》

成功标准的模板

无论是独立课程还是学科系列课程，教师必须向学生提供符合成功标准的范例，并向学生说明我们为什么学习现在所学的内容。

❶ 展示与谈论

向学生展示优秀作业的范例，并分享你对评估标准的看法。

❷ 不惧错误

向学生展示，你在面对错误的时候会怎么做。

❸ 建立基于信任的教学氛围

相信学生可以做得更好，在课堂建立基于信任的学习氛围，这同样可以提升你的教学成就感。

方法13　通过故事连接课程内容

方法快照

使用富有想象力的教学策略可以让课程架构更加充实、有趣，我们要如何在制定课程计划时融入讲故事的方法，更好地抓住学生的注意力进而推动学生的学习进程呢？

抓住注意力

每位教师都应该思考在课堂上如何抓住学生的注意力。讲故事可以很好地帮助学生集中注意力，建立良好的师生关系，激发学生的学习动力。

课程的合理性

- 你的课程计划与真实的生活经验或实际案例相关联吗？
- 如果是，它们与你计划在课堂使用的教学资源有怎样的联系？
- 课堂计划具备完整的结构吗？如果具备，如何将讲故事的方法嵌入到最初的课程结构中呢？
- 如果学习框架是由另外一位教师设计的，你要如何调整计划更准确地传递你的个人经验和故事呢？

讲故事与读写能力的关系

在课堂计划和课堂内容传递中引入讲故事的方法，能够培养学生对阅读的热爱，学会聆听与表达。阅读的愉悦感可以激发学生真实学习行为的产生，培养自驱力。

我们的内在故事

我们都会对自己讲故事。在我们的脑海深处，内在故事塑造并掌控着我们的生活。我们越强化自己的内在故事，就越有可能成为自己所描述的人。因此，在教学中不要忽视自己的言行对塑造学生内在故事的影响。

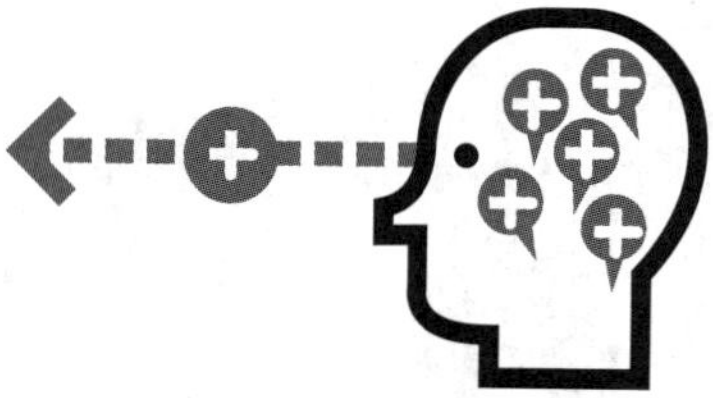

方法14 让学习更有黏性

方法快照

你的课程能始终保持动力吗？在过去的十五年中，我有意识地在制定课程计划时考虑学习的黏性。“黏性”这个词的出现改变了我对课堂实践的观点，我现在的关注点在于学习和记忆的多少，而不是学生做过和忘记了什么。因此，请思考在学生长期的记忆中，什么是学生需要牢记的？你希望学生在下节课回想起的关键知识点是什么？

最成功的学习者可以掌控自己的学习，并且遵循简单而严谨的学习策略。

皮特·布朗、亨利·鲁迪格、马克·麦克丹尼尔
《让学习更有黏性：有效学习的科学》

什么是需要被记住的

当课程计划基于真实的学习，专注于学生所学的关键知识点时，课程计划就会变得更清晰。教学所达到的最好效果就是当学生离开教室时，带走的是知识，而非做过的活动。

- 学生需要掌握的课程基础是什么？
- 哪些是学生需要掌握的知识、技能？
- 学生在本节课结束时应掌握的内容是什么？你希望学生在下节课回想起的关键知识点是什么？
- 为什么学生应记住这些知识，掌握这些技能？如何让学生牢记它们？
- 你如何识别学生在学习过程中遇到的阻碍？解决的方法是什么？

从学科整体计划到课程计划

在任何时候，我们都应对课程框架进行深入研究，确定我们设计的课程框架与每位学生的能力相适应，提供给学生充足的挑战与进一步提升能力的空间。学科的整体计划应融入课堂计划之中，但这并不意味着你需要为每一节课做详尽的笔记，尝试结合“为什么”小测验有针对性地制定计划。

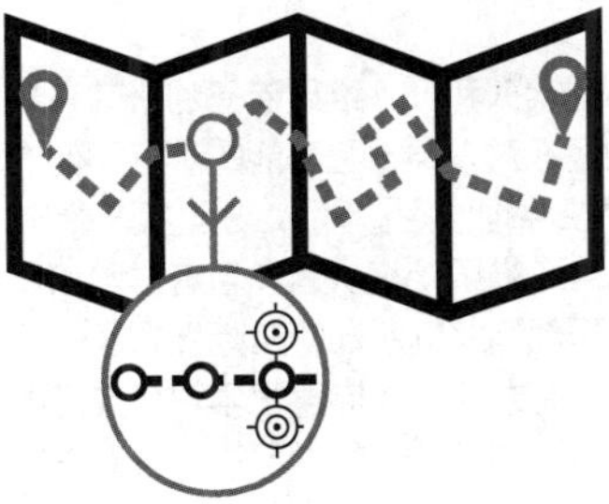

方法15 高挑战、低压力的“纠结区”

方法快照

当进行课程计划时，教师将“纠结区”铭记在脑海中是十分重要的。纠结区指学生感受到学习挑战的地方，学习的挑战将学生推向知识和理解的边界。对于那些希望实现差异化教学的教师来说，意识到这一点尤为重要，“纠结区”对不同能力水平的学生都有着较大的影响。

高挑战、低压力

当提到计划时，对于教师来说很重要的一点就是要在制定计划时考虑课程内容设置的难度与挑战。让学生进入“纠结区”的意思是帮助学生在困难与压力间找到平衡点。如果任务难度过大，那么学生的压力就会随之升高。如果任务过于简单，学生便会感到无聊，认为任务不具备挑战性。艾莉森和萨伯认为“纠结区”是舒适区和压力区交叉的区域，“纠结区”有着高挑战、低压力的特征。

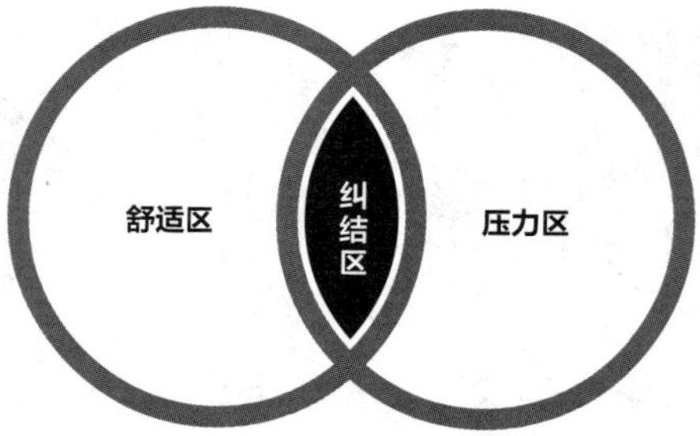

规划评估

肖恩 · 艾莉森和安迪 · 萨伯认为评估可以帮助我们转变对学生的看法。例如，认为学生的能力不足，或学生应该从较低的起点开始做起。当计划使用学习的“纠结区”这个方法时，请考虑：

- 你将如何评估学生在课程设置中的定位？
- 你清楚自己希望学生实现的目标吗？
- 你将会使用什么样的教学策略？
- 你将会提出哪些关键问题来帮助学生专注于学习？
- 你将使用什么样的课堂策略让学生参与到任务中，发挥他们的能动性，挖掘他们的潜能呢？

最近发展区

苏联心理学家利维 · 维果茨基的研究兴趣集中在探究社会性因素对人类学习潜能的影响。他的观点是，比起单打独斗地学习，两人或者多人参与的学习更有效。利维 · 维果茨基认为学习者学习和发展的程度并不取决于他们此刻所在的实际能力层，而是取决于他们的潜在能力层。他描述了学习者实际能力层与潜在能力层中间的区域，即学习的“最近发展区”。

方法16　提升读写能力的课前活动

方法快照

有时教师投入过多时间去设计复杂的课堂活动，但并未对学生的学习成效带来积极影响，如何可以避免这一情况，帮助教师与学生在短时间内进入教学状态呢？你可以尝试一系列简单的课前活动，它们只需极少的时间去准备，并且专注于学生读写能力的提升。

课前

课前活动可以是在课程伊始吸引学生参与，并帮助引出课程的主要内容和之后设计的挑战。课前活动也可以提示学生本节课的学习目标和流程规划。

见面和问候

教师在教室门口迎接每一位学生，并安排他们就坐，已就坐的同学在等待其他同学到来时，可自主学习。

黏性

当课程计划是基于真实的学习，专注于学生所学的关键知识点时，课程计划就会变得更清晰。

科技

可以使用Classroomscreen这个软件实现倒数计时、随机点名和同步注释，或使用Whiteboard.fi完成在线协作。

关键词

试着使用词源或词根对关键词进行解释，把生词拆分为学生可以进行拼写训练，并掌握其意义与本源的形式。

读写能力的重要性

任何学科的教师都应投入一些时间思考，如何在传递课程内容的过程中评估学生的读写能力，如何在课程计划中嵌入专注于提升学生读写能力的训练。

方法17 质量至上的教学

方法快照

比起其他干预手段，质量至上的教学是最具影响力的方法。质量至上的教学是指在考虑任何其他干预方法前，教师通过高质量的教学充分发挥学生潜能的方法。差异化教学是实现质量至上的教学的基础。

质量第一与差异化教学

差异化教学绝不是一次性的练习。它需要长期的计划，确保以质量第一的方法满足每位学生的需求，并且尽可能发挥课堂上其他助教的作用。

对话

在课程外给自己留出单独与学生及同事沟通的时间。

范例写作

为那些在语言学习方面存在困难的学生提供写作模板，教师与学生一同完成写作练习有助于提升学生读写能力。

脚手架理论与书写框架

为不同能力等级的学生提供表达与写作的结构框架，启发学生进一步学习。

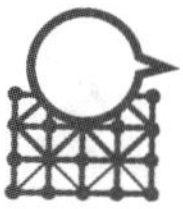

英语为第二语言的学生

当学生正在接触一门新的语言，或在学生学习大量新词汇的阶段，教师应适当降低语言任务的挑战难度。

排座计划

在开始教学之前，根据学生的情况安排座位。

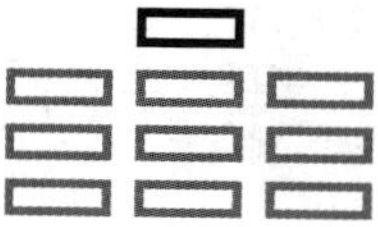

助教

2015年英国教育捐助基金会发布了“充分利用助教的力量”的研究，研究报告指出助教对提高学生产出所发挥的作用甚微。针对有效利用助教资源，这份研究列举了基于证据的7点建议。

- 在帮助学习成绩相对落后的学生时，助教不应被当作非正式的教学资源使用。
- 教师应当利用助教增加教学的影响力，而不是取代教师。
- 我们应该使用助教帮助学生拓展独立学习的技能，以及自我管理学习的能力。
- 教师应确保助教对自己在教室里扮演的角色做了全面的准备。
- 助教应使用系统干预，传递一对一高质量的小组支持。
- 学校应该采用以事实为依据的干预方法，帮助助教进行小组指导和单独辅导。
- 我们应该明确日常课堂教学与系统干预活动间的联系。

方法18 积累并更新教学资源

方法快照

我们经常会因为采用冒险和即兴的教学方式而承受来自学校内外的压力。每节课都制定细化到分钟的教学计划是不可能的，即使我们这样做了，所有事情也不会百分之百地按照我们的计划进行。在这一节，我将重点关注教师的专业发展，以及如何积累教学资源，不断更新教学策略以应对各种突发事件。

专业发展中教师应该做到的5件事

- 站在你所教授的课程前沿。
- 定期学习最新行为管理理论，加速对现有知识储备的更新。
- 确保你加入了教学联盟、分享学术论文的组织，或者教育资源共享网络。
- 找到一位同事或导师，在你遇到困难时，他能够给予你帮助或挑战你的想法。
- 定期参观其他学校。

提升教学团队的专业素养

教师专业发展会受到财政的制约，但通过教师间的协作，你可以在教学团队中积累、更新、分享你的计划。

- 利用一至两个非常优秀的社交平台策划教学内容。
- 联系知名的研究学者、学术专家或其他的同事，请他们通过社交媒体分享一个有关专业发展的2—3分钟的视频。
- 联系地方出版社、学科协会或像我一样热爱写作的教师，询问他们是否可以通过图书捐赠的方式建立教师职业培训图书馆。
- 与其他学校的顾问、学科专家、卓越的教师取得联系，看看他们是否愿意在放学后利用自己的空闲时间与自己学校的教师进行1小时的沟通。
- 设计一份跨学科专业发展目录清单，每半个学期发布一次。坚持下去，让不同学科的教师分享自己的想法和教学经验成为学校文化的一部分。
- 组织一场邀请参观者加入的会议，聆听来自不同领域的专家的建议，如果你能使这样的公开会议成为教师专业发展的一部分，那就更好了。
- 确保学校和权威机构签署了同步线上教学资源、订阅杂志的条款。
- 营造温暖的办公室气氛，并设立一个吸引教师聚在一起分享想法与教学资源，同时可以放松休息，短暂离开学生的空间。

方法19　备选计划

方法快照

当外部事件或错误的时间安排导致你的课程计划落空时，你可以使用备选方案或选择随机应变，自由发挥。但如果是学生的行为导致你一次又一次地中断课堂教学，那我们应如何调整课程计划去应对学生干扰授课的行为呢？

行为问题

行为问题是破坏课程计划的主要因素之一。积极正向的师生关系，以及考虑每位学生的需求的课程计划，能够帮助我们解决那些课堂潜在的干扰行为带来的问题。

教师的标准

作为任课教师，如果在课堂上出现的行为问题影响了课程计划的推进，我们应该做些什么呢？教师应该在课程计划中灵活地选择适合他们学生的行为干预方法。让我们一起看看英国教师标准提供的指导，教师应该：

知道何时以及如何适当地进行差异化教学，使用那些对学生有效的教学方法。	对阻碍学生学习能力发展的一系列因素有全面的了解，并知道如何以最佳的方式克服它们。	关注学生身体、智力及社交能力的全面发展，知道如何在学生的不同发展阶段调整教学。	对每位学生的需求有清晰的了解，包括有特殊教育需求的学生，以及能力较高或将英语作为第二语言的学生等。可以使用差异化的教学和评估方法帮助这些学生更好地参与到课堂的学习中。
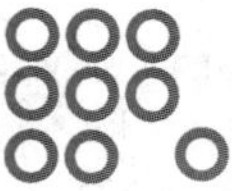			

行为脚本

以冷静的态度面对出现的情况，采用平和的态度与学生交谈。

与学生沟通发生了什么，讲述自己干预的原因以及如何可以做得更好。

在进行谈话时，选择不带有恐吓且中立的身体位置，控制学生强势的态度。如果必要，让这个学生转过身背朝同伴。

以一个问题结束这段鼓舞人心的谈话。问问你的学生，是否希望你为他们骄傲。

方法20 关注心理健康

方法快照

教学是一个复杂的过程，世界上所有需要面对学生的教师都应该清楚地看到这一点，有一个好的课程计划有时候是远远不够的。

自我伤害的行为让心理健康、急救和保护的界限变得模糊，难以区分，因此教师的处理方式就显得至关重要。

娜塔莎·德文
员佐勋章获得者
英国教育部首位学校心理健康大使

教师的压力

教学是一段长期的职业旅程，很多复杂的教学问题并没有完美的解决方案。同时，学校及教育系统对教师的要求在不断提高，教师承担的风险也不断增加。

数据结果

49.5 小时	1/3	12%
教师每周的平均工作时间	教龄5年之内的教师离职率	教师服用抗抑郁药物

学生心理健康

120万

在英国有120万的年轻人被确诊存在心理问题。

教师并不是心理健康领域的专家，他人不应期望教师解决学生的心理健康问题。然而，关怀学生是教师的职责，我们应将孩子的安全作为第一要务，竭尽所能地保护孩子健康成长。

小结

1 明确学习目标

明确你想要学生掌握的知识与技能，而不是你想要学生完成的活动或任务。将教学重点从课堂活动转移到学习目标。

2 “为什么”小测验

在所有学习活动，包括家庭作业中使用“为什么”小测验，这样你的备课计划才能真正推进学生的学习进程，而不仅仅是让学生保持忙碌的状态。

3 富有想象的教学策略

在课程中结合富有想象的教学策略，例如讲故事，使学生沉浸在课堂氛围中。仔细斟酌使用何种类型的故事，以及在什么时刻使用它们，确保这个方法可以对学生的学习产生积极的影响。请记住，讲故事可以使课堂变得生动、有助于学生形成长时记忆。

4 让学习更有黏性

让课程更有黏性。思考学生应掌握的学习内容，以及你希望学生牢记并可以在下节课回忆起来的关键点是什么。传授学生学习策略，包括复习训练、阶段性复习及穿插练习，帮助学生将学习内容转化为长时记忆。

5 挑战

在课程计划中设计让学生进入“纠结区”的任务，在没有使学生感受到压力或焦虑的前提下，给予他们足够的挑战。例如，在你的课程计划中结合提问等评估方法。

6 课前启动

通过课前活动开始课堂教学能帮助学生在短时间内有针对性地投入学习。课前活动并不需要教师过多的准备，但成效显著，它们为在课程计划中嵌入阅读理解和知识复习环节提供了极佳的机会。

7 差异化教学

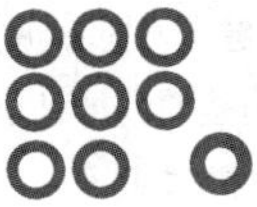

我们应该不断地审视自己是否以实现高质量的差异化教学为目标，考虑到了每位学生的不同需求。基于对每个学生学习情况的了解设计排座计划，计划同样可以最大程度地发挥教室中其他教学参与者的作用，不要忘记在助教进入教室之前与他们事先沟通排座安排。

8 积累

在教师专业发展方面投入充足的时间。你可以与教研部门或学校的其他教师一同协作，可以在教学团队中积累、更新、分享你的教学资源与策略，在事情未按照预期进展时，把它们作为你的备选方案。

9 改变计划

在处理学生的挑战性行为时，你可能需要调整课程计划。了解每位学生的需求，例如他们特殊的生活环境及可能在课堂表现出的行为动机，这些都可以帮助你在正确的时间采取有效的干预措施。

10 学生和教师的幸福指数与心理健康状况

有时我们也需要考虑教育的现状，关注外部的问责制对学生和教师的幸福指数与心理健康的影响。教学绝不仅仅关乎学生的考试结果。

附录三 促进深度学习的教学策略

方法21 直接而明确的指令

方法快照

教师明确阐释学习成果、优秀的标准和构建课程基础的关键词至关重要。综合使用直接指令、自我调节反馈及助推理论能帮助学生理解你希望他们掌握并应用的知识、技能及语言表达方式。

"教师明确"是对学生的学习有系统的组织，清晰的阐述，准确的例证，以及附有指导的实践……清晰的语言是"教师明确"的先决条件。

约翰·哈蒂教授

MINT的教学策略

MINT教学策略是对课程中使用直接指令体现明确教学的完美示例，它帮助你确保自己传递的指令都是清晰而简洁的。让我们通过一个案例，看看MINT策略是如何发挥效用的。

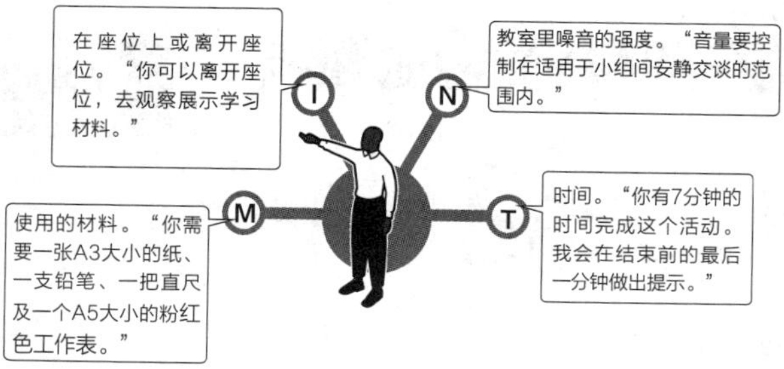

7步反馈计划

通过七步反馈计划帮助学生学会掌控自己的行为，自我调节学习，成为自我调节型学习者。

第1步

教师在设定任务、描述成功标准和举例时使用"我来做、我们做、你来做"的直接指令。

第2步

教师让学生开始完成这项任务，给他们提供自我评估和同伴互评的标准和方法，帮助学生判断任务进展情况。

第3步

学生取得进展时，教师应通过简短但高质量的对话及时给予学生反馈。这可以是一个非常简单的问题："如果……会怎样？"或是"你可以跟我描述一下为什么……"

第4步

提供反馈后，教师应鼓励学生和同伴间的进行沟通。学生在和班级中其他三个同学针对作业进行讨论之后再与教师交谈。

第5步

在完成任务的过程中，学生会经历一系列的成功与失败。教师应通过让学生阐述自己所学到的内容及自我评估下一步计划的方式，鼓励学生发挥主观能动性，获得成就感、价值感。

第6步

鼓励学生不断缩小自己所掌握的知识、技能与优秀评估标准之间的差距。对教师而言这是最困难的部分，你需要结合每位学生的不同需求考虑应采取哪些干预措施，以及在何时、何地进行干预，并且评估干预后的效果。

第7步

教师应评估自己和学生下一步的计划。

方法22 建立模型

方法快照

建立模型是教师有效传达直接指令的重要途径之一，教师可以采用多种举例方式帮助学生提升适用于任何学科领域的读写和计算能力。

阅读

教师可使用由以下四个步骤构成的阅读模型向学生举例如何针对一个文本展开小组讨论，接着学生以小组为单位在教师的指导下进行阅读理解。

❶ 总结

重点标注文章的中心思想。

❷ 提问

基于文章进行提问（例如是否有些地方不清楚或还有疑惑，这篇文章如何与之前所学的知识产生联系）。

❸ 澄清

提出文章中存在困惑的地方并回到第二阶段再次提问。

❹ 预测

思考接下来故事会如何发展，或者猜测作者在文章的下一章节可能会写些什么。

写作

在为写作任务做准备时，学生进行口头排练是很重要的。

提升学生思考、表达与写作能力的教学活动有很多，例如演示与口头报告，其中有两个模型我认为最为有效。

❶ 思考

学生首先需要独立思考应该如何完成任务。

❷ 结对

学生可以进行两两结对，讨论彼此的想法并可以根据对方的建议完善内容。

❸ 分享

教师组织课堂讨论，以小组为单位分享他们的讨论成果。

❹ 我来做

教师通过直接指令对学习活动及任务完成的模板进行举例说明。

❺ 我们做

通过指导型指令，学生和教师共同完成学习任务。

❻ 你来做

学生独立实践，可以通过个人、结对或者小组的形式完成任务。

计算能力

教师应帮助学生意识到计算能力是一项重要的学习能力。计算能力不仅是我们在数学学科应具备的重要能力，它在许多领域都发挥着重要的作用：

理性思考/认知提升/推理/问题解决/图形设计/决策/空间规划/测量/计算/数据处理

方法23　跟随学习的节奏

方法快照

教师应该对跟随学生学习的节奏进行教学保持信心。在教学中，保持内容传递的流动性有助于推动学生取得更大进步。授课的自由远比按部就班地遵循课堂计划重要。学校不应过度关注检查清单和评估打分，而是允许教师犯错，从错误中学习的文化应在全校范围内得到鼓励和支持。

流动性教学策略

明确：在跟随学习的节奏之前，你必须要对想要学生在本节课掌握的知识和技能有着清晰的认知。

把握全局：确保你对课程起点与教学进程，以及每个学生的具体状态情况有着全面的了解和掌控。

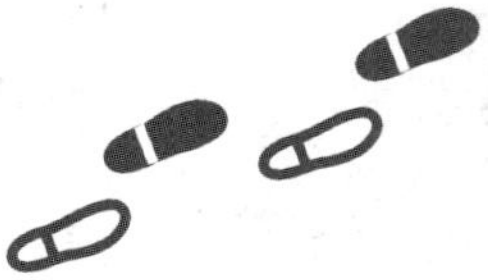

保持移动：当学生完成一项任务时，你可以走到每位学生的课桌旁，和他们近距离一起工作，观察整个课堂的动态。

现场批注：批注是课堂教学的一部分，教师应随时给予学生反馈，走到学生身边，这样你可以立刻了解学生的进展，以及他们在什么地方需要改进。

提问：在课堂中有规律地使用提问的方式评估学习的黏性，按照学生的知识记忆情况调整教学计划。

积累：积累教学资源与课堂活动，帮助你对学生可能没有完全牢固掌握的知识点进行概括和强化。

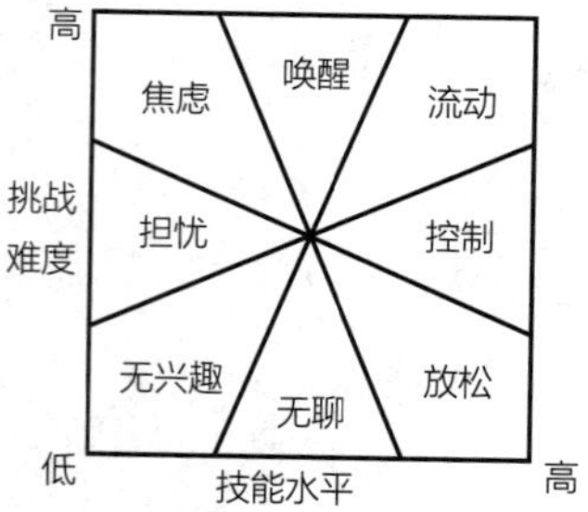

心流

米哈里·契克森米哈赖认为心流是一种意识状态，在这种状态下，注意力转化为一种能量，促进意识与行动的融合并产生深层次的精神享受。

方法24 掌握记忆与学习的科学

方法快照

在学科专业知识及学生的行为管理之外，我相信记忆的工作原理应当是每位教师都需要了解的知识。

了解记忆

长时记忆：包括对显性（有意识的）知识和隐形（潜意识的）知识的记忆。在回忆如何使用一个概念、规则和事实，以及采取何种对应行动时，我们会从长时记忆中获取这些信息，例如，骑自行车。骑车这项技能存在于隐形记忆中，是潜意识的知识输出。我们可以不假思索地骑上自行车。

短时记忆：当我们在接收新信息或从长时记忆中把潜意识存在的信息调动出来时，短时记忆发挥着最为重要的作用。

工作记忆：工作记忆保存着我们当下使用的知识信息，但是我们的工作记忆容量十分有限。当信息不断增加的时候，我们的认知负荷也在不断增加。

通用语言

通过亚历克斯·托马斯校长，我第一次听到“通用语言”这个词。通用语言推动了我对高效能教师具备的普遍特质的研究，并发现了高效能教师广泛使用的基于研究的教学策略。运用通用语言阐述一个精简的教学政策，使它可以在全校范围内进行推广。

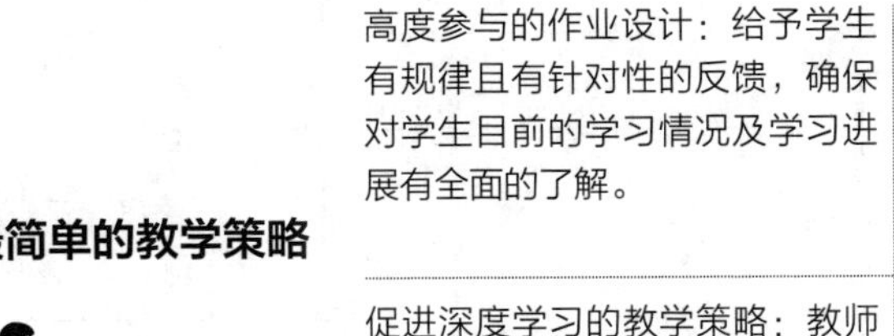

最简单的教学策略

高度参与的作业设计：给予学生有规律且有针对性的反馈，确保对学生目前的学习情况及学习进展有全面的了解。

聚焦学习结果的多维度备课设计：课程计划应该是清晰的，充分考虑学生为什么而学，质量至上的教学方法可以满足每位学生的需求。

促进深度学习的教学策略：教师以直接而明确的的语言传递指令，推动学生根据反馈采取行动，并通过检索练习将需要记忆的信息嵌入长期记忆中。

方法25 问题矩阵

方法快照

教师每节课必须仔细、系统且高效地检测学生的学习黏性，这样才能做到及时给予学生反馈，优先考虑他们需要深入阐释的知识点，以及确定下节课需要重新教授的内容。问题矩阵是达成这一目标最敏捷而有效的方法。

苏格拉底式提问法

问题矩阵是一个工具，帮助你更有效地进行提问。它以苏格拉底问答的概念为基础，提问主要包括以下6个步骤：

❶ 明确

明确问题并评估学生对问题的理解程度。

❷ 挑战

挑战假设。

❸ 检验

审核用于支持论点的依据。

❹ 收集

收集观点及意见。

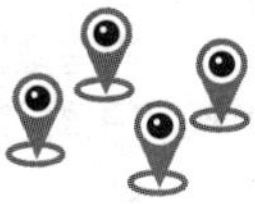

❺ 预测

预测结果及影响。

❻ 提问

向问题发问。

问题矩阵

	现在	过去	可能性	观点	概率	预测	想象
什么/**事件**							
在哪里/**地点**							
何时发生/**时间**							
哪一种/**选择**							
谁/**人物**							
为什么/**原因**							
如何发生/**途径**							

方法26　高效能教师的7个特质

方法快照

高效能教师可以改变学生的人生轨迹，甚至对当地社区、社会的发展也发挥着重要作用。那么如何成为一名高效能教师呢？我认为有7个特质是每位高效能教师都具备的。思考一下，你已经拥有了其中的哪些特质，又有哪些特质是你可以尝试培养的呢？

所有卓越教师都有一个共同目标：为儿童及青少年创造拥有更好生活的机会。

前英国督学长
迈克尔·威尔肖爵士

激情

首先，教师要热爱教学，并对他们的学生、教授的学科及教学充满热情。

孩子不会向他们不喜欢的人学习。

丽塔·皮尔逊

计划和组织

高效能教师往往有着非常强大的组织力，他们通常会记住同事和学生的时间表，这样做可以预判可能发生的情况。高效能教师的课程计划会尽可能将每位学生的需求考虑在内。

反思意识和开放的思想

高效能教师知道，校长、同事、家长、学生会时常对自己的教学进行评估。与其被动或消极地等待评估，不如乐观地面对教学的挑战，并对反馈保持开放的态度，精进教学。

从容面对风险并迎接改变

高效能教师知道他们必须要根据学生的需求，并结合当下的情况，调整课程要求和评估标准。高效能教师坚信自己是所教授学科领域的专家，因此他们要求自己走在本学科知识、技术及教育方法的前端。

协作意识

高效能教师用自己独特的方式将积极的能量传递到每天的课堂教学中，他们在课堂上做的，就是将知识、学习方法，以及自己的想法和经验分享给学生。

突破障碍

大部分教师认为自己每天需要面对和克服各种教学障碍，但是高效能教师认为学生的读写基础及成长背景并不是学习的障碍，也不应成为影响教师和学生推动学习进程的借口。

持之以恒

高效能教师始终坚持全身心地投入自己所做的事情，在学校政策的框架下严谨教学。

方法27 有效指令的10个原则

方法快照

巴拉克·罗森珊是美国伊利诺伊大学厄巴纳-香槟分校教育心理学院的教授，他出版了大量有关学习指令、教师表现及学生成就的著作。通过对四十余年的课堂观察的研究，巴拉克·罗森珊总结了高效能教师与低效能教师之间的差别，他列举出了高效教学的10个关键原则。

巴拉克·罗森珊关于有效指令的10个原则

1. 用5—8分钟对上一节课进行回顾。
2. 通过举例和指导实践提出新的学习材料。
3. 在指导实践时，提出大量有关事实和过程的问题。
4. 为有效的认知支持提供提示和范例。
5. 指导学生实践，鼓励学生在描述、总结、回顾新知识方面投入更多的时间和精力，推进新知识留存在长时记忆中。
6. 通过提问和要求学生总结知识要点，了解学生对所学内容的理解程度。
7. 提供系统化的反馈和更正，帮助学生取得高成功率。
8. 提供脚手架，给予学生及时的帮助，当学生能力有所提升时，教师的辅助支持逐步从脚手架中撤出。
9. 在学生独立实践所学知识，以及对新技能进行练习时进行监督。
10. 让学生参与到每周和每月的课程回顾中。

方法28 课堂观察

方法快照

学校领导者在缺乏充足的时间和资金支持的情况下，寻求以研究为导向的方法促进教师专业发展，支持教师发挥自己的最大潜能至关重要。课堂观察的最终目标是提高教师的教学质量，而不是检查教师教学的一致性，或对教师进行严苛的考评，我们应做的是要求自己进行更为专业的课堂观察。

课堂观察

我曾召集几位教师坐在一起，采访他们，“你是否处于学校领导的岗位，并有机会观察其他教师的授课？答案如果是肯定的，请举手示意。”大部分的教师举手表示自己有过课堂观察的经历。“你曾接受过正式的教学培训吗？”很多人把手放了下来。“你是否有专业的课堂观察的培训经历？”这时，房间里无一人举手。

现在，我要向大家介绍另一种可供选择的方法，以研究者的角度进行课堂观察。我曾使用这种方法帮助教师更深入地理解课堂观察。以研究者的角度进行课堂观察取得的成效是，教学质量及课堂开放程度都有所提高。

提升课堂观察的专业度、克服偏见的4个步骤

❶

观看一段3分钟的教师教学视频。在理想状态下，这应该是你知道的某位教师的视频，但如果你没有相关资料，那么就从网上节选一段3分钟的教学视频。简单地观看视频，不考虑其他环境背景。3分钟结束后，把你的想法记录下来。有可能的话，与他人分享你的想法。

❷

使用“半结构”方法，再次观看相同的片段。半结构的意思是，在观看相同的脚本前，你确切地知道要关注哪些方面，比如提问、行为管理或是开启课程的模式，并且第二次观看意味着你已掌握了视频中的教师和学生的信息。因而在第二次观看这段视频时，很重要的一点是记录下教师和学生正在做的事情。可以在视频中选择插入时间帧，每隔30秒一帧，确保你在精确的时刻把发生的关键事情记录下来。

❸

第三次观看这段视频，带着一个具体问题，观察教师和一位学生的课堂行为。例如：“我要如何制止学生打断我提问的行为？”当然，提出什么类型的问题取决于你对前两次视频观看的思考。如果你是一位负责教师培训的导师，连续三次观看同一个视频可以让接受培训的教师学会拉近他们的镜头，选择一个特定的关键帧进行观察，观察者应详细地记录在这个关键帧教师在做什么，学生在做什么，聚焦课堂细节。

❹

现在，请思考你如何将上述观察方法应用到课堂观察的实践中。这种课堂观察方法不仅能够帮助教师掌握课堂观察的技巧，支持教师的专业发展。同时，有助于课堂观察者改变固有偏见，聚焦观察的范围，并使用特定的方法、策略和干预活动满足教师具体的需求，而不是仅仅提供空泛的反馈和建议。

方法29　合作式学习

方法快照

合作式学习可以促进学生参与学习意义建构，帮助学生更加牢固地掌握教师传授的知识和技能。在这一节，我们将介绍将协作式学习嵌入课堂的方法，并思考学校如何为教师创造推动合作的教学环境。

合作式学习

合作式学习指的是，学生以两两分组或是多人分组的形式一同完成项目任务。学生有两种协作方式。第一种是小组成员以合作的方式完成任务的每一个步骤；第二种是小组的每位成员独立完成自己负责的部分，将个人产出的集合作为团队整体的成果。我们了解到协作式学习是有效的。根据2017年英国教育捐助基金会的报告，合作式学习所需的外部投入极少，但在一定程度上对学生的学习成效有着积极的影响。这项报告的证据收集跨越四十年，包括大量的系统回顾和大数据调查。现在，为了充分发挥合作式学习的优势，教师还需要做到以下几点。

❶ 实践

教师应要求学生进行合作式学习，并为学生提供合作式学习的练习和指导，不应假设学生已掌握合作式学习的技能，能够自主协作。

❷ 具体的任务

教学任务应被设计为多人分工协作的模式，避免学生完全独立地完成整个任务。

❸ 竞争

你可以使用小组间竞赛的方式，鼓励学生更高效地投入内部协作。

❹ 产出较低者

在协作学习中，低完成率的学生产出相对较少，教师需要鼓励他们更主动地参与合作，更清晰地表达自己的想法。

方法30 教师专业发展

方法快照

每位教师都希望提升教学力，给予学生积极的影响，成为一名卓越教师。学校需要为教师提供支持专业发展的帮助，而不是通过课程观察衡量教师表现，或要求教师提供检查清单中列举的教学证据，这些因素会在一定程度上对教师的工作量和心理健康产生负面的影响。

每位教师都需要自我提升，这并不是因为他们本身不够好，而是因为他们需要做得更好。

迪伦 · 威廉

建立教师培训机制

培训能够改变每位教师的教学，任何一所学校都可以采用这样的培训方式。

❶ 放弃课堂打分制度。我们应使用多元的综合资源，评价学校的集体教学质量，而不是通过一节课的教学质量判断教师的能力水平。

❷ 停止每12周一次的课堂观察。

❸ 支持每位教师得到培训。

❹ 确定一组愿意为同事进行培训的教师，担任教学导师。然后学校组织面向教学导师的专业培训，给予他们指导其他同事教学的支持，推动教师间的互助合作。

❺ 学校应保证所有新入职的教师都参与培训。

❻ 尽可能减少教师培训过程中的书面工作，将通用语言作为每个学校的培训对话模板。

引入培训

为了有效开展专业培训，学校应做到以下几点。

❶ 指导将代替正式的观察。教学导师每周与接受培训的教师进行一次面对面的沟通。

❷ 教学导师的指导每次持续15分钟，仅专注于一个进步目标。

❸ 指导结束后，双方在24小时内，提供时长不超过30分钟的反馈。这种每周一次的课堂观察与指导应在一个学年中累计至少6个月的时间。

❹ 当教学导师与接受培训的教师结对时，评估和垂直领导关系不应作为考虑因素。

❺ 在培训末期，项目有可能会被微调。教学导师可在新学年之初根据接受培训的教师的需求回顾整个培训过程。

❻ 教学导师无需对参与培训的教师的表现进行打分，他们的职责是帮助教师达成进步目标，参与培训的教师的能力考核应按照学校正式的流程去评定。

小结

1 直接而明确的指令

教师明确阐释学习成果、优秀的标准和构建课程基础的关键词至关重要。综合使用直接指令、自我调节反馈及助推理论，能帮助学生理解你希望他们掌握并应用的知识、技能及语言表达方式。

2 建立模型

教师可以采用多种建模的方式，例如交互教学、思考—结对—分享、“我来做、我们做、你来做”，帮助学生提升适用于任何学科领域的读写和计算能力。

3 跟随学习的节奏

跟随学习的节奏进行教学，而不是按部就班地执行教学计划。学校不应过度关注检查清单和评估打分，而是允许教师犯错，从错误中学习的文化应在全校范围内得到鼓励和支持。

4 易于理解的高效教学策略

教师应确保自己对记忆的工作原理，以及学生学习的方式有全面的了解，并基于此开发以事实为依据的，易于理解的高效教学策略，发挥教师集体效能，在推动学生学习进程的同时减轻教师的工作负担。

5 问题矩阵

使用问题矩阵设计提问的架构，精确、系统地检查学生是否完全掌握所学内容，这样做可以帮助你及时为学生提供有针对性的反馈，明确需要再次教授的知识点。

6 高效能教师

培养高效能教师的7个特质，能够帮助你提升教学影响力，在让学生受益的同时提升社区的整体素养，进而推动社会各阶层的流动。

7 有效指令的10个原则

思考如何在自己的教学中实践巴拉克·罗森珊提出的有效指令的10个原则，提升自己的专业影响力，明确专业发展的优先事项。

8 课堂观察

观察不同教师的课堂教学，是提升每位教师及学校整体的教学质量的有效方法，课堂观察的最终目的是形成一个友好互助的教学团队。

9 合作式学习

在教学中实践合作式学习策略能够提升学生的课程参与度。教研部门或整个学校应为教师创造推动合作的教学环境。

10 教师专业发展

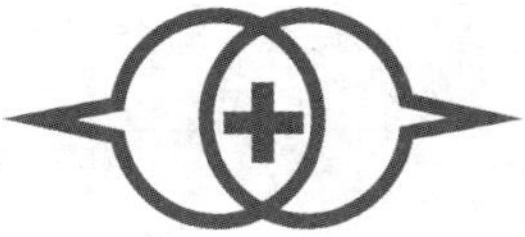

在学校建立教师培训体系，支持每位教师的专业发展，从而提升每一堂课的教学质量。同时，尽可能在所有培训对话的设计中使用通用语言。

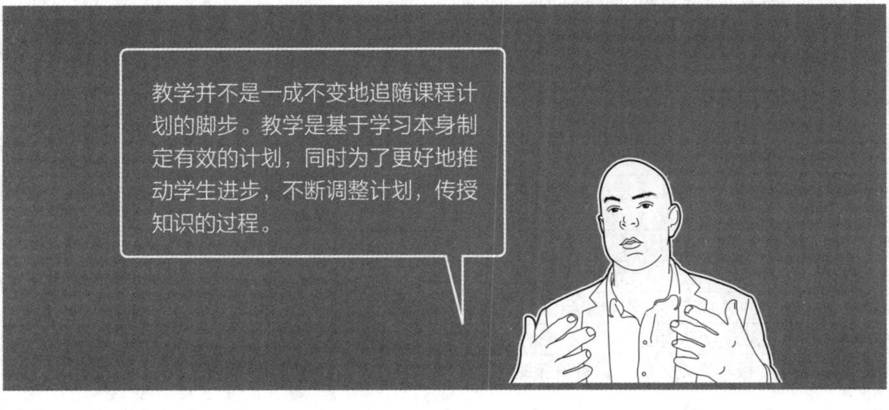

“常青藤”书系—中青文教师用书总目录

	书名	书号	定价
	特别推荐——从优秀到卓越系列		
★	从优秀教师到卓越教师：极具影响力的日常教学策略	9787515312378	33.80
★	从优秀教学到卓越教学：让学生专注学习的最实用教学指南	9787515324227	39.90
★	从优秀学校到卓越学校：他们的校长在哪些方面做得更好	9787515325637	59.90
★	卓越课堂管理（中国教育新闻网2015年度“影响教师的100本书”）	9787515331362	88.00
	名师新经典/教育名著		
	最难的问题不在考试中：先别教答案，带学生自己找到想问的事	9787515365930	48.00
	在芬兰中小学课堂观摩研修的365日	9787515363608	49.00
★	马文·柯林斯的教育之道：通往卓越教育的路径（《中国教育报》2019年度“教师喜爱的100本书”，中国教育新闻网“影响教师的100本书”。朱永新作序，李希贵力荐）	9787515355122	49.80
★	如何当好一名学校中层：快速提升中层能力、成就优秀学校的31个高效策略	9787515346519	49.00
★	像冠军一样教学：引领学生走向卓越的62个教学诀窍	9787515343488	49.00
	像冠军一样教学2：引领教师掌握62个教学诀窍的实操手册与教学资源	9787515352022	68.00
★	如何成为高效能教师	9787515301747	89.00
★	给教师的101条建议（第三版）（《中国教育报》“最佳图书”奖）	9787515342665	49.00
★	改善学生课堂表现的50个方法（入选《中国教育报》“影响教师的100本书”）	9787500693536	33.00
	改善学生课堂表现的50个方法操作指南：小技巧获得大改变	9787515334783	39.00
	美国中小学世界历史读本 / 世界地理读本 / 艺术史读本	9787515317397等	106.00
	美国语文读本1-6	9787515314624等	252.70
	和优秀教师一起读苏霍姆林斯基	9787500698401	27.00
	快速破解60个日常教学难题	9787515339320	39.90
★	美国最好的中学是怎样的——让孩子成为学习高手的乐园	9787515344713	28.00
	建立以学习共同体为导向的师生关系：让教育的复杂问题变得简单	9787515353449	33.80
	教师成长/专业素养		
	如何更积极地教学	9787515369594	49.00
	教师的专业成长与评价性思考：专业主义如何影响和改变教育	9787515369143	49.90
	精益教育与可见的学习：如何用更精简的教学实现更好的学习成果	9787515368672	59.00
	教学这件事：感动几代人的教师专业成长指南	9787515367910	49.00
	如何更快地变得更好：新教师90天培训计划	9787515365824	59.90
	让每个孩子都发光：赋能学生成长、促进教师发展的KIPP学校教育模式	9787515366852	59.00
	60秒教师专业发展指南：给教师的239个持续成长建议	9787515366739	59.90
	通过积极的师生关系提升学生成绩：给教师的行动清单	9787515356877	49.00
	卓越教师工具包：帮你顺利度过从教的前5年	9787515361345	49.00
★	可见的学习与深度学习：最大化学生的技能、意志力和兴奋感	9787515361116	45.00
	学生教给我的17件重要的事：带给你爱、勇气、坚持与创意的人生课堂	9787515361208	39.80
★	教师如何持续学习与精进	9787515361109	39.00
	从实习教师到优秀教师	9787515358673	39.90
	像领袖一样教学：改变学生命运，使学生变得更好（中国教育新闻网2015年度“影响教师的100本书”）	9787515355375	49.00
★	你的第一年：新教师如何生存和发展	9787515351599	33.80
	教师精力管理：让教师高效教学，学生自主学习	9787515349169	39.90
	如何使学生成为优秀的思考者和学习者：哈佛大学教育学院课堂思考解决方案	9787515348155	49.90
	反思性教学：一个已被证明能让教师做到更好的培训项目（30周年纪念版）	9787515347837	59.90
★	凭什么让学生服你：极具影响力的日常教育策略（中国教育新闻网2017年度“影响教师的100本书”）	9787515347554	39.90
	运用积极心理学提高学生成绩（中国教育新闻网2017年度“影响教师的100本书”）	9787515345680	59.90
	可见的学习与思维教学：成长型思维教学的54个教学资源：教学资源版	9787515354743	36.00

书名	书号	定价
★ 可见的学习与思维教学：让教学对学生可见，让学习对教师可见（中国教育报2017年度“教师最喜爱的100本书”）	9787515345000	39.90
教学是一段旅程：成长为卓越教师你一定要知道的事	9787515344478	39.00
安奈特·布鲁肖写给教师的101首诗	9787515340982	35.00
万人迷老师养成宝典学习指南	9787515340784	28.00
中小学教师职业道德培训手册：师德的定义、养成与评估	9787515340777	32.00
成为顶尖教师的10项修炼（中国教育新闻网2015年度“影响教师的100本书”）	9787515334066	49.90
★ T. E. T. 教师效能训练：一个已被证明能让所有年龄学生做到最好的培训项目（30周年纪念版）（中国教育新闻网2015年度“影响教师的100本书”）	9787515332284	49.00
教学需要打破常规：全世界最受欢迎的创意教学法（中国教育新闻网2015年度“影响教师的100本书”）	9787515331591	45.00
给幼儿教师的100个创意：幼儿园班级设计与管理	9787515330310	39.90
给小学教师的100个创意：发展思维能力	9787515327402	29.00
给中学教师的100个创意： 如何激发学生的天赋和特长 / 杰出的教学 / 快速改善学生课堂表现	9787515330723等	87.90
以学生为中心的翻转教学11法	9787515328386	29.00
如何使教师保持职业激情	9787515305868	29.00
★ 如何培训高效能教师：来自全美权威教师培训项目的建议	9787515324685	39.90
良好教学效果的12试金石：每天都需要专注的事情清单	9787515326283	29.90
★ 让每个学生主动参与学习的37个技巧	9787515320526	45.00
给教师的40堂培训课：教师学习与发展的最佳实操手册	9787515352787	39.90
提高学生学习效率的9种教学方法	9787515310954	27.80
★ 优秀教师的课堂艺术：唤醒快乐积极的教学技能手册	9787515342719	26.00
★ 万人迷老师养成宝典（第2版）（入选《中国教育报》“2010年影响教师的100本书”）	9787515342702	39.00
高效能教师的9个习惯	9787500699316	26.00
课堂教学/课堂管理		
可见的教学影响力：系统地执行可见的学习5D深度教学	9787515369624	59.00
极简课堂管理法：给教师的18个精进课堂管理的建议	9787515369600	49.00
★ 像行为管理大师一样管理你的课堂：给教师的课堂行为管理解决方案	9787515368108	59.00
差异化教学与个性化教学：未来多元课堂的智慧教学解决方案	9787515367095	49.90
如何设计线上教学细节：快速提升线上课程在线率和课堂学习参与度	9787515365886	49.00
设计型学习法：教学与学习的重新构想	9787515366982	59.00
让学习真正在课堂上发生：基于学习状态、高度参与、课堂生态的深度教学	9787515366975	49.00
让教师变得更好的75个方法：用更少的压力获得更快的成功	9787515365831	49.00
技术如何改变教学：使用课堂技术创造令人兴奋的学习体验，并让学生对学习记忆深刻	9787515366661	49.00
课堂上的问题形成技术：老师怎样做，学生才会提出好的问题	9787515366401	45.00
翻转课堂与项目式学习	9787515365817	45.00
★ 优秀教师一定要知道的19件事：回答教师核心素养问题，解读为什么要向优秀者看齐	9787515366630	39.00
从作业设计开始的30个创意教学法：运用互动反馈循环实现深度学习	9787515366364	59.00
基于课堂中精准理解的教学设计	9787515365909	49.00
如何创建培养自主学习者的课堂管理系统	9787515365879	49.00
如何设计深度学习的课堂：引导学生学习的176个教学工具	9787515366715	49.90
如何提高课堂创意与参与度：每个教师都可以使用的178个教学工具	9787515365763	49.90
如何激活学生思维：激励学生学习与思考的187个教学工具	9787515365770	49.90
男孩不难教：男孩学业、态度、行为问题的新解决方案	9787515364827	49.00
★ 高度参与的线上线下融合式教学设计：极具影响力的备课、上课、练习、评价项目教学法	9787515364438	49.00
★ 跨学科项目式教学：通过“+1”教学法进行计划、管理和评估	9787515361086	49.00
课堂上最重要的56件事	9787515360775	35.00
★ 全脑教学与游戏教学法	9787515360690	39.00

	书名	书号	定价
★	深度教学：运用苏格拉底式提问法有效开展备课设计和课堂教学	9787515360591	49.90
★	一看就会的课堂设计：三个步骤快速构建完整的课堂管理体系	9787515360584	39.90
	如何有效激发学生学习兴趣	9787515360577	38.00
	如何解决课堂上最关键的9个问题	9787515360195	49.00
	多元智能教学法：挖掘每一个学生的最大潜能	9787515359885	39.90
★	探究式教学：让学生学会思考的四个步骤	9787515359496	39.00
	课堂提问的技术与艺术	9787515358925	49.00
	如何在课堂上实现卓越的教与学	9787515358321	49.00
	基于学习风格的差异化教学	9787515358437	39.90
★	如何在课堂上提问：好问题胜过好答案	9787515358253	39.00
★	高度参与的课堂：提高学生专注力的沉浸式教学	9787515357522	39.90
	让学习变得有趣	9787515357782	39.00
★	如何利用学校网络进行项目式学习和个性化学习	9787515357591	39.90
	基于问题导向的互动式、启发式与探究式课堂教学法	9787515356792	49.00
	如何在课堂中使用讨论：引导学生讨论式学习的60种课堂活动	9787515357027	38.00
	如何在课堂中使用差异化教学	9787515357010	39.90
★	如何在课堂中培养成长型思维	9787515356754	39.90
	每一位教师都是领导者：重新定义教学领导力	9787515356518	39.90
★	教室里的1-2-3魔法教学：美国广泛使用的从学前到八年级的有效课堂纪律管理	9787515355986	39.90
	如何在课堂中使用布卢姆教育目标分类法	9787515355658	39.00
	如何在课堂上使用学习评估	9787515355597	39.00
	7天建立行之有效的课堂管理系统：以学生为中心的分层式正面管教	9787515355269	29.90
	积极课堂：如何更好地解决课堂纪律与学生的冲突	9787515354590	38.00
	设计智慧课堂：培养学生一生受用的学习习惯与思维方式	9787515352770	39.00
	追求学习结果的88个经典教学设计：轻松打造学生积极参与的互动课堂	9787515353524	39.00
	从备课开始的100个课堂活动设计：创造积极课堂环境和学习乐趣的教师工具包	9787515353432	33.80
	老师怎么教，学生才能记得住	9787515353067	48.00
	多维互动式课堂管理：50个行之有效的方法助你事半功倍	9787515353395	39.80
	智能课堂设计清单：帮助教师建立一套规范程序和做事方法	9787515352985	49.90
	提升学生小组合作学习的56个策略：让学生变得专注、自信、会学习	9787515352954	29.90
	快速处理学生行为问题的52个方法：让学生变得自律、专注、爱学习	9787515352428	39.00
	王牌教学法：罗恩·克拉克学校的创意课堂	9787515352145	39.80
	让学生快速融入课堂的88个趣味游戏：让上课变得新颖、紧凑、有成效	9787515351889	39.00
★	如何调动与激励学生：唤醒每个内在学习者（李希贵校长推荐全校教师研读）	9787515350448	39.80
	合作学习技能35课：培养学生的协作能力和未来竞争力	9787515340524	59.00
	基于课程标准的STEM教学设计：有趣有料有效的STEM跨学科培养教学方案	9787515349879	68.00
	如何设计教学细节：好课堂是设计出来的	9787515349152	39.00
	15秒课堂管理法：让上课变得有料、有趣、有秩序	9787515348490	49.00
	混合式教学：技术工具辅助教学实操手册	9787515347073	39.80
	从备课开始的50个创意教学法	9787515346618	39.00
	中学生实现成绩突破的40个引导方法	9787515345192	33.00
	给小学教师的100个简单的科学实验创意	9787515342481	39.00
	老师如何提问，学生才会思考	9787515341217	49.00
	教师如何提高学生小组合作学习效率	9787515340340	39.00
	卓越教师的200条教学策略	9787515340401	49.90
	中小学生执行力训练手册：教出高效、专注、有自信的学生	9787515335384	49.90
	从课堂开始的创客教育：培养每一位学生的创造能力	9787515342047	33.00
	提高学生学习专注力的8个方法：打造深度学习课堂	9787515333557	35.00

书名	书号	定价
改善学生学习态度的58个建议	9787515324067	36.00
★ 全脑教学（中国教育新闻网2015年度“影响教师的100本书”）	9787515323169	38.00
★ 全脑教学与成长型思维教学：提高学生学习力的92个课堂游戏	9787515349466	39.00
★ 哈佛大学教育学院思维训练课：让学生学会思考的20个方法	9787515325101	59.90
完美结束一堂课的35个好创意	9787515325163	28.00
如何更好地教学：优秀教师一定要知道的事	9787515324609	49.90
带着目的教与学	9787515323978	39.90
★ 美国中小学生社会技能课程与活动（学前阶段/1-3年级/4-6年级/7-12年级）	9787515322537等	215.70
彻底走出教学误区：开启轻松智能课堂管理的45个方法	9787515322285	28.00
破解问题学生的行为密码：如何教好焦虑、逆反、孤僻、暴躁、早熟的学生	9787515322292	36.00
13个教学难题解决手册	9787515320502	28.00
★ 让学生爱上学习的165个课堂游戏	9787515319032	39.00
美国学生游戏与素质训练手册：培养孩子合作、自尊、沟通、情商的103种教育游戏	9787515325156	49.00
老师怎么说，学生才会听	9787515312057	39.00
快乐教学：如何让学生积极与你互动（入选《中国教育报》“影响教师的100本书”）	9787500696087	29.00
★ 老师怎么教，学生才会提问	9787515317410	29.00
★ 快速改善课堂纪律的75个方法	9787515313665	39.90
★ 教学可以很简单：高效能教师轻松教学7法	9787515314457	39.00
★ 好老师可以避免的20个课堂错误（入选《中国教育报》“影响教师的100本图书”）	9787500688785	39.90
★ 好老师应对课堂挑战的25个方法（《给教师的101条建议》作者新书）	9787500699378	25.00
★ 好老师激励后进生的21个课堂技巧	9787515311838	39.80
★ 开始和结束一堂课的50个好创意	9787515312071	29.80
好老师因材施教的12个方法（美国著名教师伊莉莎白“好老师”三部曲）	9787500694847	22.00
★ 如何打造高效能课堂	9787500680666	29.00
合理有据的教师评价：课堂评估衡量学生进步	9787515330815	29.00
班主任工作/德育		
★ 北京四中8班的教育奇迹	9787515321608	36.00
★ 师德教育培训手册	9787515326627	29.80
中小学教师职业道德培训手册：师德的定义、养成与评估	9787515340777	32.00
★ 好老师征服后进生的14堂课（美国著名教师伊莉莎白“好老师”三部曲）	9787500693819	39.90
优秀班主任的50条建议：师德教育感动读本（《中国教育报》专题推荐）	9787515305752	23.00
学校管理/校长领导力		
★ 哈佛大学教育学院学校创新管理课	9787515369389	59.90
如何构建积极型学校	9787515368818	49.90
卓越课堂的50个关键问题	9787515366678	39.00
如何培育卓越教师：给学校管理者的行动清单	9787515357034	39.00
★ 学校管理最重要的48件事	9787515361055	39.80
重新设计学习和教学空间：设计利于活动、游戏、学习、创造的学习环境	9787515360447	49.90
重新设计一所好学校：简单、合理、多样化地解构和重塑现有学习空间和学校环境	9787515356129	49.00
让樱花绽放英华	9787515355603	79.00
学校管理者平衡时间和精力的21个方法	9787515349886	29.90
校长引导中层和教师思考的50个问题	9787515349176	29.00
如何定义、评估和改变学校文化	9787515340371	29.80
优秀校长一定要做的18件事（入选《中国教育报》“2009年影响教师的100本书”）	9787515342733	39.90
学科教学/教科研		
精读三国演义20讲：读写与思辨能力提升之道	9787515369785	59.90
中学古文观止50讲：文言文阅读能力提升之道	9787515366555	59.90
完美英语备课法：用更短时间和更少材料让学生高度参与的100个课堂游戏	9787515366524	49.00

书名	书号	定价
人大附中整本书阅读取胜之道：让阅读与作文双赢	9787515364636	59.90
北京四中语文课：千古文章	9787515360973	59.00
北京四中语文课：亲近经典	9787515360980	59.00
从备课开始的56个英语创意教学：快速从小白老师到名师高手	9787515359878	49.90
美国学生写作技能训练	9787515355979	39.90
《道德经》妙解、导读与分享（诵读版）	9787515351407	49.00
京沪穗江浙名校名师联手教你：如何写好中考作文	9787515356570	49.90
京沪穗江浙名校名师联手授课：如何写好高考作文	9787515356686	49.80
★ 人大附中中考作文取胜之道	9787515345567	59.90
★ 人大附中高考作文取胜之道	9787515320694	49.90
★ 人大附中学生这样学语文：走近经典名著	9787515328959	49.90
四界语文（入选《中国教育报》2017年度"教师喜爱的100本书"）	9787515348483	49.00
让小学一年级孩子爱上阅读的40个方法	9787515307589	39.90
让学生爱上数学的48个游戏	9787515326207	26.00
轻松100 课教会孩子阅读英文	9787515338781	88.00
情商教育/心理咨询		
给大人的关于儿童青少年情绪与行为问题的应对指南	9787515366418	89.90
教师焦点解决方案：运用焦点解决方案管理学生情绪与行为	9787515369471	49.90
9节课，教你读懂孩子：妙解亲子教育、青春期教育、隔代教育难题	9787515351056	39.80
★ 学生版盖洛普优势识别器（独一无二的优势测量工具）	9787515350387	169.00
与孩子好好说话（获"美国国家育儿出版物（NAPPA）金奖"）	9787515350370	39.80
中小学心理教师的10项修炼	9787515309347	36.00
★ 别和青春期的孩子较劲（增订版）（入选《中国教育报》"2009年影响教师的100本书"）	9787515343075	39.90
★ 100条让孩子胜出的社交规则	9787515327648	28.00
守护孩子安全一定要知道的17个方法	9787515326405	32.00
幼儿园/学前教育		
幼儿园室内区域活动书：107个有趣的学习游戏活动	9787515369778	59.90
幼儿园户外区域活动书：106个有趣的学习游戏活动	9787515369761	59.90
中挪学前教育合作式学习：经验·对话·反思	9787515364858	79.00
幼小衔接听读能力课	9787515364643	33.00
用蒙台梭利教育法开启0～6岁男孩潜能	9787515361222	45.00
德国幼儿的自我表达课：不是孩子爱闹情绪，是她/他想说却不会说!	9787515359458	59.00
德国幼儿教育成功的秘密：近距离体验德国学前教育理念与幼儿园日常活动安排	9787515359465	49.80
美国儿童自然拼读启蒙课：至关重要的早期阅读训练系统	9787515351933	49.80
幼儿园30个大主题活动精选：让工作更轻松的整合技巧	9787515339627	39.80
★ 美国幼儿教育活动大百科：3-6岁儿童学习与发展指南用书 科学 / 艺术 / 健康与语言 / 社会	9787515324265等	600.00
蒙台梭利早期教育法：3-6岁儿童发展指南（理论版）	9787515322544	29.80
蒙台梭利儿童教育手册：3-6岁儿童发展指南（实践版）	9787515307664	33.00
★ 自由地学习：华德福的幼儿园教育	9787515328300	49.90
赞美你：奥巴马给女儿的信	9787515303222	19.90
史上最接地气的幼儿书单	9787515329185	39.80
教育主张/教育视野		
重新定义教育：为核心素养而教，为生存能力而学	9787515369945	59.90
重新定义学习：如何设计未来学校与引领未来学习	9787515367484	49.90
教育新思维：帮助孩子达成目标的实战教学法	9787515365848	49.00
学习是如何发生的：教育心理学中的开创性研究及其实践意义	9787515366531	59.90
父母不应该错过的犹太人育儿法	9787515365688	59.00

书名	书号	定价
如何在线教学：教师在智能教育新形态下的生存与发展	9787515365855	49.00
正向养育：黑幼龙的慢养哲学	9787515365671	39.90
颠覆教育的人：蒙台梭利传	9787515365572	59.90
如何科学地帮助孩子学习：每个父母都应知道的77项教育知识	9787515368092	59.00
学习的科学：每位教师都应知道的99项教育研究成果（升级版）	9787515368078	59.90
学习的科学：每位教师都应知道的77项教育研究成果	9787515364094	59.00
真实性学习：如何设计体验式、情境式、主动式的学习课堂	9787515363769	49.00
哈佛前1%的秘密（俞敏洪、成甲、姚梅林、张梅玲推荐）	9787515363349	59.90
基于七个习惯的自我领导力教育设计：让学校育人更有道，让学生自育更有根	9787515362809	69.00
终身学习：让学生在未来拥有不可替代的决胜力	9787515360560	49.90
颠覆性思维：为什么我们的阅读方式很重要	9787515360393	39.90
如何教学生阅读与思考：每位教师都需要的阅读训练手册	9787515359472	39.00
成长型教师：如何持续提升教师成长力、影响力与教育力	9787515368689	48.00
教出阅读力	9787515352800	39.90
为学生赋能：当学生自己掌控学习时，会发生什么	9787515352848	33.00
如何用设计思维创意教学：风靡全球的创造力培养方法	9787515352367	39.80
如何发现孩子：实践蒙台梭利解放天性的趣味游戏	9787515325750	32.00
如何学习：用更短的时间达到更佳效果和更好成绩	9787515349084	49.00
教师和家长共同培养卓越学生的10个策略	9787515331355	27.00
★ 如何阅读：一个已被证实的低投入高回报的学习方法	9787515346847	39.00
★ 芬兰教育全球第一的秘密（钻石版）(《中国教育报》等主流媒体专题推荐）	9787515359922	59.00
世界最好的教育给父母和教师的45堂必修课（《芬兰教育全球第一的秘密》2）	9787515342696	28.00
★ 杰出青少年的7个习惯（精英版）	9787515342672	39.00
杰出青少年的7个习惯（成长版）	9787515335155	29.00
★ 杰出青少年的6个决定（领袖版）(全国优秀出版物奖)	9787515342658	49.90
★ 7个习惯教出优秀学生（第2版）(全球畅销书《高效能人士的七个习惯》教师版)	9787515342573	39.90
学习的科学：如何学习得更好更快（入选中国教育网2016年度“影响教师的100本书”）	9787515341767	39.80
杰出青少年构建内心世界的5个坐标（中国青少年成长公开课）	9787515314952	59.00
★ 跳出教育的盒子（第2版）(美国中小学教学经典畅销书)	9787515344676	35.00
夏烈教授给高中生的19场讲座	9787515318813	29.90
★ 学习之道：美国公认经典学习书	9787515342641	39.00
★ 翻转学习：如何更好地实践翻转课堂与慕课教学（中国教育新闻网2015年度“影响教师的100本书”）	9787515334837	32.00
★ 翻转课堂与慕课教学：一场正在到来的教育变革	9787515328232	26.00
翻转课堂与混合式教学：互联网+时代，教育变革的最佳解决方案	9787515349022	29.80
翻转课堂与深度学习：人工智能时代，以学生为中心的智慧教学	9787515351582	29.80
★ 奇迹学校：震撼美国教育界的教学传奇（中国教育新闻网2015年度“影响教师的100本书”）	9787515327044	36.00
★ 学校是一段旅程：华德福教师1-8年级教学手记	9787515327945	49.00
★ 高效能人士的七个习惯（30周年纪念版）(全球畅销书)	9787515360430	79.00

您可以通过如下途径购买：

1. 书　　店：各地新华书店、教育书店。
2. 网上书店：当当网（www.dangdang.com）、天猫（zqwts.tmall.com）、京东网（www.jd.com）。
3. 团　　购：各地教育部门、学校、教师培训机构、图书馆团购，可享受特别优惠。

　购书热线：010-65511272 / 65516873